완벽에의 충동

완벽에의 충동

정진홍 지음

21세기북스
www.book21.com

삶의 고투하는 본능 완벽에의 충동

어린 시절, 바닷가에서 모래성을 쌓던 기억이 있습니다. 파도가 와서 이내 쓸어가버릴 모래성이건만, 어린 동심은 스스로가 할 수 있는 온갖 노력을 다해서 정성껏 쉼 없이 땀 흘리며 모래성을 쌓습니다. 어른들이 이제 그 정도 했으면 됐다고 말해도 아이는 그치지 않습니다. 모래성을 새로 쌓고 다듬고 허물고 다시 쌓기를 쉼 없이 반복합니다. 해질녁이 되어서야, 밀물이 몰려와서 어쩔 수 없어 그만둘 때까지 아이는 쉬지 않습니다. 심지어 쌓아놓은 모래성을 뒤로 한 채 떨어지지 않는 발걸음을 옮겨 돌아오면서조차도 붉은 석양 아래 파도에 부서지는 모래성을 힐끗 바라보며 내일은 더 멋진 모래성을 쌓겠다고 애써 다짐하곤 합니다. 바로 그 다짐이 아마도 우리가 처음으로 경험했던 '완벽에의 충동'이 아닐는지요.

'완벽' 그 자체는 빈틈없는 밀봉이며 마침표입니다. 하지만 '완벽에의 충동'은 완성이란 이름 아래 화석화된 종지형이 아니라 쉼 없이 도전하고 모험하는 진행형이며 빈틈없는 밀봉이 아니라 그 틈을 뚫고 나오는 활화산 같은 역동의 에너지입니다. 그래서 세상을 움직이고 사람을 감동시키는 것은 '완벽' 그 자체가 아니라 삶의 고투하는 본능으로서의 '완벽에의 충동'인 것입니다.

지난해 세상을 떠난 피터 드러커(Peter F. Drucker, 1909~2005)는 고등학교를 졸업하고 갓 대학에 입학한 열여덟 살 때 주세페 베르디(Giuseppe Verdi, 1813~1901)의 오페라 〈폴스타프(Falstaff)〉를 관람하고 나서 큰 충격을 받았다고 고백한 적이 있습니다. 그 이유 중 하나는 그토록 유쾌하고 인생에 대한 열정으로 가득 차 있으며, 믿을 수 없을 만큼 활기가 넘치는 오페라를 작곡한 사람의 나이가 여든 살이었다는 사실 때문이었고, 다른 하나는 바로 주세페 베르디가 다음과 같이 말했기 때문이었습니다.

"음악가로서 나는 일생 동안 완벽을 추구해왔습니다. 완벽하게 작곡하려고 애썼지만 하나의 작품이 완성될 때마다 늘 아쉬움이 남았습니다. 때문에 나는 분명하게 한 번 더 도전해볼 의무가 있다고 생각했던 것입니다."

이렇게 말한 여든 살의 주세페 베르디가 열여덟 살의 피터 드러커에게 던진 것은 다름 아닌 '완벽에의 충동'이었습니다. 그리고 피터 드러커는 이에 화답하기라도 하듯 "우리가 살아가는 동안 완벽은 언제나 나를 피해갈 테지만, 그럼에도 불구하고 나는 끊임없이 완벽을 추구하리라"고 다짐했던 것입니다. 실제로 주세페 베르디에게서 전염된 이 '완벽에의 충동'은 피터 드러커로 하여금 아흔다섯 살이 넘도록 글을 쓰고 책을 내도록 견인한 그 믿을 수 없을 만큼 놀라운 힘의 원천이었습니다.

르네상스 시대를 열었던 레오나르도 다 빈치(Leonardo da Vinci, 1452~1519)는 흔히 그냥 천재가 아니라 '위대한 천재'로 불립니다. 그는 평생 동안 1만 4,000여 페이지에 달하는 다양한 분야의 연구노트를 썼는데 그 중의 절반가량인 약 7,000여 페이지의 노트가 남아서 전해지고 있습니다. 하지만 정작 그의 작품은 〈최후의 심판〉, 〈모나리자〉, 〈암굴의 성모〉 등 열다섯 작품 안팎으로 그리 많지 않습니다. 게다가 그나마도 대부분 미완성입니다. 그 까닭이 뭘까요? 레오나르도 다 빈치가 게을렀던 탓일까요? 아니면 그것을 완성할 만한 실력이 못 되었던 것일까요?

물론 둘 다 아닙니다. 그의 작품들이 대부분 미완성인 것은 역설적으로 그 역시 '완벽에의 충동'에 사로잡혀 있었기 때문입니다. 레오나르도 다 빈치를 평생토록 휘감고 있었던 '완벽에의 충동'이 완성이라는 의미의 마침표를 스스로 거부하게 만들었던 것인지도 모릅니다. 그러나 비록 미완성일지라도 레오나르도 다 빈치의 작품들은 그 어느 누구의 완성된 작품보다도 탁월합니다. 왜냐하면 거기에는 '완벽에의 충동'이 충만하게 스며들어 꿈틀거리고 있기 때문입니다.

생전에 레오나르도 다 빈치가 이렇게 고백한 적이 있습니다. "나는 쇠붙이에 불과했다. 하지만 평생 면도날이 되고자 애썼다." 그렇습니다. 천재라고 해서 날 때부터 따로 존재하는 것이 아닙니다. 천재 역시 만들어져가는 것입니다. 마치 한낱 쇠붙이에 불과했던 것을 면도날로 만들어가듯 말입니다. 투박한 쇠붙이를 날선 면도날로 만들어내는 힘, 그것이 '완벽에의 충동' 입니다.

언젠가 산을 오르다가 세찬 바람을 만난 적이 있습니다. 세차게 바람이 불자 나무들이 흔들리기 시작했습니다. 그런데 유독 흔들리지 않는 나무가 있었습니다. 가만히 살펴보니 죽은 나무였습니다. 죽은 나무는 바람에 흔들리지 않습니다. 그저 부러질 뿐입니다. 살아 있는 나무만이 바람에 흔들립니다. 역설적으로 들리겠지만 나무가 바람에 흔들리는 것은 결코 바람 앞에 맥없이 무릎 꿇는 것이 아닙니다. 그것은 오히려 더 오래 생존하고 더 오래 존재하기 위한 생명력 넘치는 나무의 고투요 몸부림입니다. 흔들릴지언정 부러지지 않고 살아남는 것, 이것 역시 온전한 생존을 위해 고투하는 본능이며 그 나름대로 '완벽에의 충동' 에 충실한 것입니다.

이처럼 '완벽에의 충동' 은 살아 있음의 저력이고 생명을 이끄는 힘입니다. '완벽에의 충동' 이 살아 움직이는 만큼 내 삶도 유효합니다. '완벽에의 충동' 이 사라지는 순간 내 삶은 쉰내가 나는 것입니다. 썩는 것이죠. 그것도 긍정적인 의미에서 푹 삭듯 발효하는 것이 아니라 냄새나게 썩어가는 것입니다. 결국 삶의 방부제로서의 '완벽에의 충동' 이 살아서 역동칠 때까지가 곧 내 삶의 유효기간인 셈입니다.

아울러 '완벽에의 충동' 은 우리 내면의 숨은 위대함을 깨우는 가장 강력한 힘입니다. 삶의 고투하는 본능으로서의 '완벽에의 충동' 은 우리 안의 숨은 위대함의 금광을 발견하고 이를 캐내어 진정한 삶의 희열과 기쁨을 만끽하게 만듭니다. 물론 그 희열과 기쁨은 몰입의 소산입니다. '완벽에의 충동' 이 이끄는 삶은 철저하게 몰입하는 삶이며 그 몰입의 즐거움으로 충만해 있기 때문이죠.

또한 '완벽에의 충동'은 쉼 없는 자기 개선의 동력입니다. '완벽에의 충동'은 남과의 경쟁을 부추기는 것이 아니라 오히려 나와의 경쟁, 자신과의 싸움을 독려합니다. 가장 강한 상대는 바로 자기 자신이며 가장 강한 적도 나 자신이기 때문입니다. 가장 강한 적은 바로 내 안에 있습니다. 안주하려는 나, 고정관념에 스스로를 포박시키는 나, 이 모두가 나의 진짜 적입니다. 그 진짜 적과 싸워야 합니다. 그러기 위해서는 '완벽에의 충동'으로 무장해야 합니다. '완벽에의 충동'은 오늘 편한 것에 안주하지 않고 당장은 힘겹더라도 내일 아니 그 이상의 미래를 향해 쉼 없이 나아가게 하는 동력이기 때문입니다. 아울러 상식과 통념을 깨고 도저히 남들은 상상할 수 없는 지점에 생각의 베이스캠프를 쳐서 그 자체로 승부 나게 만드는 상상력의 밑힘 역시 '완벽에의 충동'에서 나오기 때문입니다.

결국 '완벽에의 충동'이야말로 인간 내면의 가장 극진한 욕망이며 고투하는 본능입니다. 인간의 모든 진보와 진화 그리고 개선은 바로 이 '완벽에의 충동'이 이끈 결과입니다. 우리는 그 끊임없는 '완벽에의 충동' 속에서 나아지기 위해 존재하고 날마다 차이 나게 변화하며 성장하는 것입니다.

여기 『완벽에의 충동』이란 이름으로 내놓은 이 책은 삶의 고투하는 본능에 충실했던 사람들의 이야기입니다. 이들은 한결같이 자기 삶의 구체적인 국면에서 삶의 고투하는 본능으로서의 '완벽에의 충동'을 동력 삼아 때로는 부드럽게, 때로는 격정적으로 삶의 위기를 뚫고 삶의 새 지평을 연 사람들입니다. 아울러 이들 모두 '완벽에의 충동'으로, 저를 때로는 우아하게 때로는 거칠게 유혹하고 감동시켰던 사람들입니다. 그래서 이 한 권의 책을 통해 저는 '완벽에의 충동'을 밑거름 삼아, 아니 그것을 삶의 동력 삼아 고투에 고투를 거듭하며 살아온 사람들의 생생한 삶의 메시지를 전하고 싶습니다. 사실 사람만한 교과서가 없습니다. 사람이야말로 최고의 인생교과서입니다.

　이 책에 수록된 이들의 삶의 결정적 순간들은 모두 한결같이 '완벽에의 충동'이 그들 스스로를 이끈 순간이었습니다. 이 책은 바로 그 순간순간들의 스냅사진을 모아놓은 것과 다름없습니다. 그 한 컷한 컷의 사진 같은 삶의 장면들을 통해 저는 배웠고 느꼈습니다. 여러분도 그러리라 믿습니다. 이제 그 감동을 여러분과 함께 나누고 싶습니다.

2006년 4월
정진홍

1

시도하지
않은 것도 실패다

로저 배니스터

마르티나 나브라틸로바

스티브 포셋

찰스 린드버그

강수진

최배달

민병갈

안토니오 스트라디바리

배상면

정진숙

조지 패튼

한계는 없다,
도전하고 모험하라

항상 도전의 출발점에 서라

1마일은 1,760야드로 약 1,609미터에 해당합니다. 그런데 반세기 전만 해도 1마일을 4분 안에 달린다는 것은 불가능한 일로 여겨졌습니다. 인간의 능력과 속도로 볼 때 440야드 트랙 네 바퀴를 4분 안에 달리는 일은 죽음에 도전하는 것과 다름없다는 분위기였습니다. 그래서 당시 어떤 작가는 "네 바퀴, 네 번의 4분의 1마일, 4분…… 이 수치는 너무도 탁월한 완벽함을 지녀서 마치 처음부터 신이 인간의 한계로 설정해 놓은 듯하다"고 말할 정도였습니다.

당시의 통념으론 1마일을 4분 안에 달리려 고집하면 결국 인간의 폐와 심장이 파열한다는 것이었습니다. 그리고 그 정도의 심한 스트레스와 긴장이 가해지면, 뼈가 부러지고, 관절이 파열되며, 근육과 인대, 힘줄이 찢어진다는 것이었습니다. 결국 인간이 4분 안에 1마일을 달린다는 것은 한마디로 불가능한 일이었습니다. 그것은 결코

16

넘을 수 없는 하나의 거대한 육체적, 정신적, 심리적 장벽이었던 셈입니다.

하지만 인간은 끊임없이 도전하는 유전자를 갖고 태어난 존재임에 틀림없습니다. 지난 세기 중반까지 인간은 수많은 도전사를 기록해왔습니다. 그 도전을 통해 남극과 북극에 발을 디뎠고 세계에서 가장 높은 에베레스트 등정 실현이 코앞에 있었던 것입니다. '1마일 4분 벽'도 예외가 아니었습니다.

세계 최초로 이 '1마일 4분 벽'을 깬 로저 배니스터(Roger Bannister, 1929~)는 전형적인 영국의 젠틀맨 아마추어 육상선수로, 영국 옥스퍼드 대학교 엑서터 칼리지에 장학금을 받고 들어간 의대생이었습니다. 그런 그에게 1마일 4분 벽에 도전하는 것은 영혼의 도전과도 같은 것이었습니다. 그는 의대생답게 인간이 견뎌낼 수 있는 최대의 고통과 최고의 라스트 스퍼트(lastsupurt, 결승점을 향한 최후의 역주) 방법을 연구했습니다. 100야드 단거리 경주나 마라톤과 달리 1마일 경주를 위해서는 스피드와 스태미너가 최대한 적절하게 조화를 이뤄야만 했기 때문입니다.

사실 로저 배니스터는 1952년 헬싱키 올림픽 1,500미터 경기에서도 유력한 우승 후보였습니다. 하지만 정작 그의 성적은 예상을 깨고 기대에 턱없이 못 미친 4등에 그쳤습니다. 만약 그가 이 경기에서 우승했더라면 그는 아마도 '1마일 4분 벽'을 깨는 도전에 나서지 않았을지 모릅니다. 그는 헬싱키 올림픽에서의 패배를 만회해야 했습니다. 아니 그 패배를 패배시켜야만 했습니다. 그래서 택한 것이 바로 1마일을 4분 안에 달리는 것이었습니다.

마침내 1954년 5월 6일, 25세의 로저 배니스터는 1마일 경주의 출발선에 섰습니다. 4분의 1마일 트랙을 60초 안에 돌아야만 했습니다. 그렇게 돌다가 심장이 터질지도 모를 일이었지만 죽기를 각오하고 그렇게 네 바퀴를 돌아 마침내 결승점에 들어온 뒤 의식을 잃고 격심한 고통으로 쓰러졌습니다. 잠시 동안 그의 눈에는 모든 사물들이 흑백으로만 비춰졌습니다. 산소 부족으로 온몸의 기관들이 작동을 멈추는 듯했습니다. 하지만 그 순간 로저 배니스터는 스스로 어떤 장벽을 깼다는 생각을 했습니다. 드디어 1마일을 3분 59초 4로 주파해낸 것입니다. 인간의 능력으로는 주파할 수 없다고 여겨졌던 마의 '1마일 4분 벽'을 드디어 돌파해낸 것입니다.

그런데 더욱 놀라운 사실은 그 다음부터입니다. 로저 배니스터가 마의 4분 벽을 깨고 난 후 잇달아 다른 선수들도 차례차례 4분 벽을 돌파하기 시작했습니다. 그의 역사적 기록이 있은 지 한달 만에 무려 10명의 선수들이 4분 벽을 돌파했습니다. 그리고 일년 후엔 37명이 4분 벽을 넘었고, 2년 만에 그 숫자는 300명으로 늘어났습니다. 도대체 어떻게 된 것일까요?

1954년 여름부터 인류가 갑자기 빨라지기라도 했던 것일까요? 아닙니다. 달리기 능력이 개선된 것이라기보다는 결코 넘을 수 없다고 여겨졌던 마음의 장벽을 로저 배니스터라는 한 젊은이가 깼기 때문입니다. 1마일을 4분 안에 주파하는 것은 결코 '인간이 할 수 없는 영역의 일'이라고 생각했던 사람들이 정작 마의 '1마일 4분 벽'이 깨지자 그렇다면 나도 할 수 있다고 생각했던 것입니다.

일단 봇물이 터지면 걷잡을 수 없는 법입니다. 결국 인간의 한계는 육체에 있는 것이 아니라 마음에 있었던 것입니다. 로저 배니스터가 돌파한 것은 단지 4분이라는 시간의 벽이 아니라 사람들이 불가능하다고 여겼던 심리적 장벽 그 자체였던 것입니다. 현재 1마일 최고기록은 모로코의 히참 엘 구에로가 1999년에 세운 3분 43초 13입니다. 반세기 전 결코 인간이 넘볼 수 없는 영역이라고 치부되었던 1마일 4분 벽은 이제 더 이상 존재하지 않습니다. 아울러 우리는 더 이상 처음으로 4분 벽을 깼던 로저 배니스터의 1마일 기록 자체를 애써 기억하지도 않습니다.

단지 우리가 기억하는 것은 로저 배니스터라는 한 젊은이가 남들이 불가능하다고 여겼던 것을 끝까지 포기하지 않고 죽을힘을 다해 도전했고 마침내 끝장을 보고야 말았다는 사실입니다. 그의 위대함이 바로 여기에 있습니다. 리더는 항상 도전의 출발점에 있어야 합니다. 그리고 도전해야 합니다. 그것이 리더의 운명입니다.

로저 배니스터는 후에 유명한 신경과 의사가 되었고 명예기사 작위를 받았으며 옥스퍼드 대학 펨브룩 칼리지의 학장이 됐습니다. 하지만 우리가 기억하는 로저 배니스터는 마의 1마일 4분 벽에 죽을힘을 다해 도전했던 25세 청년의 모습 바로 그것입니다. 세상에 결코 도전하지 못할 것은 없음을 온몸으로 보여주었던 로저 배니스터. 반세기가 지난 지금도 그는 진정으로 도전하는 리더의 표상으로 우리 앞에 서 있습니다.

시도하지 않은 것까지 포함해서 실패다

사실 공백기를 이겨낸다는 것만큼 힘든 일도 없습니다. 특히 스포츠 선수에게 공백이란 치명적인 것이 아닐 수 없지요. 더구나 그 공백기가 한두 달도 아니고 몇 년씩 된다면 더더욱 그럴 것입니다. 그런데 세계적인 여자 프로테니스 스타였던 마르티나 나브라틸로바(Martina Navratilova, 1956~)는 1994년에 은퇴했다가 2000년에 다시 테니스 코트로 돌아왔습니다. 그리고 2003년 7월 그녀는 공백기의 장벽을 뛰어넘어 챔피언의 자리에 올랐습니다. 윔블던 대회 혼합복식 결승에서 우승한 것입니다. 그렇다고 나브라틸로바 자신이 여러 해에 걸친 공백기를 무시할 만큼 나이가 젊은 것도 아니었습니다. 당시 그녀의 나이는 47세였습니다.

6여 년의 공백기를 극복하고 다시 우승컵을 거머쥔 나브라틸로바는 근 130여 년 된 윔블던 챔피언십(Wimbledon Championship)의 역사에서 두 가지 의미 있는 기록을 세웠습니다. 하나는 윔블던 대회에서 단식 9회, 복식 7회, 혼합본식 4회 등 통산 20회의 우승 타이틀을 거머쥠으로써 그동안 빌리 진 킹이 누렸던 다수 우승부문 기록과 타이를 이루게 되었다는 점입니다. 또 다른 하나는 마거릿 듀폰이 지난 1962년 마흔넷의 나이에 세웠던 최고령 우승기록을 41년 만에 갈아치웠습니다. 결국 테니스계에서 '철의 여인'이라 불리던 나브라틸로바는 윔블던 대회 최고령·최다 우승이라는 타이틀마저 거머쥐게 된 것이죠.

1975년 프로에 데뷔한 이래 여자 프로테니스 투어 통산 단식 167회, 복식 170회 우승의 금자탑을 쌓은 나브라틸로바의 다음 목표는 그랜드슬램 대회 통산 타이틀 부문에서 1위에 오르는 것이라고 합니다. 2003년 윔블던 혼합복식 우승으로 메이저대회 우승 통산기록을 58회로 늘린 나브라틸로바는 마거릿 코트가 보유하고 있는 메이저대회 여자선수 최다 우승 기록인 62회에도 한 발짝 다가서게 된 것입니다.

얼마 전 96세를 일기로 타계한 전설적인 영화배우 캐서린 햅번이 생전에 나브라틸로바에게 이런 말을 해주었습니다. "중요한 것은 인생에서 무엇을 했느냐가 아니라 무엇을 끝내느냐 하는 것이다." 이 말을 들은 나브라틸로바는 자신이 이제껏 살아오면서 테니스계의 여왕처럼 뭔가를 해냈다고 생각해온 터였지만 정작 무엇을 끝냈는지에 대해선 그리 깊이 있게 생각해보지 못했음을 새삼 깨닫게 되었다고 합니다.

결국 그녀는 스스로에게 끝내지 않은 일이 무엇인가를 되묻게 되었고, 자신이 끝내지 않은 일이 다름 아니라 이미 6여 년 전에 은퇴했던 테니스 그 자체라는 사실을 발견하게 되었습니다. 그녀에게 테니스는 화려한 성취였지만 그것이 단지 과거의 영광으로 그칠 것이 아니라 지금 현재 그리고 더 나아가 자신의 미래를 던져서 끝마무리해야 할 인생의 전부라는 사실을 깨달았던 것입니다.

하지만 정작 시간의 장벽은 참으로 무서울 만큼 두껍고 버거운 것이었습니다. 과연 6여 년의 공백기를 깰 수 있을 것인지 의문이었습니다. 그러나 그녀는 스스로 이렇게 되뇌었습니다. "많은 사람들은 실패를 두려워해 아예 시작조차 하려 하지 않는다. 그러나 진정한 의미에서 실패란 해볼 만한데도 시도조차 하지 않는 것이다. 할까 말까 망설이다 결국 시도하지 않은 것까지 포함해서 실패다."

결국 그녀는 시간의 공백과 싸우기를 시도했습니다. 테니스를 처음 시작할 때의 초심으로 돌아가서 노력하고 분투했습니다. 그리고 마침내 다시 챔피언의 자리에 서게 되었습니다.

우리 삶에는 몇 개의 계정이 존재합니다. 하나는 '성공의 계정'이고 다른 하나는 '실패의 계정'입니다. 그런가 하면 '도전의 계정'도 있습니다. 시도했다가 이루어낸 것은 당연히 성공의 계정으로 카운트해야 합니다. 하지만 시도했다가 이루지 못한 것은 실패의 계정으로 카운트해야 옳을까요? 아닙니다. 시도했다가 이루지 못한 것은 실패의 계정이 아니라 새로운 '도전의 계정'으로 카운트해야 할 것입니다. 실패의 계정에는 해볼 만했던 것인데 아예 시도조차 하지 않았던 '가능성의 잔해들'로 이미 가득 차 있기 때문입니다.

꿈을 이루는 사람은 끊임없이 시도하고 도전합니다. 그럼으로써 도전의 계정을 성공의 계정으로 탈바꿈시켜 갑니다. "시도하지 않은 것까지 포함해서 실패다"라고 말하는 나브라틸로바. 그녀는 우리에게 진정한 도전의 의미가 무엇인지를 다시 한번 일깨워줍니다.

도전은 내 안의 금광을 캐는 것

미국의 억만장자 모험가 스티브 포셋(Steve Fossett, 1944~)은 지난해 초경량 비행기를 타고 단독 세계일주에 성공했습니다. 67시간 2분. 스티브 포셋이 지구를 한 바퀴 돌아오는 데 걸린 시간입니다. 2005년 2월 28일 미국 캔자스 주 설라이나 공항을 이륙해 사흘 남짓한 시간 동안 재급유나 중간 기착 없이 대서양~유럽~아시아~태평양 상공의 루트로 3만 7,000킬로미터를 날아 지구를 한 바퀴 돌았던 것입니다.

그는 새로운 도전을 위해 환갑의 나이에도 아랑곳않고 '글로벌 플라이어'라는 150만 달러가 투입된 특수 제트비행기에 홀로 몸을 싣고 하늘로 날아올랐습니다.

글로벌 플라이어는 고공의 제트기류나 일부 구간에서 엔진 동력 없이 활강할 수 있도록 날개 길이가 보잉 737 날개만큼이나 긴 비행기입니다. 게다가 비행기 자체의 무게는 비록 1.5톤에 불과하지만 거기에 싣는 연료 무게는 그것의 5배가 훨씬 넘는 8.2톤에 달할 정도입니다. 하지만 이것도 지구를 한 바퀴 이상 도는 비행거리를 생각하면 결코 넉넉한 것이 아니라고 합니다.

결국 도전의 핵심과제는 연료소모를 최소화하면서 비행을 성공시키는 것이었습니다. 이륙과 비행 도중에 연료소모량을 최소화해서 안배하지 않으면 비행기는 태평양 상공에서 추락할 수밖에 없는 형편이었습니다.

실제로 세계일주 비행 당시, 비행 둘째날 비행기에서 알 수 없는 이유로 상당량의 연료가 유출되어 하와이쯤에서 비행이 중단될 뻔했지만 제트기류에 의지해 위기를 넘길 수 있었습니다. 그는 고도 14킬로미터 이상의 성층권에서 부는 시속 90~180킬로미터에 달하는 제트기류를 활용했습니다.

이렇게 극적으로 이뤄진 목숨을 건 비행 동안 스티브 포셋은 길이 2.1미터의 조종석에서 홀로 있다는 절대적 고독감, 목숨 건 도전의 실패에 대한 두려움 등과 싸워야 했을 것입니다. 물론 제대로 먹을 수도 잘 수도 없었을 것입니다.

실제로 그는 비행 중엔 특수제조된 초코밀크셰이크와 물만으로 버텼습니다. 배설도 미리 연결된 통으로 해결해야만 했습니다. 1분 내지 2분 정도의 토막잠을 자긴 했지만 초인적인 의지로 늘 깨어 있어야만 했습니다.

더구나 사흘 밤낮을 꼬박 좁은 조종석 안에 앉아 있어야 했기 때문에 무사히 귀환한 후에도 정작 비행기에서 내려와 걷기가 어려울 정도였다고 합니다. 하지만 이런 모든 난관에도 굴함 없이 그는 이 모험적인 도전에서 성공했습니다.

1년 후 그는 논스톱 최장거리 비행 기록을 세우기 위해 목숨 건 모험을 또다시 감행했습니다. 그는 2006년 2월 9일 미국 플로리다 주 케네디 우주 센터에서 이륙해 사흘 반 동안 쉬지 않고 43,443 킬로미터를 비행해서 지구를 한 바퀴 돌고 다시 대서양을 건너 영국에 착륙했습니다. 그는 사흘 반 동안 거의 잠을 자지 못하면서 생사를 건 고독한 모험을 또 한 번 감행했고 기어코 성공했던 것입니다.

스티브 포셋은 1944년생입니다. 그는 금융업, 특히 고위험상품시장에서의 거래로 억만장자가 된 후 40대 초반부터 각종 모험에 스스로를 내던져왔습니다. 땅과 바다 그리고 하늘을 막론하고 숱한 모험에 도전했습니다.

1985년에는 영불해협을 22시간 동안 헤엄쳐 건넜고, 1992년에는 알래스카 횡단 개썰매 경주에 나섰고, 1996년에는 하와이에서 철인

3종 경기를 완주했습니다. 또 같은 해에 세계 최고의 자동차 경주인 '르망 모터레이스'에도 참가했습니다.

특히 2002년 6월에는 '자유정신(Spirit of Freedom)'이라 이름 붙여진 열기구를 타고 '13일 12시간 16분 13초' 동안 날아 세계 최장 무착륙 단독 세계일주 비행에 성공했는데, 이것은 1997년부터 6년에 걸쳐 다섯 번 실패하고 여섯 번 만에 성공한 것이었습니다. 2004년에는 58일 동안 요트를 타고 최단기 세계일주 항해기록을 세우기도 했습니다.

끊임없이 도전하는 그에게 누군가 왜 그렇게 힘든 일을 자초하는가라고 묻는다면 그는 아마도 이렇게 대답할 것입니다. "당신은 내 안의 금맥이 안 보이나 보죠? 내가 도전하는 이유는 내 안에 감추어진 금맥을 찾아 캐내기 위해서입니다."

우리 역시 누구나 자기만의 감춰진 금맥과 금광을 갖고 있습니다. 하지만 그 금맥과 금광은 새로운 도전을 통해 스스로 찾고 캐내지 않으면 영원히 묻히고 맙니다. 캐내지 않고는 노다지를 얻을 수 없듯이 도전하지 않고는 성취할 수도 발전할 수도 없기 때문입니다. 결국 자기 인생의 금맥을 캐내는 것, 그것이 바로 도전입니다.

도전은 우리 삶에 건강한 맥박을 부여합니다. 도전은 우리 삶에 활기를 줍니다. 도전은 우리 삶에 윤기가 흐르게 합니다. 도전이야말로 우리 삶에 진정한 산소를 공급하기 때문입니다. 그래서 도전하는 삶은 젊습니다. 도전하는 삶은 푸릅니다. 도전하는 삶은 빛이 납니다. 그리고 도전은 개인의 삶을 변화시키는 것에 그치지 않습니다. 도전은 세상을 변화시킵니다.

낙하산마저 버려라

스티브 포셋의 도전 이야기를 들으면 떠오르는 또 한 명의 사람이 있습니다. 바로 세계 최초로 대서양 단독 횡단 비행에 성공했던 찰스 린드버그(Charles Lindbergh, 1902~1974)입니다.

1927년 5월 어느 날, 뉴욕 커티스 비행장에는 며칠째 계속해서 비가 내렸습니다. 폭우로 인해 커티스 비행장의 활주로는 비행기가 이륙할 수 없을 만큼 깊게 패여 있었습니다. 하지만 비가 그친 5월 20일 아침엔 비행기 한 대가 이륙을 준비하고 있었습니다. '세인트루이스의 정신(Spirit of St. Louis)'이라 이름 붙여진 그 비행기의 비행사는 세인트루이스와 시카고 사이를 비행하며 우편물을 나르던 25세 청년 찰스 린드버그였습니다.

1919년, 뉴욕의 호텔왕 레이먼드 오티그는 뉴욕에서 파리까지 중간 기착이나 중간 급유 없이 단숨에 날아가는 사람에게 2만 5,000달러를 주겠다고 공언했고 당시 거액의 상금에 혹해서 적잖은 사람들이 대서양 논스톱 횡단에 도전했습니다. 하지만 모두 실패했고 일부는 목숨까지 잃었습니다. 데이비드와 우스터라는 미국인은 연료 탑재 때문에 너무 무거워진 비행기를 끝내 이륙시키지 못한 채 활주로 끝의 장애물과 정면충돌해 연료통이 폭발하면서 즉사하기도 했습니다.

찰스 린드버그가 타고 날아오를 비행기 역시 가득 실은 연료통으로 말미암아 위태로울 만큼 무거웠습니다. 그가 간신히 앉을 자리 외에는 온통 연료탱크로 가득 차 있었습니다. 추가로 설치한 연료탱크가 시야를 막았기 때문에 그는 비행 시간 내내 오직 잠망경을 통해서만 앞을 볼 수 있을 정도였습니다. 그의 계산에 따르면 비행기에 탑재된 연료로는 약 6,000킬로미터를 비행할 수 있었습니다. 계산상으로도 뉴욕에서 파리까지 대서양을 횡단하는 데 아주 빠듯한 양이었습니다. 만약 비행 항로가 조금이라도 비껴가면 바다 한복판에서 연료 부족으로 엔진이 작동을 멈춰버릴지도 모를 일이었습니다.

결국 비행기가 순항하려면 비행기 자체의 무게를 줄여야 했습니다. 찰스 린드버그는 비행기에서 빼내야 할 것들을 생각했습니다. 그런데 그가 무엇부터 빼냈는지 아십니까? 바로 낙하산이었습니다. 사실 낙하산 무게가 얼마나 나가겠습니까? 하지만 그는 낙하산마저 버린 채 죽기를 각오하고 비행에 나선 것입니다.

1927년 5월 20일 오전 7시 52분, 찰스 린드버그가 탄 비행기가 활주로를 박차고 공중으로 떠올랐습니다. 하지만 그 전날 밤, 비가 그치길 바라며 뜬눈으로 밤을 지새운 채 비행을 강행했던 탓인지 비행을 시작한 지 3시간이 좀 지나자 졸음이 밀려왔습니다. 그는 홀로 비행하면서 무엇보다도 졸음과 싸워야 했습니다. 졸음을 쫓기 위해서 비행 중에 두 손을 얼음처럼 차가운 바람 속에 내놓기도 했습니다.

오후 7시경 뉴펀들랜드를 지나 동쪽을 향해 계속 바다 위를 날아갔습니다. 그런데 날이 어두워지자 비행기 날개 위에 얼음이 덮이기 시작했습니다. 얼음은 시간이 갈수록 점점 두꺼워져 비행기를 요동치게 만들었습니다. 그는 밤새 요동치는 비행기 안에서 추위와 졸음에 맞서 사투를 벌여야 했습니다.

237마력의 9기통 엔진을 장착하고 있던 찰스 린드버그의 비행기는 꼬박 하루하고도 8시간을 더 날았습니다. 그리고 마침내 1927년

5월 21일, 뉴욕과 6시간의 시차가 있는 파리 시각으로 밤 10시경, 그는 에펠탑의 불빛을 보았습니다. 입에서는 저절로 탄성이 터져나오며 "아! 나는 해냈다. 저것이 파리의 불빛이다"라고 혼잣말을 외쳤습니다.

파리 하늘을 천천히 돌면서 착륙할 지점을 찾다 보니 수많은 불빛들이 움집한 것이 보였습니다. 다름 아니라 르부르제 공항의 활주로를 비추는 자동차 헤드라이트 불빛들이었습니다. 그 불빛들의 도움을 받아 그는 무사히 파리에 내릴 수 있었습니다. 뉴욕을 출발해 33시간 30분 동안 5,800킬로미터를 날아와서 말입니다.

대서양 단독 횡단 비행의 성공으로 찰스 린드버그는 일약 영웅이 되었습니다. 그는 뉴욕의 호텔왕 레이먼드 오티그가 내건 2만 5,000달러의 상금을 거머쥐게 되었고 뉴욕 시민들의 열렬한 환대를 받았습니다. 그뿐만 아니라 〈타임〉이 선정하는 사상 첫 번째 '올해의 인물'이 되었습니다.

아무나 영웅이 될 수 없습니다. 찰스 린드버그가 대서양 단독 횡단이라는 역사적 위업을 달성할 수 있었던 진짜 이유는, 단 한 방울의 연료라도 더 싣기 위해 낙하산마저 포기했던 그 마음가짐과 각오에 있었던 것이 아닐까요? 낙하산을 버리고 한 방울의 연료를 택할수 있는, 달리 말해 죽기를 각오하고 모험하는 그런 사람만이 진정한 영웅이 될 자격이 있습니다. 그런 각오와 마음가짐으로 도전의 아침이 오기를 간절히 바라면서 밤을 지새웠고 마침내 홀로 대서양을 횡단해낸 찰스 린드버그. 그야말로 우리 시대의 진정한 영웅이었습니다.

결국 세상은 도전하고 모험하는 사람의 것이 됩니다. 예전에도 그랬고, 지금도 그러하며 앞으로도 그럴 것입니다.

삶은 저지르는 사람의 몫입니다. 그러니 저지릅시다. 쉼 없이 도전하고 모험을 감행합시다. 도전과 모험이 없는 인생은 이미 죽은 인생입니다. 도전과 모험이 없는 사회에 미래는 없습니다. 쓸데없이 잔머리 굴리며 인생을 허비하지 말고 과감하게 도전하며 모험합시다. 그 도전과 모험 앞에 삶은 길을 열 것입니다. 이런 뜻에서 여기 모험에 관한 글 한 편을 붙입니다.

모험

사람들 앞에서 웃는다는 것은 바보처럼 보이는 위험을 무릅쓰는 겁니다.

다른 사람에게 다가가는 것은 그에게 속을 수 있는 위험을 무릅쓰는 겁니다.

사랑한다는 것은 사랑받지 못할 위험을 무릅쓰는 겁니다.

믿는다는 것은 실망할지도 모를 위험을 무릅쓰는 겁니다.

노력한다는 것은 실패할지도 모를 위험을 무릅쓰는 겁니다.

그러나 모험은 감행돼야 합니다.

모험하지 않는 이들은 그 순간의 고통이나

슬픔을 피할 수 있을진 모르지만

결코 배울 수 없고, 느낄 수 없으며, 변화할 수 없고, 성장할 수 없으며,

사랑할 수 없고, 진정으로 승리할 수 없기 때문입니다.

가고자 하는 길에
모든 것을 걸어라

'이 정도면 됐다' 고 생각할 때 거기서 끝이다

독일 슈투트가르트에 가면 시내를 오가는 전차를 장식하고 있는 공익광고에서, 한 동양여인이 환히 웃고 있는 모습을 볼 수 있습니다. 또한 슈투트가르트 발레단의 광고를 허리에 두르고 달리는 노선버스에서도 클로즈업된 한 동양여인의 얼굴을 볼 수 있습니다. 그녀가 누구인지 궁금하지 않으십니까? 다름 아닌 발레리나 강수진(姜秀珍, 1967~)입니다.

벤츠의 도시 슈투트가르트가 발레 팬들에게는, 아니 적어도 문화적으로는 발레리나 강수진의 도시라고 해도 지나치지 않을 정도입니다. 과연 어떻게 이런 일이 가능했을까요? 지난 1986년 슈투트가르트 발레단에 최연소 단원으로 입단해, 코르 드 발레(군무 단원), 솔리스트를 거쳐 1996년 프리마 발레리나(수석 무용수)로 당당히 등극한 강수진이 지금 이 발레단의 간판스타이자 슈투트가르트에서 가장 사랑받는 예술가 중 한 사람이 되었기 때문입니다.

대부분의 프로 발레단과 마찬가지로 슈투트가르트 발레단도 철저하게 피라미드식 구조를 지키는 곳입니다. 그녀 역시 슈투트가르트 발레단에 입단해 그 단계를 차곡차곡 밟았습니다. 아무 배역도 없는 코르 드 발레 시절을 보낸 뒤 7년이 지나서야 솔리스트가 될 수 있었습니다. 그리고 그 후 마침내 프리마 발레리나로 발탁되어 발레단의 간판스타 자리에까지 오르게 된 것입니다.

이렇게 되기까지 강수진은 말로 다 할 수 없을 만큼 혹독한 인고의 세월을 보냈습니다. 몇 해 전 TV를 통해 본 그녀의 발이 그것을 대신 웅변해줍니다. 토슈즈를 벗었을 때 드러난 그녀의 발은 충격 그 자체였습니다. 뼈가 튀어나오고 발톱은 뭉개져 있는데다 발가락 곳곳에 옹이처럼 굳은살이 박혀 있었습니다. 강수진의 발은, 하루 15~19시간씩 한 시즌에 자그마치 250켤레의 토슈즈를 바꿔 신을 정도로 참혹할 만큼 혹독하게 자기 자신을 몰아붙였던 맹연습의 결과였습니다.

발이 문드러질 정도로 쉬지 않고 연습과 훈련을 거듭한 결과, 강수진의 몸은 그 누구도 흉내낼 수 없을 만큼 꼿꼿한 선을 세울 수 있었던 것입니다. 칼금을 그은 듯한 그녀의 허리와 손동작, 그리고 상하좌우로 자유롭게 공간을 누비는 나비처럼 가벼운 몸놀림은 강철보다 더 강해진 그녀의 발에서 뿜어나오는 열정의 매력입니다. 그래서 혹자는 그녀를 가리켜 '강철 나비'라고 부릅니다. 중력이 나비의 날갯짓을 꺾을 수 없듯, 뜨거운 불길 속에서 쇳덩이가 제련되듯, 강수진은 유연하고 가벼우면서도 강하고 곧다는 것이죠.

1999년, 발레리나에게 있어 최고 영예인 '브누아 드 라 당스' 상을 수상한 뒤 그녀는 다리에 금이 갔다는 의사의 진단을 받았습니다. 더 이상 발레를 할 수 없는 처지에 내몰린 것입니다. 재기를 점칠 수 없는 불안한 나날이 15개월이나 흐른 뒤, 그러나 그녀는 프리마 발레리나로 화려하게 복귀했습니다.

그녀는 일체의 잡념과 감정을 배제한 채 무아(無我)의 상태로 자신을 발레의 세계로 몰아넣었습니다. 그 무서운 '몰입의 힘'으로 무대 위에 선 강수진은 〈로미오와 줄리엣〉에선 줄리엣으로, 〈마술피리〉에선 파미나로 완벽하게 변모합니다. 그래서 혹자는 강수진을 가리켜 '발레 수행자'라고까지 말합니다.

만약 그녀가 동양인 최초로 로잔 국제발레콩쿠르 1위를 차지했다는 식의 이력에만 집착했다면, 그저 한 명의 스쳐간 발레리나로만 기억되었을지 모릅니다. 하지만 강수진은 타고난 천재가 아니라 끊임없이 노력하는 연습벌레인 탓에 서른여덟의 나이에도 아랑곳않고 더 원숙한 모습으로 발레의 세계를 펼쳐나가고 있는 것입니다.

살아오는 동안 단 한 번도 발레 이외의 다른 삶을 동경해본 일이 없다는 발레리나 강수진. 예술은 화려한 볼거리보다는 깊은 감동을 줄 때 비로소 그 가치를 찾을 수 있습니다. 그 깊은 감동은 '혼의 몰입'을 통해서 흘러나옵니다. "더 못 한다고, 이 정도면 됐다고 생각할 때 그 사람의 예술 인생은 거기서 끝나는 것"이라고 단호히 말하는 발레리나 강수진. 그녀는 '몰입의 위대한 힘'을 여실히 보여준 사람입니다.

최선을 다했다고 말하지 마라

발레리나 강수진이 "이 정도면 됐다고 생각할 때 예술 인생은 끝나는 것"이라고 말했다면, 최배달은 모든 것을 던져 싸우라는 뜻의 '극진(極眞)'이라는 단어를 썼습니다.

최배달(1922~1994)은 영화 〈바람의 파이터〉의 실제 인물이자 '극진 가라테'의 달인입니다.

오래전에 고(故) 고우영 화백이 그린 만화 중에 『대야망』이란 것이 있습니다. 맨손으로 쇠뿔을 뽑고 전 세계를 유랑하며 곳곳의 격투기 고수들을 차례로 때려눕히는 내용입니다. 그런데 정말 만화에서나 있을 법한 그 주인공의 이름이 다름 아닌 최배달입니다. 더구나 그는 실존 인물입니다.

최배달의 본명은 최영의입니다. 그는 자신이 배달민족의 후예임을 강조하여 스스로 최배달이라고 이름 지었다고 합니다. 그의 일본 이름이 오야마 마스다츠, 즉 대산배달(大山倍達)인 까닭도 여기 있습니다.

그는 전북 김제 출신으로 17세에 일본으로 건너갔습니다. 1939년 야마나시 소년항공학교에 들어갔지만 조선인이라는 이유로 심한 차별을 감수해야 했습니다. 그 후 1940년 학도병으로 차출되어 게릴라 정탐부대에 배속되었고, 1945년 종전과 함께 살아 돌아왔지만 먹고 살 길이 막막했습니다.

그러던 중, 공원에서 우연히 일본 야쿠자 보스를 구해준 일이 계기가 되어 한때 야쿠자의 일원이 되기도 했습니다. 하지만 그는 여섯 달 만에 야쿠자 생활을 깨끗이 청산합니다.

1946년 그는 미야모토 무사시의 『오륜서』를 접한 후 입산하여 스스로 공수도, 즉 가라테 훈련을 쌓았습니다. 수련을 마치고 하산하여 전 일본 가라테 선수권대회를 석권하고 치바의 다테산에서는 소와 대결해 무려 47마리의 소를 쓰러뜨리고 그 중 4마리를 즉사시키는 놀라운 파괴력을 선보였습니다.

그 후 전 세계를 돌며 100여 차례의 격투를 벌여 모두 승리하는 진기록을 세우기도 했습니다. 물론 그도 사람인지라 대결의 순간마다 엄습하는 공포와 싸워야 했습니다. 정작 싸움 그 자체보다는 그것에 앞서 오는 죽음의 공포와 맞서는 것이 더 큰 싸움이었다고 고백했습니다.

이런 죽음의 공포와 맞싸우며 목숨 건 결투를 마다하지 않았던 최배달은 마침내 1964년 실전 중심의 '극진 가라테'를 창도합니다. 그 시작은 미미했지만 오늘날 극진 가라테는 140여 개 나라에서 2,000여 만 명이 수련하는 국제 무술로 자리 잡았습니다.

그는 목숨 걸고 벌였던 실전들을 통해 자신만의 승부법을 발견했습니다.

첫째, 작은 차이가 생과 사를 가른다. 무(武)는 말 그대로 실전 그 자체입니다. 실제 승부는 100분의 1초 안에 결정납니다. 그러니 자신이 할 수 있는 가장 빠른 공격에 모든 힘을 실어 일격에 상대를 제압해야 합니다. 그렇지 못하면 역으로 당하고 맙니다.

둘째, 승리에 우연이란 없다. 승리는 끊임없는 단련의 결과일 뿐이라는 것입니다. 최배달은 "천 일의 연습이 '단(鍛)'이고 만 일의 연습이 '연(鍊)'이다. 그런 혹독한 단련이 있고 나서야 비로소 승리를 기대할 수 있다"고 입버릇처럼 말했습니다. 즉 무도는 천 일을 시작 단계로 하고, 만 일을 연습단계로 여기는 마음가짐으로 임해야 한다는 것입니다.

셋째, 실천에 집중하라. 실천이 없으면 증명이 없고, 증명이 없으면 신용이 없으며, 신용이 없으면 존경도 없다는 것입니다. 그는 무도에 대한 탐구는 절벽을 기어오르는 것과 같으므로 쉬지 말고 정진해야 한다고 강조했습니다. 시작하지 않고 준비만 하는 것, 마음만 먹고 움직이지 않는 것은 아무것도 하지 않는 것보다 더 나쁘다고 지적합니다. 누구나 준비는 할 수 있고 마음은 먹을 수 있지만, 실천하고 실행하는 것이 가장 중요하다는 사실을 강조하는 것입니다. 그는 누구보다도 실행에 집중하는 인물이었습니다.

넷째, 눈으로 보지 말고 마음으로 보라. "견(見)하지 말고 관(觀)하라. 사물의 겉을 보지 말고 그 본질을 꿰뚫어보라. 칼로 적을 찌르기 전에 먼저 눈으로 찔러라" 등도 같은 맥락의 이야기입니다. 그러면서 "세상은 넓고 상수(上手)는 많다. 나 말고 모든 사람이 내 선생이다"고 말하며 겸손과 겸양의 자세를 잃지 말 것도 강조했습니다.

다섯째, 무도의 궁극적인 힘은 미움이 아니라 사랑이다. 그는 죽을 때까지 사람을 죽이는 살법(殺法)이 아니라 사람을 살리는 활법(活法)을 추구했습니다. "머리는 낮게, 눈은 높게, 입은 좁게, 삼가 마음은 넓게 하며, 효를 원점으로 타인을 이롭게 하라"고 말하곤 했습니다.

여섯째, 스스로 하고자 하는 일에 스스로를 바칠 준비를 하고 임하라. 한마디로 목숨 걸고 하라는 것입니다. 그가 생전에 자신의 세

아들에게 유언처럼 남긴 말이 있습니다. "세상을 살 때 가장 중요한 것은 목숨을 거는 거다. 네가 하고자 하는 일에 너를 바쳐라." 어쩌면 이 한마디에 진정한 무림고수의 승부법의 핵심이자 전부가 담겨 있다고 할 수 있습니다.

최배달이 생전에 가장 싫어했던 말이 있습니다. 그것은 다름 아니라 '최선(最善)을 다했다'는 말입니다. 왜냐하면 거기엔 왠지 뜻대로 되지 않았을 때 숨어버릴 수 있는 '핑계의 그늘' 같은 것이 있다고 느꼈기 때문입니다. 그래서 그는 '최선'이란 말 대신 모든 것을 다 던져 싸우는 모습의 '극진(極眞)'이란 말을 좋아했습니다. 그런 이유로 그가 창도한 가라테의 이름도 '극진 가라테'가 된 것입니다.

'최선이 아니라 극진!' 바로 이 위기의 시대에 모든 것을 다 던져 치열하게 싸우라는, 열정의 리더 최배달의 메시지입니다.

열정은 세상을 아름답게 한다

열정은 세계 최고의 발레리나를 만들었고, 극진 가라테를 창도했습니다. 그리고 세상에서 가장 아름다운 수목원을 만들기도 합니다.

언젠가 장 지오노가 쓴 소설 『나무를 심은 사람』을 읽은 적이 있습니다. 그 소설의 주인공인 엘제아르 부피에는 매일 황무지 위에 도토리를 100개씩 심어 수십 년 후 그 황무지를 울창한 떡갈나무 숲으로 만들었습니다. 어느날 황무지가 거대한 떡갈나무 숲으로 변한 것을 발견한 프랑스 의회는 조사단까지 파견했지만 정작 그 숲의 비밀, 즉 매일 100개씩 도토리를 심은 사람이 있었다는 사실은 모른 채 천혜의 숲이 프로방스 지방에 펼쳐졌다고 감탄할 따름이었습니다.

충남 태안의 천리포에 가보면 우리 역시 똑같은 잘못을 범할지도 모릅니다. 태안반도 끝자락 바닷가 언덕에 자리잡은 천리포수목원. 18만여 평의 부지에 7,000종에 가까운 국내외 수종을 보유하고 있는 희귀식물의 보고(寶庫)입니다. 천리포수목원은 결코 천혜의 수목원이 아닙니다. 한 인간의 열정이 어떻게 세상을 변화시킬 수 있는지를 여실히 보여주는 남다른 증거입니다.

한국판 '나무를 심은 사람'이 있습니다. 천리포수목원의 초대원장이었던 고(故) 민병갈(1921~2002)이 바로 그 장본인입니다. 민병갈의 본명은 칼 밀러(Carl Miller)입니다. 그는 1945년 25세에 연합군 중위로 한국에 첫발을 디딘 후, 한국의 아름다운 자연과 한국인의 순박한 모습에 반해 미군정청 정책고문관으로 자원해 한국에 남았습니다.

1962년 딸의 혼수비용을 걱정하는 한 노인을 돕기 위해 천리포의 땅 6,000여 평을 우연히 구입하게 된 민병갈은 그 척박한 땅 위에 수목원을 세울 꿈을 꾸었습니다. 사실 당시의 천리포는 전기도 안 들어왔고, 민둥산인 데다 30센티미터만 파도 소금 섞인 흙이 나오는 지독한 박토였습니다.

그는 수목원을 만들기 위해 식물도감이 헤져 너덜너덜해질 정도로 공부를 했고, 나무를 심기 위해 첫 삽을 뜬 뒤 물 부족 문제를 해결하기 위해 연못을 팠습니다. 일주일에 나흘은 서울에서 넥타이 매고 일하고 사흘은 천리포로 내려가서 삽을 들고 일했습니다. 밤낮을 가리지 않고 야간에도 횃불을 밝힌 채 나무를 심었습니다.

이후 30년 동안 그는 자신의 모든 것을 천리포수목원에 쏟아 부었습니다. 1979년에 귀화까지 한 뒤 그는 더욱 박차를 가해 수목원을 조성하기 시작했습니다. 그리고 같은 해 천리포수목원은 한국 최초의 민간수목원이 되었습니다.

칼 밀러, 아니 민병갈의 지칠 줄 모르는 열정과 노력 덕분에 천리포수목원은 7,000종에 가까운 나무를 품게 됐으며, 지난 2000년에는 아시아 최초로 세계수목협회로부터 '세계의 아름다운 수목원'으로 지정받기에 이르렀습니다.

민병갈의 나무 사랑은 실로 '신앙' 수준이었습니다. 그는 언제나 동이 트기 전에 일어나서 나무를 돌보았습니다. 나무들 하나하나의 이름을 부르며 대화를 했고 마치 자식을 기르듯 종자를 채집하고 온 정성을 들여 나무를 가꿨습니다. 더구나 모양내려고 나뭇가지를 자르는 법도, 보기 좋으라고 옮겨 심는 일도 없었습니다. 살충제도 치지 않고 자연의 순리대로 자라게 했습니다. 한마디로 관심은 쏟되, 내버려두는 것이죠. 인공적 손길이 아니라 자연적인 생명력의 충만함이 나무를 키워낸다는 것이 민병갈의 나무철학이었습니다.

그런 덕분에 민병갈은 임업인으로서는 최초로 대통령이 수여하는 금탑산업훈장을 수상하기도 했습니다. 하지만 안타깝게도 2002년 4월 그는 "미국에서 치료 받으라"는 혈육들의 권유를 뿌리치고 충남 태안의 한 작은 병원에서 숨을 거두었습니다. 그리곤 그토록 사랑했던 나무들의 세계 속으로 가서 그 자신이 한 그루 나무가 되었습니다.

우리나라에도 이런 곳이 있다니 하는 감탄이 절로 나오는 18만여 평 규모의 거대하고 역동적인 생명의 정원, 천리포수목원. 거긴엔 민병갈이라는 한 사람의 평생에 걸친 피와 땀 그리고 열정이 고스란히 담겨 있습니다.

칼 밀러라는 이름으로 한국에 와서 천리포수목원에 자신의 모든 것을 쏟아 부은 민병갈. 죽어서도 나무의 거름이 되고 싶다던 민병갈. 그는 열정이 세상을 얼마나 아름답게 변화시킬 수 있는가를 행동으로 보여주었습니다.

여러분은 올해 어떤 나무를 심으실 계획입니까? 여러분이 심을 나무가 무엇이든 그 나무가 자라기 위해선 무엇보다도 여러분의 열정이 쏟아 부어져야 합니다. 열정만한 비료가 없기 때문입니다.

자신이 가고자 하는 길에 자신의 모든 것을 쏟아 붓는 열정, 그것은 자신을 자라게 하고, 다른 이를 감동시키며, 세상을 변화시키는 큰 힘이 됩니다.

완벽에의 충동

명품은 무엇으로 만들어지는가

세계 최고의 명품 악기 '스트라디바리우스'를 아십니까? 언젠가 미국 뉴욕 크리스티 경매에서 '테넌트 부인'이라는 이름의 스트라디바리우스가 203만 2,000달러(우리 돈 약 20억 4,000만 원)에 팔렸습니다. 안토니오 스트라디바리(Antonio Stradivari, 1644?~1737)가 55세 때인 1699년에 만든 이 바이올린은 1900년 스코틀랜드의 기업가 찰스 테넌트 경이 아마추어 바이올린 연주가였던 아내에게 선물한 후 '테넌트 부인'이란 이름으로 불려왔습니다.

그런가 하면 미국의 바이올리니스트 조슈아 벨은 1713년산 스트라디바리우스 '깁슨'을 400만 달러(우리 돈 약 40억 원)에 구입한 적도 있습니다. 또 두 대의 바이올린, 한 대의 비올라, 한 대의 첼로가 모두 스트라디바리우스로 구성된 '파가니니 콰르텟'은 총 2,500만 달러로 우리 돈 250억 원이 넘는다고 합니다. 이처럼 스트라디바리우스는 지구상에서 가장 비싼 명품으로 꼽힙니다.

게다가 스트라디바리우스를 가장 많이 보유하고 있는 나라가 가장 강대국이라는 말이 있을 정도로 스트라디바리우스의 보유력은 곧 국력으로 통합니다. 처음에는 프랑스 왕실과 이탈리아의 메디치 가에서 가장 많이 보유했던 스트라디바리우스가 대영제국 시절에는 영국으로 대다수 흘러들어갔고 지금은 미국에서 가장 많이 보유하고 있습니다. 나치 독일도 2차 세계대전 중에 스트라디바리우스를 수집하는 데 광분했습니다. 스트라디바리우스의 제작자인 안토니오 스트라디바리와 같은 크레모나 출신이었던 이탈리아 파시스트 정권의 우두머리 무솔리니 역시 스트라디바리우스의 열렬한 예찬자로, 이탈리아의 문화적 우월성을 전 세계에 자랑하는 데 스트라디바리우스 이상이 없다고 확신했을 정도입니다.

지구상의 최고 명품 스트라디바리우스를 만든 사람은 안토니오 스트라디바리입니다. 그는 1644년 이탈리아 북부 크레모나에서 태어났습니다. 크레모나는 전통적으로 현악기 제조가 성했던 곳입니다. 스트라디바리는 처음에는 목수로 일하다가 당시로서는 뒤늦은 나이인 22세에 현악기 제조에 뛰어들었습니다. 게다가 당시에는 니콜로 아마티라는 현악기 제작의 걸출한 명장이 생존해 있어 대부분 그의 밑에서 일을 배웠지만 유독 스트라디바리는 그를 사사하지 않고 독자적인 길을 걸었습니다.

안토니오 스트라디바리는 93세로 생을 마감할 때까지 70여 년을 한결같이 명품 현악기 제작에 헌신했습니다. 그는 일생 동안 1,200여 개에 달하는 바이올린과 첼로 그리고 비올라를 만들었는데, 현재

700여 개가 남아 전해지고 있습니다. 하지만 그 중 연주에 직접 쓰이는 스트라디바리우스는 채 50여 개가 되지 않는다고 합니다. 스트라디바리는 두 번 결혼해서 모두 11명의 자녀를 두었고 그 중 아홉 자녀가 장성했는데, 첫째 부인한테 낳은 두 아들은 50년 이상 그와 함께 일했지만 그들에게조차 자신의 제작비법을 전수해주지 않았습니다. 어쩌면 둘째 부인한테 얻은 아들 조반니 바티스타에게 그 비법을 전수해주고 싶었지만 그가 그만 24세에 요절하자 아예 마음의 문을 닫아버린 것인지도 모르겠습니다.

사실 전 세계의 연주자들을 매혹시키는 스트라디바리우스의 매력은 무엇보다도 그것의 마술적인 음색에 있습니다. 시카고 교향악단 악장 빅터 아이티는 그 마술적인 음색을 이렇게 표현했습니다. "귀에 거슬리는, 갈라진 소리가 전혀 없다. 풍부하고 부드러운 음향이다. 활이 줄에 닿기만 해도 음악이 샘솟듯이 울려 나온다. 그 매끄러운 가락은 콘서트홀 구석구석까지 울려 퍼진다. 명기(名器) 스트라디바리우스의 음색에 견줄 만한 것은 이 세상에 존재하지 않는다."

그렇다면 스트라디바리우스를, 인간 내면의 풍부한 감정 표현을 담아내고 희로애락의 다양한 음색을 지닌 '명품 중의 명품'으로 만든 그 비법은 과연 무엇일까요? 많은 사람들은 그것을 스트라디바리우스만의 독특한 '바니시', 즉 동체의 칠에 있다고 생각했습니다. 하지만 당시 스트라디바리가 사용했던 바니시는 크레모나 지역에서 흔히 사용했던 것임이 밝혀졌습니다. 또 미국 컬럼비아 대학의 기후학자인 로이드 버클 박사와 테네시 대학의 수목연대 측정학자인 헨리 그리씨노-마이어 박사는 1625년에서 1720년까지 약 100여 년 동안 태양이 정상적인 에너지 활동을 하지 못해 '소빙하기'가 닥쳤고 이때 제대로 성장하지 못해 나이테의 폭이 촘촘해진 나무를 스트라디바리가 악기재료로 사용한 것이 마술적인 음색의 비밀이라고 주장하기도 했습니다. 하지만 '소빙하기'에 자란 나무를 스트라디바리만이 독점해서 썼을 리가 만무하지 않겠습니까?

그렇다면 스트라디바리우스만의 마술적인 음색의 비밀은 도대체 어디에 연원하는 것일까요? 그것은 다름 아닌 스트라디바리의 '완벽을 향한 열정' 혹은 '완벽에의 충동'에서 발원하는 것이 아닐까요? 스트라디바리는 독자적으로 최고의 음색을 내는 현악기를 만들기 위해 숱한 실험과 시행착오를 10년 이상 계속했습니다. 그리고 마침내 그 '완벽을 향한 열정, 완벽에의 충동'이 원동력이 되어 시대를 뛰어넘는 명품 중의 명품 '스트라디바리우스'를 탄생시켰습니다. 후기 르네상스의 위대한 산물인 바이올린은 철저하게 사람을 닮은 악기입니다. 바디(body 몸통), 백(back 등-뒤판), 벨리(belly 배-앞판), 리브(ribs 갈빗대-옆판), 헤드(head 머리), 넥(neck 목) 등 사람의 신체와 등치되는 바이올린 부위별 용어뿐만 아니라 잘록한 허리와 육감적인 바이올린의 선은 여체의 실루엣을 그대로 옮겨놓은 듯합니다.

스트라디바리우스는 '완벽에의 충동'을 원동력으로 삼아 사람 닮은 바이올린에 혼을 불어넣어 만든 명품입니다. 그래서 스트라디바리가 죽은 지 300여 년이 다 되어감에도 스트라디바리우스의 진가는 해가 갈수록 더욱 살아나고 있습니다.

결국 명장(名匠)의 혼(魂)이 명품(名品)을 만들고 명품의 누적과 지속이 명가(名家)를 낳습니다. 90생애에 걸쳐 '완벽에의 충동'을 원동력 삼아 명품 스트라디바리우스를 만들어 뭇사람들의 오감을 일깨우는 마술적인 음색의 현악기 명가를 이룬 명장 안토니오 스트라디바리. 그의 몰입과 열정은 시대를 초월하여 빛나고 있습니다.

미쳐야 산다

"한 잔 먹세 그려 또 한 잔 먹세 그려/ 꽃 꺾어 산 놓고 무진무진 먹세그려" 송강 정철의 〈장진주사(將進酒辭)〉의 한 구절입니다. "사람이 술을 빚지만 술은 사람을 만든다"는 말이 있습니다. 그만큼 술은 우리 삶과 끊을래야 끊을 수 없는 관계에 있습니다.

그런데 우리는 서양술에 관해서는 이러쿵저러쿵 말하면서도 정작 우리의 전통술은 잘 모릅니다. 부의주(浮蟻酒)를 아십니까? 술이 익으면 쌀알이 물속의 개미처럼 동동 떠오르기 때문에 개미 '의(蟻)' 자를 넣었다고 합니다. 동동주가 바로 이것이죠. 그 밖에도 100가지 화초에 100가지 꽃을 넣은 백화주(百花酒), 대나무를 고아서 그 기름을 받아낸 죽력고(竹瀝膏), 앵두잎·배잎·인진쑥이 들어간 잎새곡주, 개고기를 고아넣은 무술주(戊戌酒), 우리식 칵테일인 과하주(過夏酒) 등이 모두 우리 전통술입니다.

전통술은 거저 얻어지지 않습니다. 특히 녹두장군 전봉준이 관군에 잡혀갈 때 찾았다는 죽력고를 만들려면, 대나무 토막을 가득 채운 항아리와 흙 속에 파묻은 자배기의 주둥이를 맞대어 놓은 뒤 왕겨를 무덤처럼 덮고 사흘 동안 불을 지펴 고아내야 합니다.

전통술은 약술로도 통합니다. 잎새곡주는 머리가 맑아진다고 해서 예전엔 과거를 보러 갈 때 호리병에 담아가서 과거 보기 전날 밤에 마셨다고 합니다. 시험 보기 전날 밤에 음주라, 멋지지 않습니까?

오늘날 이런 전통주 되살려내기에 평생을 바쳐온 사람이 있는데, 국순당의 배상면(裵商冕, 1924~) 명예회장입니다. 국순당이란 고려 후기 때 임춘이 술을 의인화해서 지은 소설 『국순전(麴醇傳)』에서 따온 것입니다. 여기서 '국(麴)'은 누룩이고 '순(醇)'은 진하고 좋은 술이니, 국순당이란 '좋은 누룩으로 맛있는 술을 빚는 집'이란 의미입니다.

1924년 대구에서 태어난 배상면은 젊어서 폐결핵을 앓았지만 우여곡절 끝에 1950년 경북대 농예화학과를 졸업하고, 6·25 전쟁 중에는 통역장교로 복무했습니다. 그 후 1952년 기린주조장을 경영하며 양조 사업에 뛰어들었습니다. 기린소주를 개발해 재미도 보았지만, 사과 브랜디를 잘못 섞는 바람에 사업이 곤두박질치기도 했습니다. 스스로를 술과 누룩과 함께 살아온 삶이라고 말하는 그의 생애에는 성공보다 좌절이 더 많았습니다.

하지만 그의 전통술 만들기에 대한 고집은 꺾이지 않았습니다. 중국의 마오타이, 프랑스의 꼬냑, 일본의 청주같이 나라를 대표할 만한 술을 자기 손으로 직접 만들고야 말겠다는 그의 고집은 마침내 1982년, 생쌀 발효법에 의한 전통술 제조 특허를 취득하는 원동력이 되었습니다. 1983년에는 국순당의 전신인 배한산업을 창립하였고, 1991년 드디어 배상면주가의 히트작품인 '백세주'를 세상에 내놓았습니다. 백세주야말로 그의 평생에 걸친 누룩 연구의 결정판이자 필생의 회심작이었던 것이죠.

하지만 처음부터 백세주가 인기를 끌었던 것은 아닙니다. 배상면 명예회장은 동으로 서로, 술집으로 음식점으로, 특히 보신탕집으로 뛰어다니며 직접 백세주를 마케팅했습니다. 이른바 '게릴라 마케팅'으로 백세주의 판로를 직접 개척했던 것입니다.

그는 술 빚는 일을 천시하던 기존관념을 깨고 자녀들에게 가업을 이어주며 술의 명문가를 이뤄냈습니다. 국순당 경영은 맏아들인 배중호 사장이 맡고 있으며, 차남인 배영호는 국순당에서 분가해 전통주 제조업체인 '배상면주가'를 따로 차렸고, 딸 배혜정은 탁주 전문업체 '배혜정누룩도가'를 운영하고 있습니다. 배상면 명예회장의 마지막 바람은 대학에 양조학과를 설립하고 전통주 제조의 후계자를 기르는 학교를 세우는 것입니다.

아울러 그는 '좋은 제품을 만들기 위한 4대 원칙'을 고수하고, 가업을 이어받은 아들딸에게 이것을 전수하고 있습니다. 원료는 최고만을 선택한다, 가공단계에서 문제가 될 만한 첨가물은 완전 배제한다, 소비자와 약속한 품질은 엄수한다, 제품이 지닌 가치 이상의 값은 받지 않는다는 것입니다.

실패를 두려워하면 앞으로 나아가지 못합니다. 한때는 팔자타령을 하며 면도날로 손에 금을 그어서라도 팔자를 고쳐보겠다는 생각까지 했던 배상면 명예회장. 좌절과 시련 없는 인생은 향기 없는 꽃과 같다고 하지 않습니까. 그는 절망과 맞서 싸우는 동안 성장했고 전통술 만들기에 미쳐 결국엔 성공했습니다. "미쳐야 산다"는 말을 온몸으로 웅변한 셈이죠.

여든을 훌쩍 넘긴 나이에도 생의 마침표를 찍는 그날까지 한국을 대표하는 전통술 만들기를 쉬지 않겠노라는 배상면. 그야말로 진한 향기를 품어내는 진정한 장인입니다.

한 우물 정신으로 문화입국을 지켜내다

앞선 두 사람이 몰입과 열정으로 장인의 정신을 보여주었다면 을유문화사의 정진숙(鄭鎭肅, 1912~) 회장은 장인의 한 우물 정신이 무엇인지를 온 삶으로 보여줍니다.

60여 년 전인 1945년 을유년, 해방을 맞은 그해 서른네 살의 청년 정진숙은 해방과 더불어 감옥에서 풀려났습니다. 조흥은행의 전신이었던 동일은행에 다니던 중 1944년 치안유지법 위반으로 연행되어 수형생활을 했던 것입니다.

옥에서 풀려난 직후 그는 은행에 사직서를 내고, 집안어른인 위당 정인보 선생의 격려에 힘입어 '문화입국(文化立國)'의 각오로 출판사업에 뛰어들었습니다. 훗날 한국은행 총재를 지냈던 민병도, 아동문학가 윤석중, 작가 조풍연과 한자리에 모여 출판문화사업을 통해 해방된 조국에 이바지하자는 결의를 했던 것이죠. 이 땅의 출판문화를 선도한 을유문화사는 그렇게 만들어졌습니다.

하지만 1950년 한국전쟁은 신생 출판사 을유문화사의 모든 것을 송두리째 앗아가버렸습니다. 서울에 진주한 인민군은 을유문화사의 종로 사옥에 인공기와 민청중앙위원회 깃발을 내걸고 책으로 바리케이트를 쌓으며 장부 등을 모두 불살라버렸습니다. 더구나 피난 갔던 부산에서 창립 동인 세 사람이 차례차례 출판사를 떠났습니다.

남은 이는 정진숙뿐이었습니다. 올해 그의 나이 95세입니다. 그는 우직하리 만큼 평생을 을유문화사와 함께하며 60년이 넘도록 '문화입국'의 기치를 끝까지 지켜냈습니다. 시작도 중요하지만 지속한다는 것은 더 중요합니다.

1912년생인 정진숙 회장은 호흡이 긴 사람입니다. 이것은 을유문화사의 출판 스타일을 봐도 알 수 있습니다. 무엇보다도 을유문화사를 돋보이게 한 것은 『우리말 큰 사전』을 10년 동안의 시간을 들여 1957년에 전6권으로 완간한 일입니다. 말 그대로 해방 후 가장 의미 있는 문화건국사업을 펼친 것이었습니다.

일제의 한글말살정책 하에서 조선어학회 사건으로 한글학자들이 모두 투옥되고 당시 법정 증거물로 압수당했던 한글사전 원고를 해방 후 서울역 근처 운송회사 창고에서 찾아내 10년의 세월을 들여 만든 것이 『우리말 큰 사전』이었습니다.

종이가 귀해 신문조차도 마분지 비슷한 종이에 인쇄하던 시절에 사전 출판에 쓸 모조지를 구한다는 것은 엄두가 나지 않는 일이었습니다. 하지만 정진숙은 서울은 물론 지방까지 돌며 모조지란 모조지는 모두 모아다가 간신히 『우리말 큰 사전』 제1권을 출판해냈습니다. 하지만 제2권부터는 어쩔 도리가 없었습니다.

궁즉통(窮卽通)이라, 궁하면 통한다고 했나요? 당시 모조지를 못 구해 발을 동동 구르던 을유문화사에 하버드 대학교 박사 출신의 문교부 편수국 고문 앤더슨이 미국 록펠러재단에 요청해서 당시 돈으로 4만 5,000달러어치의 종이를 구해줬던 것입니다. 하지만 이마저도 한국전쟁 중에 을유문화사를 접수했던 인민군이 스탈린과 김일성 사진이 박힌 전단을 만드는 데 다 써버려 결국 휴전 후에 다시 록펠러재단에 통사정을 해서 가까스로 종이를 구해 전6권의 『우리말 큰 사전』을 완간할 수 있었습니다.

을유문화사가 펴낸 우리나라 최초의 한국통사인 『한국사』 전7권 역시 1954년에 기획해 11년 만인 1965년에야 완간할 수 있었습니다. 아마도 이런 호흡 긴 장인정신이 출판 60년의 외길을 걸어올 수 있게 한 밑힘이었을 것입니다.

몇 해 전, 그는 위암수술을 받았습니다. 아흔을 훌쩍 넘긴 나이에 수술을 받는다는 것 자체가 대단한 모험이자 도전이 아닐 수 없습니다. 하지만 수술 후 그는 여전히 식사 때마다 반주를 곁들일 정도로 건강합니다. 그는 지금도 매일 오전 9시 무렵 출근해서 새로 출간되는 책들을 완독은 아닐지언정 서문 정도는 꼬박꼬박 읽는다고 합니다. 대단한 열정이 아닐 수 없습니다.

'법고창신(法古創新)', 오래된 것을 존중하면서 새 것을 만든다는 말입니다. 그는 어려운 출판시장에도 굴하지 않고 손자와 더불어 향후 20년 동안 300권을 목표로 '세계문학전집'을 새롭게 시작하고 '현대예술의 거장' 시리즈도 100권을 목표로 지속할 계획이라고 합니다.

문화는 단번에 점프가 안 됩니다. 문화란 오직 온축(蘊蓄)될 뿐입니다. 한 켜 한 켜 쌓여간다는 것이죠. 서른네 살에 시작해서 아흔다섯 살이 되도록 평생을 출판이란 한 우물을 파온 정진숙 회장. 남들이 손사래칠 때 묵묵히 긴 호흡으로 우리글과 우리말을 출판이란 사업을 통해 다듬고 가꿔오며 7,000여 권의 양서만을 펴낸 우리 문화의 진정한 파수꾼 정진숙 회장.

한 사람의 인생이 한 권의 책이라면 그를 펼쳐보면서 우리는 그 누구도 흉내내기 어려운 묵 향기를 느낍니다. 을유문화사를 세우고 60년이 넘도록 가꿔오며 평생을 문화입국과 법고창신의 정신으로 살아온 정진숙 회장은 진한 묵 향기와 함께 한 우물 정신이 무엇인지, 장인의 열정이 무엇인지를 온몸으로 보여주고 있기 때문입니다.

과감하라, 과감하라, 항상 과감하라!

2차 세계대전 당시 최고의 야전 지휘관이었던 조지 패튼(George S. Patton, Jr., 1885~1945) 장군의 집안은 대대로 많은 군인들을 배출했습니다. 그의 증조부는 미국 독립전쟁 당시 준장으로 영국군과 싸웠고, 버지니아 군사학교 출신인 그의 조부는 남북전쟁 당시 남군의 대령으로 싸우다 전사했습니다. 그의 부친 역시 버지니아 군사학교 출신입니다.

이런 혈통의 조지 패튼은 가문의 전통을 이어받아 버지니아 군사학교를 거쳐 웨스트포인트를 졸업했습니다. 그는 수학시험에서 낙제를 해 동기생보다 1년을 더 다녀야 했지만 극히 전문적인 군사교육과정에서만은 타의 추종을 불허할 만큼 뛰어났습니다.

1909년 임관할 당시, 그는 기병대를 택했습니다. 그리고 1914년 멕시코 국경에서 벌어진 판초빌라 전쟁에 처음 참전했습니다. 그 후 미국이 뒤늦게 1차 세계대전에 참전하자, 그 역시 전쟁 막바지에 전투에 참전했습니다.

1차 세계대전은 비행기와 탱크가 전투에 투입된 최초의 전쟁이었습니다. 미국도 탱크의 신무기 가능성에 주목해 즉시 자체 탱크 제작에 들어갔고, 조지 패튼은 탱크군단 구성의 실무책임을 맡았습니다. 하지만 1차 세계대전이 끝나면서 탱크군단 구성은 흐지부지되고 말았습니다.

그가 탱크군단을 재구성하게 된 것은 2차 세계대전이 발발하고 나서도 수년이 지나서였습니다. 1943년 미군은 북아프리카에서 '횃불'이라는 암호명이 붙은 공격작전을 수행하였는데, 여기에 조지 패튼이 1940년부터 구성해 훈련시킨 탱크군단을 이끌고 참전하였습니다.

1943년 여름, 그는 북아프리카에서 시칠리아로 진격했고 마침내 1944년 6월에는 사상 최대의 작전으로 불리는 노르망디 상륙작전에 제1진으로 참여해 혁혁한 공을 세웁니다. 그 후 그가 이끈 제3군단은 최일선에서 질풍노도처럼 프랑스로 진격해 2차 세계대전의 종지부를 찍는 데 결정적 역할을 하게 됩니다. 하지만 안타깝게도 그는 2차 세계대전이 끝난 1945년 말 교통사고로 세상을 뜨고 말았습니다.

사실 조지 패튼이 자신의 일생을 통틀어 자신의 역량을 유감없이 발휘한 시기는 그리 길지 않았습니다. 마지막 순간을 불꽃처럼 살다갔다고 해도 과언이 아닙니다. 어쩌면 그는 2차 세계대전의 마지막을 승리로 장식하기 위해 그토록 오랜 세월을 준비했던 것인지 모릅니다.

그는 지휘관의 자리가 후방의 사령부가 아니라 전투가 벌어지는 최일선이어야 한다고 확신했던 인물입니다. 포탄이 떨어지고 총알이 빗발치는 최일선에서 병사들을 이끄는 철저한 현장 중심의 리더였으며, 병사들을 뒤에서 밀기보다는 앞에서 끄는 스타일이었습니다.

해변에서 공급 물자 싣는 것을 돕거나, 진흙탕에 빠진 트럭을 병사들과 함께 밀어올리고 길가에 멈춘 탱크를 기름때 묻혀가며 직접 수리하는 등 쉼 없이 움직이고 병사들과 함께 뒤엉키는 스타일이었습니다. 그런 그를 병사들은 '운전사'라고 부를 정도였습니다. 그만큼 그는 솔선수범하며 병사들과 함께하는 리더였습니다.

때로 거칠고 도발적인 면모를 보이기도 했지만 패튼은 야전병원을 방문할 때면 늘 눈물을 글썽일 정도로 부하들을 아꼈습니다. 또 병사들이 잘 먹는지, 옷은 따뜻하게 입고 충분한 휴식을 취하는지 늘 관심을 가질 만큼 정이 많은 리더였습니다.

아울러 그는 최신 군사이론과 역사적 교훈을 두루 꿰고 있었을 뿐만 아니라 탱크에 대한 전문지식은 물론 수륙양용전에 대해서도 깊이 있는 지식을 갖춘 지장(智將)이었습니다. 그리고 우물쭈물하지 않고 직설적으로 분명하게 자신의 의사를 전달함으로써 병사들의 자신감을 고취하는 용장(勇將)이었습니다.

하지만 리더로서의 가장 위대한 자질은 무엇보다도 병사들에게 군인으로서의 열정을 불어넣는 능력이었습니다. 한마디로 그 자신이 열정의 리더였고 그 열정을 쉼 없이 퍼뜨리는 리더였습니다.

그가 병사들에게 열정을 불어넣는 방법 중 하나는 전장에서의 격정적인 연설이었습니다. "하루 종일 의자에 앉아 정맥이 늘어지고 옷 꼬리가 구겨지는 장교는 필요 없다." "손과 무릎으로 기어서라도 목표를 달성하라." "1파인트의 땀이 1갤런의 피를 구한다." "죽을힘을 다해 전진하고 최상의 속력과 전투력으로 나아가라." 이 모든 말들이 그의 입에서, 아니 그의 가슴에서 나온 것들입니다. 때로는 전장의 거칠고 속된 표현을 속사포처럼 쏟아놓기도 했습니다. 보다 못한 군목들이 그를 품위 없는 장군이라며 직위해제하라고 상부에 건의할 정도였습니다.

하지만 패튼은 오히려 전장에서 사람들을 이끌려면 전장의 분위기를 그대로 담은 말을 쓰지 않으면 안 된다고 강변하며 자신의 스타일을 바꾸지 않았습니다. 그리고 2차 세계대전 최고의 야전사령관으로 그의 병사들과 함께 승리하고 살아남았습니다.

그가 세상을 떠난 지 60여 년의 세월이 흘렀습니다. 하지만 전장에서의 승리를 향한 그의 열정은 아직도 살아서 우리를 흔들어 깨웁니다. "과감하라, 과감하라, 항상 과감하라. 전장에 나가면 우리는 이기거나 죽는다. 그러니 항상 과감해야 한다." 이렇게 외치며 혼신의 힘으로 솔선수범하고 열정적으로 이끌면서 과감히 승리의 고지로 나아갔던 최고의 야전 사령관 패튼 장군. 그야말로 진정한 열정의 리더가 아니겠습니까? 여기 열정의 장군, 패튼의 리더십 7원칙을 적어봅니다.

패튼의 리더십 1 _ 병사들 가슴에 열정을 불어넣어라!

그의 천재성은 병사들로 하여금 불가능한 것을 가능하도록 만드는 능력에 있습니다. 그는 일주일만 주면 어떤 부대라도 사기가 넘치도록 만들 수 있다고 호언장담했고 실제로 그렇게 했습니다. 병사들 가슴에 군인으로서의 가장 강한 열정을 불어넣었던 것입니다. 그래서 그가 이끈 제3군은 2차 세계대전을 통틀어 가장 혁혁한 승리를 거둔 부대가 될 수 있었습니다.

패튼의 리더십 2 _ 전장을 누비며 외쳐라!

패튼은 전장을 누비면서 개개 병사와 분대, 소대, 중대, 사단 등 어떤 규모의 부대를 앞에 두고서라도 연설하는 시간을 가졌습니다. 광이 날 정도로 깔끔한 제복을 차려입고 거친 말투로 "이기지 못하면 아무도 살아서 돌아오지 말자!"는 식의 연설을 한 것입니다. 특히 힘든 전투를 앞두거나 결정적인 승리를 거둔 다음엔 특별히 더 연설에 신경을 썼습니다.

패튼의 리더십 3 _ 병사들과 뒤엉키며 솔선수범하라!

패튼은 진흙구덩이에 빠진 트럭을 병사들과 함께 밀어올렸고 주저앉은 전차를 고치려고 기계병들과 함께 전차 밑으로 기어들어가 진흙투성이, 기름투성이가 되기를 주저하지 않았습니다. 그는 이렇게 말하곤 했습니다. "나는 뱃살을 키우고 껌을 씹으며 사무실에 가만히 앉아 있는 참모를 밑에 두고 싶은 생각은 추호도 없다. 전장에 나가 진짜 문제가 뭔지 눈으로 확인하라. 거기서 피터지게 싸우고 있는 이들 없이는 전략도 전술도 아무런 의미가 없다."

패튼의 리더십 4 _ 전장을 누비며 신뢰를 확보하라!

선홍색 실내장식에 50밀리 기관총으로 무장한 특대형 별이 달린 패튼의 화려한 지프가 전차와 장갑차, 야포들, 짐칸에 탄 병사들의 눈앞을 지나쳐 갈 때면 병사들은 열렬하다 못해 격렬한 박수갈채를 보내며 환호했습니다. 그것은 자신들과 함께하는 지휘관에 대한 뜨거운 신뢰의 표시였습니다. 그러면 그는 다시 확신에 찬 어조로 이렇게 외쳤습니다. "우리가 주도권을 쥔 공격자임을 잊지 마라! 주저하지 말고 가차 없이, 재빠르고 맹렬하게 공격함으로써 우리는 주도권을 계속 유지해야 한다. 여러분이 아무리 지치고 배고프다 할지라도 적이 더 지치고 더 허기져 있음을 잊지 말고 계속 공격을 퍼부어라. 우리는 승리할 것이다."

패튼의 리더십 5 _ 탄약을 아끼지 말고 군인을 아껴라!

"제대로 먹이고 보살핀 병사가 잘 싸우는 군인이 됩니다. 탄약을 아끼지 마십시오. 아낄 것은 탄약이 아니라 군인입니다. 군인을 만들어내는 데는 적어도 18년이 걸리지만 탄약은 단지 몇 달, 아니 며칠이면 만들 수 있기 때문입니다." 이렇게 말하는 패튼은 포상과 관련해서는 시간이 걸리는 행정절차를 아예 생략했습니다. 중상을 입은 병사들에겐 전투현장이나 병원침대에서 바로 훈장을 수여할 정도였습니다. 그래서 패튼의 부관은 여러 개의 훈장을 늘 지니고 다녔습니다.

패튼의 리더십 6 _ 번쩍번쩍 광나게 닦고 손질하라!

"전쟁에서 승리하기 위해선 피와 정열과 인내가 필요하다. 전쟁에서 생존하기 위해선 실전과 같은 혹독한 상황에서의 지독한 훈련의 반복이 필요하다. 아울러 최상의 전투력을 발휘하려면 군기의 확립이 필수적이다. 군대의 생명은 군기다. 군기를 날선 상태로 유지하거나 강화하지 못하는 지휘관은 잠재적인 살인자다!" 이렇게 말한 패튼은 단정하지 못한 병사는 군기가 빠진 병사이며 결코 전투에서 승리하지 못한다고 말하면서 언제나 철모과 각반 그리고 넥타이까지 착용하도록 했습니다. 심지어 전투 중에도 넥타이를 풀지 못하게 했습니다. 또한 그는 병사들이 무거운 철모 대신 겨실로 짠 경전투모를 즐겨 쓰자 이것을 아예 없애도록 지시할 정도였습니다. 그는 규율만큼 사람을 단련시키는 데 큰 역할을 하는 것이 없다고 말합니다. 그리고 번쩍번쩍 광나게 닦고 손질하는 것이 단지 외모에 치중해 폼을 잡는 것이 아니라 실은 마음속에 군인으로서의 열정과 자긍심이 확고하도록 하는 것임을 힘주어 강조했습니다.

패튼의 리더십 7 _ 무자비하게 진군하라!

"나에게 방어를 맡기려면 차라리 해임시켜 달라. 나는 방어엔 관심 없

다. 전투에서 나의 모토는 오직 '진군하라' 다!" "내 위치를 사수하고 있
다는 따위의 전갈은 듣고 싶지 않다. 우리는 멈추지 말고 진군해야 한다.
가솔린이 떨어지면 훔쳐서라도 진군해라. 참호를 파느라 괜한 힘 빼지
마라." 이렇게 말했던 패튼의 진군속도는 놀라웠습니다. 쉴 새 없이 거칠
고 무자비하게 진군하며 나아갔습니다. 진군속도가 너무 빨라 참모들조
차 부대의 후미가 걱정된다고 말하자, 패튼은 이렇게 되받았습니다. "우
리가 빠르게 진군해서 적이 후미에 있게 된 것을 두려워 마라. 이미 그들
은 패잔병일 뿐이다."

2

고난은 신의 선물이다

랜스 암스트롱

앨리슨 래퍼

리 아이아코카

칭기즈칸

호레이쇼 넬슨

무하마드 알리

아베베 비킬라

앨 고어

리처드 닉슨

조지 포먼

오프라 윈프리

베이브 루스

하루우라라

에이브러햄 링컨

마틴 루터 킹

어네스트 새클턴

고난에 담금질하라

1%의 희망만 있어도 달린다

'투르 드 프랑스(Tour de France)'는 프랑스에서 매년 열리는 도로 일주 사이클 대회로, 자그마치 3,500여 킬로미터를 21개 구간으로 나눠서 약 3주 동안 달려야 하는 죽음의 경주입니다. 서울에서 부산을 네 번 왕복하는 거리라고 하면 이해가 좀 쉬울까요? 거리만 장거리가 아니라 코스 자체가 피레네 산맥과 알프스 산맥을 넘나들어야 하는, 말 그대로 '지옥의 레이스'인 셈이죠.

그런데 세상에는 기적 이상의 것들이 있습니다. 랜스 암스트롱 (Lance Armstrong, 1971~)의 '투르 드 프랑스' 7연패도 그런 일에 속합니다. 올해 36세인 랜스 암스트롱은 25세 되던 해인 1996년 고환암에 걸려 사경을 헤맸습니다. 당시 그는 세계 톱5에 들 정도로 전도 유망한 사이클 선수였지만 암은 순식간에 모든 것을 앗아가버렸습니다. 사이클을 타기는커녕 침대 위에서 뒤척이는 것조차 힘들게 되없습니다. 더구나 암세포는 고환에서 뇌와 폐까지 전이되었습니다. 치사율 49%의 고환암 환자였던 그는 고환 한쪽과 뇌 조직 일부를 제거하는 대수술을 받고 기적적으로 살아났습니다. 의사들은 그가 수술 후 생존했다는 사실 자체만으로도 기적이라고 입을 모았습니다. 그러나 랜스 암스트롱은 거기에 만족하지 않았습니다. 그는 독하게 항암치료를 계속했습니다. 농담 섞인 그의 말처럼 암은 번지수를 잘못 찾아들었던 것입니다.

암과의 사투 끝에 그는 다시 사이클 페달을 밟을 수 있게 되었습니다. 그리고 "모든 부정적인 것들을 긍정적인 것의 기회로 삼으라"는 어머니의 말씀을 가슴에 새기며 1999년 인간 한계의 시험장이자 죽음의 레이스라 불리는 투르 드 프랑스에 출전했습니다. 그리고 놀랍게도 그는 극적으로 우승했습니다. 이를 지켜본 언론들은 '기적'이라고 소리쳤습니다. 다음해에도 랜스 암스트롱은 투르 드 프랑스에 출전했고 또다시 우승했습니다. 세계의 언론들은 이구동성으로 '신화'가 만들어졌다고 아우성쳤습니다.

그 후 2001년부터 투르 드 프랑스의 모든 관심은 과연 랜스 암스트롱이 또 우승하는가였습니다. 폭염 속에서 자그마치 총연장 3,500여 킬로미터를 달려야 하는 죽음의 레이스 투르 드 프랑스에서 그는 2002년에도, 2003년에도, 그리고 2004년에도 우승했고, 2005년 레이스에서 마침내 7연패의 위업을 달성했습니다.

도대체 그에게 무엇이 있었기에 죽음의 레이스라 불리는 투르 드 프랑스에서 내리 일곱 번이나 우승할 수 있었던 것일까요? 언론이 분석한 객관적 이유는 세 가지였습니다. 첫째는 랜스 암스트롱의 믿기지 않는 심폐기능입니다. 둘째는 요한 브뤼닐 감독의 완벽한 작전능력입니다. 그리고 셋째는 팀 동료들의 희생에 기반한 팀 플레이입니다.

그의 심폐기능은 타의 추종을 불허합니다. 그는 피레네 산맥과 알프스 산맥을 종횡으로 넘나드는 레이스 중 특히 산악지형에서 2위와의 간격을 멀찌감치 띄워놓곤 할 정도로 탁월한 심폐기능을 지녔습니다.

그리고 투르 드 프랑스는 폭염 속에서 약 3주 동안 총연장 3,500여 킬로미터를 구간별로 나눠서 달리므로 체력 안배와 자로 잰 듯 정확한 작전운영이 필수적입니다. 그래서 벨기에 출신의 요한 브뤼닐 감독의 탁월한 작전능력이 없었다면 7연패는 불가능했을지 모릅니다.

아울러 미우정국 사이클팀 동료들의 희생적인 팀 플레이 없이는 아마도 내리 일곱 번씩 우승하기는 힘들었을 것입니다. 그의 팀 동료들은 자신들의 우승을 위해 달린 것이 아니라 랜스 암스트롱을 우승시키기 위해 달렸습니다. 팀 동료들은 앞서 달리며 바람을 막아주고 그가 오버하지 않게 페이스 메이커 역할을 해주었습니다. 또 앞으로 치고 나가는 다른 팀 선수들을 견제하며 그가 7연패의 위업을 향해 거침없이 달릴 수 있게 해주었습니다.

결국 랜스 암스트롱의 자질, 브뤼닐 감독의 전략, 동료들의 희생적인 팀 플레이라는 3박자가 맞아떨어졌기에 7연패가 가능했습니다. 하지만 이것이 전부일 수는 없습니다. 눈에 보이지 않는, '숨겨진 1인치'와 같은 또 다른 이유가 있었습니다. 아니 그것이 더 결정적인 이유였는지 모릅니다. 바로 "단 1%의 희망만 있어도 달린다"는 그의 결연한 의지가 그것입니다.

사람들은 대개 절반의 가능성만 있어도 할까 말까 망설입니다. 하지만 그는 단 1%의 가능성과 희망만 있어도 주저 없이 도전하고 달렸습니다. 그것이 사경을 헤매던 고환암 환자를 그 누구도 이루지 못한 투르 드 프랑스 7연패의 주인공으로 만든 진정한 원동력이었습니다. 더구나 부정을 긍정으로 변환시킨 마음의 연금술 덕분에 그는 지금 우리 앞에 이 시대의 진정한 영웅으로 서 있는 것입니다.

인생의 레이스는 오늘도 계속되고 있습니다. 이기려면 자질도, 전략도, 팀 플레이도 있어야 합니다. 그러나 결정적으로는 부정을 긍정으로 전환시키고 단 1%의 희망만 있어도 달린다는 결연한 각오가 필수적입니다. 이런 각오라면 인생의 레이스에서 당신도 챔피언이 될 수 있습니다! 랜스 암스트롱, 그는 조그만 장애에도 쉽게 주저앉고 포기하기를 일삼는 우리들을 향해 단 1%의 희망일지라도 그것에 목숨 걸고 다시 일어나 도전할 것을 온몸으로 웅변하고 있습니다.

장애조차 아름답다

선천적 장애를 안고 태어났지만 그것을 극복하고 '살아 있는 비너스'가 된 장애인 예술가를 아십니까?

얼마 전 고르바초프 전 러시아 대통령이 몸을 낮춰 한 여인과 이야기 나누는 모습의 사진을 보고 깜짝 놀랐습니다. 고르바초프가 말을 건네는 그 여인은 아주 짧은 머리에 가슴이 깊게 파인 청색 드레스를 입고 있었는데, 정작 양팔은 물론이고 양다리도 거의 보이지 않았습니다. 하지만 그 모습이 어색하게 보이기보다는 마치 양팔이 없는 밀로의 비너스상을 연상시켰습니다. 보통 사람과 다른 신체에도 아름다움이 있음을 새삼스레 확인한 광경이 아닐 수 없었습니다. 사실 그 사진의 모습은 독일 라이프치히에서 열린 '월드 어워드 여성 성취상' 시상식 광경이었습니다. 고르바초프가 몸을 낮춰 축하인사를 건네는 그 여인이 바로 월드 어워드 여성 성취상을 받은 앨리슨 래퍼(Alison Lapper, 1965~)였습니다.

몇 해 전 일본에서 출간되어 500여만 부가 넘게 팔려 나간 베스트셀러로 우리나라에도 소개된 바 있는 『오체불만족』이란 책을 기억하실지 모르겠습니다. 태어나면서부터 팔다리가 없었던 오토다케 히로타다가 최악의 신체조건 속에서도 굴하지 않고 오히려 정상인 못지않게 달리기, 야구, 농구, 수영 등을 즐기며 초·중·고등학교를 마치고 일본의 명문대학인 와세다 대학 정경학부 정치학과를 졸업한 후 일본 TBS 방송국 〈뉴스의 숲〉 리포터로도 활약했던, 놀라운 역경돌파의 삶을 그린 책입니다.

앨리슨 래퍼 역시 팔다리가 기형인 해표지증(海豹肢症, Phocomelia)이라는 질병을 안고 태어났습니다. 해표지증은 임산모가 수면제나 신경안정제를 과다복용했을 경우 아이에게 나타나는 병이라고 합니다. 아마도 앨리슨 래퍼의 어머니는 자기 스스로를 돌볼 수조차 없었던 것 같습니다. 실제로 앨리슨 래퍼는 생후 6주 만에 거리에 버려져 19세 때까지 보호시설에서 자랐습니다. 한마디로 자신의 어미에게도 버림받은 슬픈 운명의 장애인이었습니다.

하지만 그녀는 자기 운명에 굴복하지 않았습니다. 그녀는 자신의 운명에 맞서기라도 하듯 어렵사리 미술 공부를 뒤늦게 시작했습니다. 비너스상처럼 양팔은 완전히 쪼글아들어 있었고 다리도 정상인과 비교할 수 없을 만큼 짧았지만 입과 발로 그림을 그렸습니다. 그리고 마침내 헤덜리 미술학교와 브라이튼 대학을, 그것도 우등으로 졸업한 뒤, 입과 발로 그림을 그리는 구족화가 겸 사진작가가 되었습니다.

그녀는 자신의 신체 장애를 작품의 소재로 삼는 적극적인 방식으로 스스로의 예술세계를 펼쳤습니다. 자신의 나신(裸身), 즉 벗은 몸을 모델 삼아 다양한 작품을 만들었습니다. 그녀의 작품들은 신체 결함을 감추기보다는 오히려 이를 있는 그대로 받아들이고 이를 보다 적극적으로 긍정적 에너지로 전환시켰다는 평가를 받습니다. 결국 팔 없이 태어났다는 이유만으로 그 삶 자체도 기형일 것이라고 여기는 사회에 대해 앨리슨 래퍼는 결코 그렇지 않다는 일침을 가했습니다. 이런 그녀의 강철 같은 의지와 지극한 예술혼이 인정받아 2003년엔 스페인에서 '올해의 여성상'을 받았고 영국 왕실은 그녀에게 대영제국 국민훈장을 수여하기도 했습니다.

앨리슨 래퍼는 21세 때 결혼했지만 남편의 폭력에 시달리다가 9개월 만에 헤어진 경험이 있습니다. 그녀는 처절한 상황에서 남편의 학대를 받은 경험이 있기 때문에 가정폭력을 당하는 여성들의 입장을 그 누구보다도 잘 알고 있었습니다. 그래서 그녀는 가정 내 폭력 근절과 여성폭력 반대 캠페인을 주도적으로 펼쳤고, 그런 공로를 인정받아 '월드 어워드 여성 성취상'을 받게 된 것입니다.

이렇게 장애를 극복하고 사회적 편견에 맞서면서 자기 삶에 대한 진한 애정을 갖고 살아온 앨리슨 래퍼는 신체의 한계를 극복하는 데만 머물지 않았습니다. 그녀는 어렵사리 아이를 가졌고 아들 패리스를 낳았습니다. 장애아를 출산할 수 있다는 의사들의 만류에도 아랑곳하지 않고 출산을 강행했던 것입니다. 그녀는 최악에 가까운 신체 조건 속에서도 아이를 출산함으로써 그 어떤 상황에서도 모성은 위대하다는 것을 분명하게 보여주었습니다.

게다가 임신 9개월 된 만삭의 몸으로 마크 퀸이란 조각가의 모델로 나서 '임신한 앨리슨 래퍼'라는 조형작품의 주인공이 되기도 했습니다. 그리고 이 작품은 런던시 공모전에서 뽑혀 지난 2005년 9월부터 영국 런던의 트라팔가 광장에서 18개월에 걸쳐 전시 중에 있습니다. 이 작품은 보통 사람과 다른 신체에도 아름다움이 깃들어 있다는 사실을 확인시켜주었습니다.

그녀는 현재 영국 서섹스에 거주하면서 육아와 작품활동을 하고 있습니다. 믿겨지지 않겠지만 그녀는 작은 스펀지를 입에 물고서 다섯 살 난 아들의 머리를 감겨주고 특수제작된 유모차를 어깨로 밀면서 공원을 산책하기도 합니다. 팔다리 등 신체의 일부가 없는 인체 형상을 가리켜 '토르소(torso)'라고 합니다. 앨리슨 래퍼는 '살아 있는 토르소'인 셈입니다. 그래서 그녀는 스스로를 팔이 없는 '밀로의 비너스'에 빗대 '현대의 비너스'라 부르기도 합니다. 그만큼 그녀는 자존감을 갖고 살아가고 있습니다.

남들이 갖고 있는 팔다리는 없지만 앨리슨 래퍼의 삶은 오늘도 지속되고 있습니다. 그녀가 살아가는 모습 자체만으로도 우리에게는 엄청난 도전이 됩니다. 그녀는 우리의 마음을 울리고, 나아가 우리 내면에 숨겨진 가능성에 대한 과감한 도전의식을 불러일으킵니다.

고난은 신이 내린 선물이다

"지난달에는 무슨 걱정을 했었지? 작년에는? 그것 봐라, 기억조차 못하고 있잖니. 그러니까 오늘 네가 걱정하고 있는 것도 별로 걱정할 일이 아닌 거야. 잊어버려라. 그리고 내일을 향해 달리는 거야." 파산 직전의 크라이슬러를 기사회생시켰던 전설적인 경영의 귀재, 리 아이아코카(Lee Iacocca, 1924~)의 아버지가 어린 아이아코카에게 늘 해준 이야기라고 합니다. 이 이야기 덕분일까요? 아이아코카는 그 어떤 상황에서도 절망하지 않고 앞으로 나아간 리더였습니다.

리 아이아코카의 본명은 리도 안소니 아이아코카(Lido Anthony Iacocca)입니다. 1924년 펜실베이니아 주 앨런타운에서 이탈리아 이민자의 아들로 태어난 그는 1946년 프린스턴 대학교에서 공학석사 학위를 받고 포드에 자동차 견습 엔지니어로 취직해 32년 동안 근무하며 이른바 '포드의 황금시대'를 이끌었습니다. 특히 '머스탱'의 대성공으로 1970년에는 포드의 사장이 되었습니다.

하지만 아이아코카는 1978년 7월 13일 헨리 포드 2세에 의해서 영문도 모른 채 사장 자리에서 쫓겨나야 했습니다. 아이아코카의 승진 가도에 불안감을 느낀 헨리 포드 2세와의 불화가 이유라면 이유였습니다. 32년간 몸담았던 회사에서 한순간에 내동댕이쳐졌을 당시 그의 나이는 쉰다섯이었습니다. 이는 곧 세상에서 자신의 존재를 지우라는 의미와 다를 바 없었습니다.

'포드의 황금시대를 연 남자', '머스탱의 아버지'라는 화려한 수식어를 뒤로 한 채, 포드에서 쫓겨난 아이아코카는 넉 달 후인 1978년 11월 2일, 크라이슬러 사장으로 취임합니다. 하지만 그를 기다린 것은 엄청난 적자와 누적된 재고, 그리고 무능한 간부들과 고질적인 사내분규였습니다. 한마디로 크라이슬러는 파산 직전의 상황 그 자체였습니다.

그는 사태를 정면 돌파하기로 마음먹었습니다. 방만하게 운영되던 사업을 정리하고, 실추된 크라이슬러의 이미지를 높이기 위해 실용성과 파격적인 애프터서비스를 강조한 마케팅 전략을 수립했습니다. 하지만 하늘도 무심한지, 이듬해 발생한 석유파동은 다시 일어서려는 크라이슬러의 발목을 붙잡았습니다. 1979년 봄, 이란에서 호메이니 원리주의 혁명이 일어나면서 2차 석유파동이 전 세계를 휩쓸었던 것이죠. 유가가 두 배로 치솟았고 결국 50년 만에 가장 큰 경기후퇴가 찾아왔습니다.

아이아코카에게 1979년의 여름은 참으로 혹독했습니다. 크라이슬러는 다시 절체절명의 생존을 위한 처절한 투쟁에 돌입해야 했습니다. 그는 크라이슬러의 가장 오래된 공장인 닷지 메인을 포함해 몇몇 공장의 문을 닫았습니다. 그리고 계열기업 중 21개를 정리해 수익성이 없는 사업을 과감하게 청산했습니다. 아울러 18만 명의 종업원 중 자그마치 5만 명을 정리해고하고 남은 종업원들의 연봉도 5% 삭감했습니다. 그리고 솔선해서 자신도 "연봉은 1달러만 받겠다"고 선언했습니다. 자신을 포함해 크라이슬러의 모든 구성원, 이해관계자들에게 균등희생의 원칙을 적용했습니다.

하지만 이처럼 비용절감을 위한 피나는 노력 못지않게 중요한 것은 협력업체와 자동차 딜러, 그리고 소비자들에게 크라이슬러가 결코 파산하지 않을 것임을 알리는 일이었습니다. 그래서 아이아코카는 자신이 직접 광고에 출연해 '크라이슬러가 살아남아야 하는 이유'와 '미국이 제조업을 버리지 않아야 하는 이유'를 설명했습니다. 아울러 숱한 우여곡절 끝에 정부 보증대출 15억 달러를 얻어내 가까스로 크라이슬러의 숨통을 틔웠습니다. 그리고 위기가 걷힐 때를 대비해 준비했습니다. 크라이슬러를 살릴 희망의 불씨였던, 덩치를 줄인 전륜구동의 K-모델을 개발했던 것입니다.

결국 정부 보증대출을 받고 3년이 지난 1983년, 아이아코카가 이끄는 크라이슬러는 상환기간을 무려 7년이나 앞당겨 정부 보증대출을 포함한 모든 부채를 청산합니다. 그리고 정리해고한 종업원들을 5년 만에 다시 불러들였고 5% 삭감했던 종업원들의 연봉도 원래 수준으로 올려놓았습니다. 사람들은 기적이라고 말했지만 그것은 단지 기적이 아니라 한 조직의 CEO가 자신의 모든 것을 걸고 생존의 사투를 벌인 것에 대한 정당한 보상이었습니다. 그런 아이아코카에게 미국 국민은 열광했습니다. 심지어 그가 대통령이 되어 크라이슬러의 신화를 미국의 신화로 이어가기를 바라기도 했습니다. 하지만 아이아코카는 한눈팔지 않고 더욱더 노력하여 크라이슬러를 성장의 반석 위에 올려놓고 1992년 회장직을 사퇴한 뒤 아름다운 노년으로 돌아갔습니다.

아이아코카가 현역에서 은퇴한 지 십 수년이 지났지만, 그가 위기의 현실을 돌파하며 보여준 리더십을 아직도 사람들은 잊지 못하고 있습니다. 그는 오늘도 자신의 온 생애를 통해 울려나오는 메시지를 우리에게 이렇게 던집니다. "피하지 마라, 고난을. 그것은 당신에게 내린 신의 선물이니까."

그의 말처럼 "현실은 엘리스 섬입니다. 자유는 입장권일 뿐입니다. 살아남아 성공하고 싶다면 그 대가를 치러야 합니다." 그 대가는 결코 포기하지 않는 위기돌파의 강한 의지와 땀입니다. 대가를 치를 준비가 되어 있나요? 이제 우리가 답할 차례입니다.

가혹한 시련이 나를 위대하게 만든다

언젠가 〈워싱턴 포스트〉는 지난 천년간의 인류 역사에서 가장 위대한 인물로 칭기즈칸(Chingiz Khan, 1155?~1227)을 선정한 바가 있습니다. 칭기즈칸을 이름 하여 '밀레니엄 맨'으로 선정한 이유는 세 가지였습니다. 첫째는 동으로는 태평양 연안, 서로는 동유럽, 남으로는 걸프만, 북으로는 시베리아에 이르는 방대한 글로벌 제국을 이뤘다는 것이고, 둘째는 인터넷과 같은 네트워크가 조성되기 800여 년 전에 이미 지구상에 가장 거대한 네트워크를 건설했다는 점이며, 셋째는 WTO 못지않은 광대한 자유무역세계를 건설한 주역이었다는 점 때문이었습니다.

칭기즈칸이 정복한 땅은 약 777만 제곱킬로미터에 달하는데 이것은 알렉산더, 나폴레옹, 히틀러가 정복했던 땅을 모두 합친 것보다도 넓습니다. 그런데 더욱 놀라운 것은 그 엄청나고 광대한 정복이 20여 년의 세월 동안 이뤄진 것이라는 점입니다. 칭기즈칸이 몽골부족 전체의 수장이 된 것이 1206년경이고 서하를 정복하고 돌아오는 길에 감숙성 동부에서 병을 얻어 사망한 것이 1227년이니, 21년이라는 세월 동안 역사상 전무후무한 대제국의 판도를 만들었던 것입니다.

그는 20여 년 동안 1년에 평균 25회의 전쟁을 치뤘고 2개 이상의 국가를 완전히 굴복시켰습니다. 그의 휘하병사가 상대를 압도할 만큼 많았던 것이 아니라 오히려 적의 100분의 1, 200분의 1의 규모에 불과했음에도 불구하고 그는 혁혁한 승리를 연속적으로 이뤄냈습니다. 또한 그의 진군속도와 정복속도는 말이 달리는 속도에 견줄 만했고, 오늘의 시점에서 보더라도 놀라지 않을 수 없습니다. 더구나 칭기즈칸의 세계제국은 잠시 있다가 허물어진 것이 아니라 최소한 100년 이상 지속되었습니다. 과연 오늘날 그 어떤 CEO가 그처럼 빨리 글로벌한 사업의 판도를 이루어내고, 그것을 100년 넘게 지속시킬 수 있겠습니까? 더구나 최소한의 조직과 인력만으로 말입니다. 우리가 칭기즈칸을 다시 보고 배워야 할 이유가 바로 여기에 있습니다.

칭기즈칸에게는 탁월한 리더로서의 몇 가지 역량이 있었습니다. 첫째는 대규모 부대를 먼 곳까지 신속하게 이동시키는 지휘력입니다. 그는 속도전과 기동전의 개시자요 창출자였습니다. 역사상 그보다 빠른 속도로 정복한 사람은 없었습니다. 그의 빠른 전진과 정복은 말의 물리적 속력에 기반하기보다는 그의 카리스마 넘치는 지휘력에 기초했습니다. 아무리 좋은 이동수단을 갖고 있어도 그것을 한 방향으로 몰아갈 수 있는 지휘역량이 없으면 결코 속도는 나지 않습니다.

둘째는 숱한 전장에서 보여준 신속한 판단력입니다. 그는 하부로부터의 보고에 의존하는 것이 아니라 직접 전장을 둘러보고 철저한 현장 판단을 내렸습니다. 모름지기 리더는 현장을 중시하고 그 속에서 신속하고도 즉각적인 판단을 내릴 수 있어야 합니다. 그것이 위대한 리더의 존재 이유입니다.

셋째는 어떤 경우에든 일에 방해가 되는 어정쩡한 태도나 과도한 걱정을 용납하지 않는 과감한 결단력입니다. 칭기즈칸의 연속된 승리는 과감한 결단 속에서 얻어졌습니다. 그는 사태를 예의 주시했지만 사소한 걱정 때문에 큰일을 주저하지는 않았습니다. 오히려 승리의 결정타는 적의 허를 찌르는 과감한 공격에서 나온다는 것을 지속적으로 실증했습니다.

위대한 정복자 칭기즈칸의 원정 행로는 그 자체가 곧 문명의 충돌이었고 그가 허물어뜨린 장벽들은 인류가 그 전에는 경험해보지 못한 활발한 물질적 · 문화적 교류를 가능케 해 전 지구적 수준에서 세계관의 지평을 넓혀주었고 이로써 글로벌의 실체를 처음으로 확인시켜주었습니다. 바로 이런 의미에서 칭기즈칸은 '최초의 글로벌맨'이었다고 해도 손색이 없습니다.

칭기즈칸은 1155년경 몽골고원이 온통 내전상태일 때 태어났습니다. 그의 아버지 예수게이는 자신이 죽인 적장의 이름을 따서 아이에게 '테무친'이라는 이름을 붙였습니다. 하지만 몽골의 유목부족들을 통일하려던 예수게이가 독살당하자, 어린 테무친에게는 엄청난 시련이 닥쳤습니다. 그는 몽골부족의 헤게모니를 쥐려는 자들로부터 끊임없이 생명의 위협을 받아 스스로 힘을 키울 때까지 도망자의 신세를 면치 못했습니다. 훗날 칭기즈칸은 자신이 테무친이던 시절에 겪었던 가혹한 시련을 떠올리며 이렇게 말했습니다.

"가난하다고 탓하지 마라. 나는 들쥐를 잡아먹으며 연명했다. 작은 나라에서 태어났다고 말하지 마라. 나의 병사들은 적들의 백분의일, 이백분의 일에 불과했지만 세계를 정복했다. 배운 게 없다고 탓하지 마라. 나는 내 이름도 제대로 쓸 줄 몰랐지만 남의 말에 귀 기울이면서 현명해지는 법을 배웠고 또 지혜를 구했다. 너무 막막해 포기해야겠다고 말하지 마라. 나는 목에 칼을 쓰고도 탈출했고 뺨에 화살을 맞고도 살아났다."

칭기즈칸이 엄혹한 시련 앞에 좌절했다면 그는 일개 부족장의 아들 테무친에 그쳤을 것입니다. 하지만 그는 어떤 시련 앞에서도 굴하지 않았고 어떤 난관 앞에서도 좌절하지 않았습니다. 그 어떤 상황에서도 자신과 부족의 미래를 긍정하고 낙관했습니다. 바로 이 긍정과 낙관이 그를 테무친에서 칭기즈칸으로 위치 이동시킨 근원적 힘이었다고 말해도 과언이 아닙니다.

세상은 여전히 힘겹습니다. 숨이 턱까지 차올라옵니다. 하지만 그 숱한 위기와 고난에 처했던 칭기즈칸보다 오늘날의 우리가 더 힘들다고 말할 수 있을까요? 오히려 칭기즈칸을 생각하면 우리는 이 정도 힘들다고 기죽거나 좌절해선 안 된다고 스스로에게 되뇌어야 하지 않을까요? 그리고 젖 먹던 힘을 다해서라도 다시금 주먹 불끈 쥐고 스스로 '내일의 칭기즈칸'이 되겠다는 각오로 나서야 하지 않을까 싶습니다.

절대로, 절대로,
절대로 포기하지 마라

나는 내 의무를 다했노라

영국의 엘리자베스 여왕이 거처하는 윈저성에는 수많은 미술품과 역사적인 물품이 소장되어 있습니다. 그런데 그것들 중에서도 유독 사람들의 눈길을 끄는 것이 있습니다. 다름 아닌 '녹슨 총알' 하나입니다. 트라팔가 해전에서 넬슨 제독을 저격했던 바로 그 총알입니다. 그 총알에 담긴 의미가 궁금하지 않으십니까?

트라팔가 해전의 영웅인 영국의 호레이쇼 넬슨(Horatio Nelson 1758~1805) 제독. 200년 전인 1805년 10월 21일 넬슨 제독이 이끄는 영국해군은 스페인의 남서쪽 트라팔가 앞바다에서 프랑스-스페인 연합함대와 대치하고 있었습니다. 27척으로 구성된 영국함대는 33척으로 구성된 프랑스-스페인 연합함대에 비해 수적으로 열세였습니다.

수적으로 열세인 상황에서 작전을 고심하던 넬슨 제독은 적의 함대가 이질적인 두 나라로 구성된 것을 이용하여, 먼저 적진을 둘로 분열시킨 다음 그 중 하나에 전력을 집중해 격파한 후 나머지도 무찔렀습니다. 그 덕분에 넬슨 제독이 이끄는 영국함대는 프랑스-스페인 연합함대 중 5척을 침몰시키고 17척을 포획했습니다. 적이 강하면 둘로 나누거나 적의 약한 고리에 병력을 집중시키면 승리할 수 있다는 이른바 '란체스터 법칙'이 여기서 나왔습니다.

트라팔가 해전을 통해 프랑스-스페인 연합함대는 8,000여 명의 전사자를 냈고, 영국함대는 1,600여 명의 전사자를 냈습니다. 그런데 이 전사자 중에는 넬슨 제독도 포함되어 있었습니다. 넬슨 제독은 해전에서의 승리가 확실시되는 순간, 적의 저격을 받아 기함 빅토리아호에서 전사했습니다. 하지만 저격당한 후 마지막 숨을 거두는 순간까지 넬슨 제독은 지휘권을 넘기고 쉬는 것이 좋겠다는 부하들의 요구에도 아랑곳않고 끝까지 자신의 위치를 지키며 제독으로서의 임무를 다했습니다. 그리고 마침내 "신에게 감사드린다. 나는 내 의무를 다했노라"는 유언을 남기고 장렬히 전사했습니다.

정유재란 막바지인 1598년에 이순신 장군이 노량해전의 완승 직전에 적의 유탄을 맞고 "나의 죽음을 알리지 말라"고 말하며 전사한 것을 그대로 연상시키는 장면이 아닐 수 없습니다. 바로 이 장면에서 우리는 충무공 이순신 장군과 마찬가지로 넬슨 제독의 마지막 모습을 통해 끝까지 자신의 임무를 다한 사람에게서 배울 수 있는 최고의 교훈을 접하게 됩니다.

트라팔가 해전은 기원전 480년 그리스-페르시아 간의 전쟁 당시 살라미스 해전, 1588년 영국과 스페인 무적함대 간의 칼레 해전, 그리고 임진왜란 당시 이순신 장군이 이끈 1592년의 한산대첩과 더불어 세계 4대 해전으로 꼽힙니다. 바로 그 트라팔가 해전을 통해 비록 영국은 넬슨을 잃었지만 영국 본토 침공군 15만 병력을 집결시키고 있었던 나폴레옹의 위협으로부터 나라를 지킬 수 있었고 그 후 '해가 지지 않는 나라'라고 불릴 만큼 창대해지는 계기가 됩니다. 사실상 넬슨 제독으로 말미암아 세계사의 판도가 바뀐 것입니다. 그래서 영국인들은 트라팔가 해전의 승리를 기념해 1841년 런던 중심부에 트라팔가 광장을 만들고 그 중앙에 높이 50여 미터의 원주탑을 세운 뒤 넬슨 제독의 동상을 올려 넬슨탑이라고 명명했습니다.

넬슨은 12세에 해군에 입대하여 20세에 함장이 되었습니다. 그 후 서인도제도와 발트해, 캐나다 등지에서 복무했습니다. 1793년에는 군함 아가멤논의 함장이 되어 대담한 작전과 독자적인 전술로 명성을 얻기 시작했습니다. 그래서 영국해군은 1794년부터 1805년까지 넬슨의 지휘 아래 프랑스를 줄곧 제압했습니다.

하지만 넬슨 제독은 1794년 코르시카 섬의 칼비 항(港) 공략 때 오른쪽 눈을 잃었고, 1797년 세인트 빈센트 해전에서는 뒤에 '넬슨류(流)'라고 불리게 되는 독자적인 전법으로 스페인함대를 완패시켰지만 오른팔을 잃었습니다. 그래서 결국 외팔에 외눈박이가 되었지만 이런 핸디캡이 그를 주저앉힐 순 없었습니다.

외눈박이가 된 그는 부하에게 이렇게 말했습니다. "나는 눈이 하나밖에 없다. 그러나 그 눈은 언제나 적을 쳐다보고 있지." 이 대목을 통해 우리는 그의 불요불굴의 '투지'에 새삼 경탄하게 됩니다.

넬슨 제독은 1798년에 나일강 하구의 아부키르 만(灣)에서 나폴레옹의 프랑스함대를 격파해 '나일강의 남작'이라 불리게 되었고 1799년 지중해 함대사령관에 임명되기에 이릅니다. 1801년에는 코펜하겐에서 덴마크함대를 격파해 자작으로 서임되었습니다. 그리고 마침내 1805년 운명의 트라팔가 해전에서 프랑스-스페인 연합함대를 격파해 유럽을 호령하던 나폴레옹 1세의 영국 상륙계획을 무산시켰던 것입니다.

남들 같으면 신체의 한 곳만 잃어도 퇴역을 생각했겠지만 그는 한 눈을 잃고도, 또한 한쪽 팔을 잃고서도 퇴역은 생각조차 하지 않았습니다. 외눈박이에 외팔로 트라팔가 해전을 지휘했고 전투의 막바지에 저격수의 총알을 맞고도 지휘권을 포기하지 않은 채 끝까지 싸웠습니다. 그야말로 놀라운 투지가 아닐 수 없습니다.

앞서 이야기했던 윈저성에 보관된 그 녹슨 총알에는 바로 이처럼 끝까지 포기하지 않고 자신의 임무를 다했던 넬슨 제독의 그 놀라운 투지와 고결한 정신이 응축되어 있는 것 아닐까요. 포기를 모른 채 끝까지, 죽을 때까지 자신의 위치를 지키며 싸운 넬슨 제독. 그야말로 시대를 초월해 다시 우러러볼 놀라운 정신력을 지닌 진정한 리더였습니다.

챔피언은 영원하다

전설적인 복서 무하마드 알리(Muhammad Ali, 1942~). 그가 유명한 것은 "나비처럼 날아서 벌처럼 쏜다"는 말 때문이 아니라 불굴의 투지 때문입니다.

얼마 전 미국의 여성복서 라일라 알리가 세계여자복싱협회(WIBA) 슈퍼미들급 타이틀 방어전 및 세계여자복싱평의회(WBCF) 챔피언 결정전에서 에린 토힐과 맞붙어 3회 1분 59초 만에 TKO승을 거두었습니다. 이날의 챔피언 라일라 알리는 전설적인 복서 무하마드 알리의 딸입니다.

라일라 알리는 경기가 끝난 뒤 "아빠가 보고 있으면 언제나 가슴속에서 불꽃이 타올라요"라고 말했습니다. 올해 65세인 왕년의 챔피언 무하마드 알리는 경기가 끝난 뒤 파킨슨병으로 불편한 몸을 이끌고 링에 올라와 대를 이어 챔피언이 된 딸을 포옹해 관중들의 뜨거운 기립박수를 받았습니다.

무하마드 알리는 1942년 미국 내에서도 가장 인종차별이 심했던 켄터키 주 루이빌에서 태어났습니다. 본명이 캐시어스 클레이(Cassius Clay)였던 그는 13세 되던 해에 동네 깡패로부터 자신을 보호하기 위해 아일랜드계 미국인 경찰에게서 복싱을 배웠고, 17세에는 골든 글러브 챔피언이 되었습니다. 그리고 1960년, 18세라는 어린 나이에 로마올림픽에서 복싱 라이트헤비급 금메달을 획득해 금의환향했습니다.

하지만 올림픽 금메달리스트가 되었다고 해서 흑인이라는 족쇄마저 풀린 것은 아니었습니다. 그는 고향의 백인 전용 식당에서 단지 흑인이란 이유만으로 출입을 거절당한 뒤 분노와 치욕을 견디다 못해 올림픽에서 딴 금메달을 강물에 던져버렸습니다.

그 후 프로로 전향한 그는 1964년 2월 25일 소니 리스턴을 꺾고 22세에 헤비급 세계챔피언에 올랐습니다. 챔피언이 된 캐시어스 클

레이는 챔피언 등극 축하잔치 대신 흑인 빈민가로 가서 급진적인 흑인인권운동가 말콤 엑스 등과 함께 어울리고, 이슬람 교단에 가입한 후 이름마저 무하마드 알리라고 개명했습니다.

이때부터 무하마드 알리는 인종차별 문제와 같은 당시의 예민한 문제들을 서슴없이 거론하기 시작했고, 베트남전이 한창이던 1967년에는 전쟁에 반대하며 징집을 거부해 결국 세계챔피언 타이틀을 박탈당하고 감옥 신세를 지게 되었습니다.

1971년 재판에서 무죄판결을 받고 3년 5개월여의 공백을 뒤로 한 채, 링에 복귀한 무하마드 알리는 당시의 챔피언인 저돌적인 인파이터 조 프레이저에게 도전했지만 15회 판정패를 당하고 맙니다. 하지만 3년 뒤인 1974년, 32세가 된 노장의 무하마드 알리는 조 프레이저에게 챔피언 타이틀을 빼앗은 24세의 해머주먹 조지 포먼에게 다시 도전장을 내밀었습니다.

스포츠 사상 가장 큰 이변 가운데 하나로 꼽히는 1974년 10월 30일 아프리카 자이레의 킨샤사에서 펼쳐진 무하마드 알리와 조지 포먼의 혈투는 당시 복싱전문가들보다 더 정확하다는 도박사들마저 10대 1 정도로 포먼의 우세를 점쳤던 경기였습니다. 이 경기에서 그는 7회까지 쉴 새 없이 얻어맞았지만, 링에 기대어 살짝살짝 비켜 맞았기 때문에 결정타를 허용하지는 않았습니다. 수없이 맞으면서도 포먼의 숨소리를 체크하고 있던 알리는 드디어 8회 중반에 포먼의 숨소리가 거칠어졌다고 판단하는 순간 전광석화(電光石火)처럼 포먼의 턱에 펀치를 작렬시키며 대역전승을 거두었습니다.

그 후 알리는 1980년 서른여덟의 나이로 은퇴하기 전까지 61전 56

승(37KO) 5패의 기록을 남기며 헤비급 사상 최초로 세 차례나 챔피언 벨트를 거머쥔 '가장 위대한 챔피언'으로 기억되고 있습니다.

그러나 불행히도 권투선수 생활의 후유증으로 파킨슨병을 앓기 시작했습니다. 그런 알리가 지난 1996년 7월 19일 제26회 애틀랜타 올림픽 개막식에서 성화 릴레이 최종 주자로 나섰습니다. 당시 성화대 앞에 선 54세의 무하마드 알리는 떨리는 손을 간신히 치켜들고 관중들을 향해 흔들었습니다. "나비처럼 날아서 벌처럼 쏜다"던 그의 몸은 어느새 파킨슨병에 걸려 제대로 가누기조차 힘들게 되었지만 그런 그가 힘겨운 모습으로 성화대에 불을 지피는 모습은 그 자체로 하나의 위대한 인간 승리였습니다.

무하마드 알리는 〈타임〉이 선정한 20세기를 빛낸 100명의 인물 중 한 사람으로 뽑히기도 했고, 미국의 흑인인권운동에 기여하고 유엔 친선대사로 활동한 공로가 인정되어 2005년 독일의 권위 있는 오토 한(Otto Hahn) 평화상을 받았습니다. 하지만 그가 역사상 가장 위대한 복서로 기억되는 까닭은 단지 그의 유명세 때문이 아니라 지칠 줄 모르는 승부 근성 때문일 것입니다.

36세의 노장 알리는 1978년 2월 15일 도전자 레온 스핑크스에게 패해 다시 한번 챔피언 타이틀을 내놓게 되지만 그해 9월 리턴매치에서 결국 승리해 헤비급 역사상 타이틀 3회 획득의 위업을 이루어 냈습니다. 그는 영원한 승자도 패자도 없는 엄혹한 프로의 세계에서 헤비급 타이틀을 세 번이나 거머쥐며 진정한 투지와 승부 근성이 무엇인지를 온몸으로 보여주었던 것입니다.

가장 강한 적은 자기 자신이다

1960년 로마올림픽에서 아베베 비킬라(Abebe Bikila, 1932~1972)는 42.195킬로미터 마라톤 전 구간을 맨발로 뛰어 우승했습니다. 그리고 1964년 동경올림픽에서 그는 맹장수술을 받은 지 채 6주도 지나지 않았음에도 불구하고 불굴의 의지를 발휘해 또다시 우승해서 올림픽 사상 최초로 마라톤 2연패의 위업을 달성했습니다.

더구나 2시간 25분대의 1956년 멜버른올림픽 마라톤 기록을 10분이나 앞당긴 2시간 15분 16초 2의 기록으로 로마올림픽에서 우승했습니다. 그는 최초로 2시간 10분대의 기록으로 우승한 마라토너였습니다. 동경올림픽 때는 이보다 더 빠른 2시간 12분 11초 2의 신기록으로 우승했습니다. 당시 그의 기록이 얼마나 탁월했던 것인지는 1968년 멕시코올림픽에서 우승한 같은 에티오피아의 동료선수 마모월데의 기록이 2시간 20분 26초 4였던 점에서도 드러납니다.

하지만 그가 3연패를 노리고 도전했던 멕시코올림픽 마라톤에서는 안타깝게도 페이스 조절에 실패해 기권하고 말았습니다. 그 후 아베베 비킬라는 명예 회복을 내걸고 훈련에 열중하던 중 불의의 교통사고를 당했고, 그 후유증으로 평생을 휠체어에 의존해야 하는 신세가 되었습니다. 그러나 그는 거기서 주저앉지 않았습니다.

더 이상 달릴 순 없었지만 이번에는 휠체어에 앉은 채 양궁의 시위를 당기고 탁구 라켓을 거머쥐었습니다. 그리고 마침내 그는 1970년 장애인올림픽의 전신인 휠체어 스포츠맨을 위한 제19회 스토크 맨드빌 게임스(Stoke Mandeville Games) 양궁과 탁구 부문에서 우승했습니다. 그것은 올림픽 마라톤 2연패에 이은 아니 그보다 더 값진 참으로 비장감마저 느껴지는 쾌거였습니다.

아베베 비킬라는 1932년 에티오피아의 수도 아디스 아바바에서 약 130킬로미터 떨어진 야토라는 마을에서 태어나 어려서부터 목동 일을 하며 자랐습니다. 1952년 20세에 황제근위병이 된 그는, 1956년 호주 멜버른올림픽에 참가했던 선수들이 귀환해 거리에서 환영 퍼레이드를 펼치는 모습을 우연히 본 뒤 그것에 자극받아 마라토너가 되겠다고 결심합니다.

그래서 마라톤에 뛰어들었고 천부적인 자질을 선보이며 마침내 그의 꿈이었던 로마올림픽 행 티켓을 거머쥐게 됩니다. 1960년 로마올림픽의 마라톤 경기는 그전까지 마라톤 코스의 불문율처럼 되어 있었던 왕복 코스가 아니라 로마 시내를 한 바퀴 도는 식의 순환 코스였고 통상 주간에 이뤄지던 것과는 달리 야간에 진행되었습니다.

그런데 바로 이 경기에서 그는 운동화도 신지 않은 채 맨발로 전 구간을 달려 우승했습니다. 이탈리아의 무솔리니가 자신의 조국 에티오피아를 군화발로 무력 침공했던 것에 복수라도 하듯 맨발로 로마 시내를 휘감듯 달렸던 것이죠. 아베베 비킬라가 결승점인 콘스탄틴 개선문에 도착했을 때, 주최 측은 그의 이름을 두 번씩이나 정정해 부를 정도로 그는 무명 선수였습니다. 그는 이처럼 극적으로 혜성같이 세계 마라톤 무대에 등장했습니다.

그리고 1964년 동경올림픽에서는 맹장수술을 받은 지 6주 만에 출전해, 다른 사람 같았으면 아예 출전조차 하지 않았을 텐데, 우승까지 하는 진기록을 세웠습니다.

에티오피아 황실근위대 소속이었던 아베베 비킬라는 올림픽 마라톤에서 우승한 후 셀라시에 황제의 명에 따라 일등병에서 중위로 수직상승했고 황제가 내리는 하사품으로 폭스바겐 승용차까지 받았습니다. 그런데 세상살이라는 게 참 아이러니컬합니다. 바로 이 자동차 때문에 사고가 나서 그는 더 이상 달릴 수 없게 되었던 것입니다.

하지만 그는 자신의 운명에 굴복하지 않았고, 삶의 그 어떤 악조건 속에서도 자신이 가야 할 길이 있음을 잊지 않았습니다.

아베베 비킬라는 1973년 41세라는 아직 창창할 나이에 안타깝게도 그만 뇌종양으로 세상을 뜨고 말았습니다. 이 불세출의 스포츠 영웅은 수많은 군중과 셀라시에 황제가 지켜보는 가운데 성요셉 교회의 뜰에 뼈를 묻었습니다. 하지만 아마도 그의 영혼은 지금도 아프리카 초원을 힘차게 달리고 있을지 모릅니다.

"가장 강한 적은 바로 자기 자신이다"고 입버릇처럼 말하며 자신의 운명마저 넘어섰던 불굴의 마라토너 아베베 비킬라. 삶의 그 어떤 상황에서도 결코 좌절하지 않고, 뛸 수 없다면 앉아서라도, 앉을 수조차 없다면 기어서라도 앞으로 나아가고자 했던 불굴의 러너, 아베베 비킬라. 그는 자기 자신을 이겨낸 진정한 승자였습니다.

패배를 패배시켜라

억울한 패배를 멋지게 역전시켜라

어느 회사에서 실제로 있었던 일입니다. 직원들 한 사람 한 사람과의 밀고 당기는 힘겨운 연봉협상이 끝난 다음에도 여진이 남아서 분위기가 술렁이자, 보다 못한 CEO가 전체 조회를 소집해 이렇게 말했습니다. "새로 정한 연봉에 만족하는 사람보다는 그렇지 못한 사람들이 더 많을 겁니다. 하지만 회사로서는 최선을 다한 결과임을 여러분 모두가 알아주었으면 합니다. 그럼에도 불구하고 여전히 자신의 연봉에 불만이 있다면, 특히 자신이 앨 고어보다도 더 억울하다고 생각된다면 내 방으로 직접 찾아와주십시오." 조회가 끝난 후 그 CEO의 방으로 찾아간 사람은 아무도 없었고 더 이상 불평불만을 늘어놓거나 궁시렁거리는 분위기도 사라졌다고 합니다.

앨 고어(Al Gore, 1948~), 정말이지 억울한 것으로 따지자면 그 앞에 명함 내놓을 사람이 아마 없을 것입니다. 그는 지난 2000년 미국 대선에서 유권자들의 총투표수에서는 부시보다 54만 3,000여 표를 더 얻었으나 선거인단 투표에서 지는 바람에 패배하고 말았습니다. 당시 고어는 선거인단의 향배를 좌우하는 플로리다 주의 수작업 재검 표를 놓고 부시 후보와 미국 대선 사상 초유의 법정 공방을 한 달간 벌이기도 했지만 미연방대법원은 결국 부시의 손을 들어줬습니다.

앨 고어는 1948년 테네시 주 출신으로 7선 하원의원과 3선 상원의 원을 역임한 앨버트 고어와 명문 밴더빌트 법대 출신의 여성 법률가 폴린 고어 사이에서 태어났습니다. 그는 워싱턴에서도 특권층 자제 들만 입학하는 영국성공회 계통의 세인트 앨번 학교를 다녔고, 1965년에 하버드 대학에 입학해서 우등으로 졸업했습니다. 그는 풍족하게 자랐고 머리도 명석했습니다. 베트남전쟁 당시 전쟁에 반대하는 입장이었음에도 불구하고 징집에 응해서 월남에 파병되었고, 제대 후인 1971년부터는 〈내슈빌 테네시안〉 기자로 일하기도 했습니다. 그 후 밴더빌트 로스쿨을 졸업해 변호사 자격을 따냈습니다.

한마디로 앨 고어는 태생에서 성장까지 정치적 경력관리가 치밀 하게 된 인물이었습니다. 1976년 연방 하원의원에 도전하여 압도적 지지로 당선되면서 정계에 입문했습니다. 그 후 하원에서 4선을 거쳐 1984년부터는 상원으로 정치무대를 옮겼습니다. 그리고 1988년 에는 민주당 대선 후보 지명전에 나섰습니다. 하지만 경쟁 후보였던 듀카키스에게 패하고 말았습니다. 그 후 1990년 상원의원에 재선됐고 2년 뒤인 1992년 빌 클린턴의 러닝메이트로 출마해 부통령에 당선되었습니다. 그리고 다시 1996년 클린턴의 재선 때도 부통령이 된 앨 고어에게 남은 유일한 자리는 대통령밖에 없어 보였습니다. 2000

년 미국 대선에서는 대통령 자리에 반쯤 걸터앉아 있는 것처럼 보였습니다. 그만큼 그는 대선에서의 승리에 다가가 있었습니다. 사실 앨고어만큼 준비된 대통령 후보도 드물었습니다. 그는 16년에 걸쳐 하원의원과 상원의원을 각각 8년씩 경험했고 또한 8년에 걸쳐 실세 부통령으로 역할하면서 인터넷의 탄생과정을 주도해 정보초고속도로를 구축하는 미래정책가로,『균형 속의 지구(Earth in the Balance)』라는 책을 출간할 정도로 전문적이고 구체적인 미래지향적인 환경 정치인이었기 때문입니다.

특히 그의 아버지 앨버트 고어가 1950년대 미국의 고속도로 구축 사업에서 주도적인 역할을 한 것을 계승하기라도 하듯 자신은 인포메이션 슈퍼 하이웨이(Information Super Highway), 즉 정보초고속도로로 일컬어지는 국가정보기반(NII, National Information Infrastructure)을 구상하고 이를 실행에 옮겨 디지털 시대에 가장 적합한 지도자로 스스로를 자리매김했습니다. 게다가 그는 주변의 조언을 경청하고 자료를 철저히 검토한 뒤 결정을 내리며 일단 결정한 사항은 끝까지 밀어붙이는 강한 추진력과 높은 도덕성을 지닌 인물로 내외의 호평을 받았습니다. 클린턴이 르윈스키 스캔들로 곤욕을 치를 때도 앨 고어가 대통령직을 계승할 위치인 부통령 자리에 있었기에 국민들이 크게 걱정하지 않았다는 이야기가 있을 정도였습니다.

하지만 그는 2000년 미국 대선에서 대통령 자리에 오를 수 없었습니다. 저명한 언론인 볼프 슈나이더가 말한 것처럼 어쩌면 그는 '승리를 사기당한 패배자'였는지 모릅니다. 하지만 그는 미국의 근간인 대법원의 권위와 의견을 존중했습니다. 그리고 언론을 통해 지체 없이 부시의 대통령 당선을 축하하는 메시지를 건넸습니다. 물론 자신의 내면에서 그것을 진짜 패배로 받아들이는 데는 훨씬 더 많은 시간이 필요했을 것입니다.

그는 2004년 대선에 나서지 않았습니다. 대신 그는 2005년 9월 급히 비행기를 전세 내어 미국 남동부를 강타한 카트리나 이재민을 구하는 데 나섰습니다. 허리케인 카트리나가 뉴올리언스를 강타한 지 사흘째 되던 날, 앨 고어는 뉴올리언스 채러티 병원 신경외과 의사 데이비드 클라인으로부터 다급한 구조요청 전화를 받고, 즉각 아메리칸 항공사 소속 비행기 두 대를 전세 내어 의사 두 명과 함께 현장으로 날아갔습니다. 이때 항공사측도 5,000만 원이 넘는 비행기 임차계약서나 지불보증 요구 없이 "고어가 약속한 것이라면……"이라며 즉각 비행기를 내줬고 구조기 착륙허가 등의 까다로운 절차도 '고어의 결코 빛바래지 않은 신용' 덕택에 일사천리로 이뤄졌다고 합니다. 덕분에 물에 잠긴 병원에서 애타게 구조를 기다리고 있던 280여 명의 환자들을 신속히 구해낼 수 있었습니다.

손 안에 쥐었던 대통령 자리를 어이없다 싶을 정도로 놓쳐서 '승리를 사기당한 패배자'라는 낙인이 찍혔던 앨 고어. 하지만 그는 더 이상 뒤돌아보지 않았고, 오히려 자신이 진정으로 있어야 할 자리, 자신이 진짜로 해야 할 일을 외면하지 않았습니다. 그래서 그는 애타게 구조를 기다리는 뉴올리언스로 날아갔고 거기서 자신의 존재 이유를 온몸으로 웅변했습니다. 그리고 역사상 가장 억울했던 패배를 멋지게 역전시켰습니다.

뒤돌아보지 말고 패배를 패배시켜라

미국 역사상 최초로 임기 중에 물러나는 대통령이 된 리처드 닉슨(Richard M. Nixon, 1913~1994)에 비하면 앨 고어의 억울한 패배는 오히려 작은 것으로 비춰질지도 모릅니다. 1974년 8월 8일 닉슨은, '워터게이트 사건의 지령자'라는 꼬리표와 함께 '역사와 민주주의의 죄인', 심지어는 '국가의 적'이라는 혹독한 낙인이 찍힌 채 대통령 자리에서 물러났습니다. 아마도 지난 세기에 가장 높은 자리에서 가장 낙폭 크게 추락한 인물로 기록될 것입니다.

하지만 대통령직을 사임하는 날 행한 연설에서 그는 이렇게 말했습니다. "모든 위대함은 행복 속에서가 아니라, 시련 속에서 태어납니다." 어쩌면 이 한 마디가 그의 운명을 암시하고 있었던 것인지도 모릅니다.

그로부터 20년 후인 1994년 4월 22일 닉슨은 세상을 떠났습니다. 하지만 모두가 외면할 것 같았던 그의 장례식에는 당시 생존했던 미국의 전·현직 대통령 전원이 참석했고 이 장례식 광경을 미국은 물론 전 세계 주요 언론들이 생생히 보도했습니다. 그리고 거의 모든 신문과 저널들이 닉슨의 타계를 애도하는 특집기사를 실었습니다.

더구나 대다수 미국 국민들 역시 그의 죽음을 '국가적 자산의 상실'이라고 애도하며, 워터게이트 사건의 추악한 지령자로서의 닉슨이 아니라 오늘날의 미국을 있게 한, 또 한 사람의 명예로운 국가 건설자로 그의 이름을 기억하겠노라고 말했습니다. 심지어 그의 하야를 종용했던 언론의 선두주자였던 〈뉴욕타임스〉마저도 '미스터 컴백'이란 제하의 칼럼을 통해 그를 "패배를 패배시킨 사람"이라고 말할 정도였습니다. 도대체 20년 동안 어떤 일이 있었기에 이런 극적인 반전이 가능했던 것일까요?

닉슨은 대통령직에서 물러난 후 칩거해 책과 씨름하며 역사연구에 골몰했습니다. 이 과정에서 닉슨은 "드골이 야인(野人)이었던 시절, 아데나워가 감옥에서 보낸 시절, 처칠이 권력에서 밀려나 있던 시절이 그 후의 성공과 성취의 도약대였다"는 사실을 깨닫고 이를 계기로 숱한 역경을 헤쳐온 자기 안의 근성을 다시 일깨웠습니다.

캘리포니아의 벽촌에서 태어나 두 형제를 폐결핵으로 잃었고 죽은 형을 대신해 대학 공부를 할 수 있었을 만큼 어려운 시절을 견디어냈던 닉슨이었기에 그는 정상에서 날개도 없이 추락한 후, 미련 없이 아무것도 가진 것 없던 시절로 돌아가 다시 바닥에서부터 놀라운 의지로 자신을 추스려냈습니다.

그런 와중에 그는 자신의 회고록을 포함해 여러 권의 책을 냈습니다. 특히 1992년에 출간된 『기회를 포착하라』와 그의 마지막 저서가 된 『평화를 넘어서』 등은 반향이 매우 컸습니다. 그도 그럴 것이 '미·중 수교', '미·소 화해'와 같은 닉슨 특유의 데탕트 정책이 그 후 동구 사회주의 블록과 소비에트의 해체, 그리고 중국의 급속한 개혁·개방을 유도해낸 밑거름이 되었고, 그로 말미암아 1990년대 이후 초강대국 미국의 출현이 가능하게 되었다는 평가가 국제정치학자들 사이에서 설득력 있게 제기되었기 때문입니다.

바로 이런 맥락에서, 영리한 빌 클린턴은 대통령에 당선된 직후였던 1993년 2월, 변화된 국제정세 속에서 새로운 미국의 시대를 선언하는 정치적 제스처로서 누구보다도 먼저, 데탕트의 주역이었던 닉슨을 백악관에 초청했습니다. 결국 닉슨은 워터게이트 사건의 지령자라는 오명을 쓰고 비참하게 물러나야 했던 백악관을 데탕트의 주역이란 타이틀을 갖고 정확히 19년 만에 다시 들어갈 수 있었습니다. 닉슨은 그렇게 자신의 명예를 하나하나 회복해갔습니다. 그리고 그러한 노력은 관 뚜껑을 덮을 때까지 그치지 않았습니다.

그로부터 1년 후 닉슨은 81세의 파란 많은 인생을 마감했습니다. 캘리포니아 소재 닉슨 기념관에는 그의 좌우명이 이렇게 적혀 있습니다. "뒤를 돌아보지 않는다." 그렇습니다. 닉슨은 뒤를 돌아보지 않았습니다. 과거의 패배에 발목을 잡히지 않았고 패배의 늪에서 미련과 함께 허우적거리지도 않았습니다. 그는 한 번의 패배를 영원한 패배로 인정하지도 않았습니다. 그래서 그는 패배를 다시 패배시킬 수 있었습니다.

성공에 이르는 길은 패배를 우회하는 길이 아니라 패배를 정면으로 관통하는 길인지도 모릅니다. 우리에게 패배가 존재하는 이유는 그것을 패배시켜 미래의 더 큰 성공을 얻기 위함일 뿐입니다. 오늘날 우리가 다시 닉슨을 떠올리는 까닭이 바로 여기에 있습니다.

쓰러지더라도 당당하게 일어서라

패배는 사람을 성숙하게 합니다. 그리고 더 강하게 만듭니다. 전세계 헤비급 권투 챔피언 조지 포먼(George Foreman, 1949~)도 패배에 무릎을 꿇었지만 곧 패배를 딛고 다시 일어나 더 강한 인생의 챔피언이 되었습니다.

조지 포먼은 무하마드 알리, 조 프레이저 등과 함께 한때 세계 헤비급 권투 무대를 화려하게 장식했던 인물입니다. "나비처럼 날아서 벌처럼 쏜다"던 알리, 탱크같이 저돌적인 인파이터 프레이저, 그리고 포먼의 작렬하는 케이오(KO) 펀치 등 전설 같은 권투 드라마가 펼쳐지던 시절이 있었습니다.

그런데 그들은 서로가 서로를 물고 무는 그런 관계였습니다. 화려한 후트워크(foot work)를 자랑하며 가장 먼저 챔피언에 등극한 무하마드 알리는 조 프레이저의 저돌적인 인파이팅에 발목 잡혀 권좌에서 물러나야 했고, 상당 기간 계속되리라던 조 프레이저의 권좌 역시 조지 포먼의 주먹 한 방에 날아가버렸습니다. 하지만 조지 포먼도 세계 타이틀을 거머쥔 지 채 1년도 안 되어 다시 무하마드 알리에게 챔피언 벨트를 넘겨줘야 했습니다.

1974년 10월 30일, 무하마드 알리와 조지 포먼의 이른바 '캔자스 혈투'는 지금도 화제가 될 만큼 명승부였습니다. 당시 복싱전문가들보다 더 정확하다는 도박사들은 10대 1 정도로 포먼의 우세를 점쳤습니다. 그러나 7회까지 로프에 기대어 거의 일방적으로 얻어맞고 있던 알리가 8회 중반 포먼의 숨소리가 거칠어지고 있음을 직감하여 역공을 펴면서 전광석화 같은 주먹을 작렬시켜 극적인 역전 케이오승을 거두었습니다.

물론 로프에 기대어 포먼의 해머펀치 위력을 최소화시키면서 상대의 체력적 약세를 유인했던 알리의 작전도 주효했지만, 챔피언 등극 이후 자신의 주먹만 믿고 연습을 게을리하고 문란한 사생활로 스스로를 약화시켰던 포먼이 스스로 침몰했다고 봐야 옳을 것입니다.

결국 포먼의 40연승 무패 행진은 거기서 끝이 났습니다.

알리에게 패하고 난 뒤 그의 삶은 한마디로 엉망진창이 되었습니다. 한 번도 져본 적이 없었던 사람에게는 단 한 번의 패배가 모든 것을 무너뜨릴 수 있다는 것을 조지 포먼은 여실히 보여주었습니다. 포먼에게는 패배를 견딜 만한 항바이러스가 없었던 것입니다.

그 후 엎친 데 덮친 격으로 지미 영과의 경기에서 그는 치명적인 부상을 입고 죽음의 문턱에까지 다다르게 되었습니다. 그로 인해 마침내 은퇴하지 않을 수 없는 상황으로까지 내몰리게 되었던 것이죠.

하지만 역설적이게도 바로 이 패배와 죽음의 문턱에까지 다다르게 했던 부상이 그의 인생에 있어 전환점이 되었습니다. 그는 권투의 링에서 처참하게 무너진 뒤, 비로소 자신의 인생이라는 링에서는 바닥에서부터 다시 시작할 엄두를 내게 되었습니다. 자신도 무너질 수 있고, 또 무너질 수밖에 없는 존재임을 깨닫고 그것을 스스로 인정한 것 자체가 새로운 출발점이 되었던 것입니다.

그는 완전히 새로운 사람으로 변화하기 시작했습니다. 중학교를 중퇴하고 네 번씩이나 이혼했던 그가 목사로 변신하기에 이르렀던 것입니다. 하지만 이것이 그의 인생 드라마의 끝은 아니었습니다.

1977년에 은퇴했던 조지 포먼은 10년이 지난 1987년 다시 링에 올랐습니다. 주위의 반응은 당연히 "권투선수로는 너무 늙었다"는 것이었습니다. 하지만 그는 이에 아랑곳않고 "도전에는 나이가 없다"고 말하며 재기를 위해 몸부림쳤습니다. 많은 사람들이 '퇴물 권투선수'라고 비웃었지만 결국 그는 마이클 무어러를 케이오 시키고 역대 최고령 기록을 세우며 다시 챔피언이 되었습니다. 1994년, 당시 포먼의 나이 45세였습니다.

40전 40케이오승을 구가하고 있을 때의 조지 포먼은 그저 돌주먹을 지닌 철없는 사내에 불과했지만, 링에 곤두박질치면서 패배를 뼈저리게 맛보고 난 후의 포먼은 인생에 대한 새롭고 진지한 도전자로 변모해 있었습니다. "인생의 링에서 얻어맞고 쓰러지더라도 다시 당당하게 일어서라"고 말하는 조지 포먼의 극적인 인생 드라마는 인생의 링에서 승리한다는 것이 무엇인지를 보여주었습니다.

인생은 권투 시합과 같습니다. 인생의 링 위에는 영원한 승자도 영원한 패자도 없습니다. 스스로가 영원한 승자라고 자만하는 순간 여지없이 무너져버리는 것이 인생의 링입니다. 하지만 그렇게 무너진다 하더라도 결코 패배에 무릎 꿇지 마십시오. 무너졌을 때가 오히려 진짜 인생을 배우는 절호의 기회라는 것을 잊지 말고 오히려 패배를 패배시키는 멋진 승자가 되십시오.

이 세상 모든 것은
희망이 만든다

가장 값진 보물, 희망

한 신하가 페르시아 원정을 떠나는 알렉산더 대왕에게 "가장 아끼는 보물이 무엇이냐?"고 물었습니다. 알렉산더 대왕은 잠시 생각에 잠긴 후 이렇게 대답했습니다. "희망!" 그렇습니다. 희망은 가장 값진 보물입니다. 특히 요즘처럼 온 사회가 무기력증에 빠져 있을 땐 더더욱 그렇습니다. 무기력증의 원인은 다른 무엇보다도 '희망의 상실', '희망의 부재'입니다. 한 여론조사에 따르면 우리 국민의 69%가 희망 없이 산다고 합니다. 그만큼 무기력증이 우리 사회를 휘감고 있는 것이죠. 무기력증에 빠져 있는 사회를 구하는 데 희망보다 더 강력한 처방은 없습니다.

여기 자신의 드라마틱한 삶을 통해 꿈과 희망의 메시지를 전한 여성이 있습니다. 바로 '토크쇼의 여왕' 오프라 윈프리(Oprah Winfrey, 1954~)입니다.

오프라 윈프리는 언젠가 자신의 이름을 딴 미국의 인기 토크쇼 〈오프라 윈프리 쇼〉에서 출연진과 방청객 276명 전원에게 대당 2만 8,000달러, 우리 돈으로 약 2,800만 원 상당의 폰티악 G6 자동차를 선물하는 '통 큰 이벤트'를 벌여 전 세계를 놀라게 했습니다.

그 일이 있은 후 사람들은 폰티악 G6 276대를 제공한 GM, 즉 제너럴 모터스가 800만 달러에 상당하는 선물협찬으로 5,000만 달러 이상의 마케팅 광고효과를 냈다는 등 가십성 이야기로 화제를 삼기도 했습니다. 하지만 정작 오프라 윈프리는 그 '통 큰 이벤트'를 통해 어떤 경우에도 '꿈'을 포기하지 말자는 메시지를 사람들에게 전하고 싶었던 것입니다.

이날 〈오프라 윈프리 쇼〉에 참석했다가 꿈에도 생각지 못한 폰티악 자동차를 선물받은 276명의 사람들은 모두 '새 차가 절실하게 필요한 이유'를 적어 〈오프라 윈프리 쇼〉 제작진에게 보냈던 사람들이었습니다. 이들은 차가 절실히 필요하지만 차 살 돈이 없는 사람들이었습니다. 누구에게나 가장 간절한 것이 꿈이고 희망 아니겠습니까? 그들에게는 새 차가 '꿈'이고 '희망'이었습니다. 결국 오프라 윈프리는 이들에게 새 차, 즉 '꿈'을 선물한 것입니다.

오프라 윈프리는 이날 토크쇼의 시그널 뮤직과 함께 등장해 "여러분의 간절한 꿈을 이뤄줄 수백만 달러의 선물이 기다리고 있습니다"라고 외쳤습니다. 그녀는 곧이어 방청객 중 11명의 이름을 일일이 부르며 무대 위로 불러올렸습니다.

그녀는 이들에게 작은 상자를 하나씩 건네주었습니다. 11명의 사람들이 상자를 열자, 거기엔 놀랍게도 폰티악 G6 자동차 열쇠가 들어 있었습니다. 스튜디오 전체가 놀라움을 금치 못하면서 흥분하기 시작했습니다. 하지만 그것은 시작에 불과했습니다.

다시 오프라 윈프리는 방청객들에게도 하나씩 상자를 나누어주면서 "이 중 한 개 상자에 12번째 자동차 열쇠가 들어 있다"고 말했습니다. 모두들 마지막 1대를 차지하는 행운을 기대하며 오프라 윈프리의 신호에 따라 떨리는 손으로 동시에 상자를 열었는데, 이게 웬일입니까?

뚜껑을 열자 모든 상자 안에 폰티악 G6 자동차 열쇠가 반짝이고 있었습니다. 그 순간 스튜디오는 "오, 맙소사!" "고맙습니다!" "믿을 수 없어요!" 등 감탄사가 연발되며 열광의 도가니로 변했습니다. 이를 시청하던 수천만 명의 시청자들도 놀라움과 감동을 동시에 느꼈습니다. 276명의 사람들은 스튜디오 밖 주차장에 커다란 붉은 리본으로 장식된 276대의 폰티악 G6를 직접 눈으로 보고 다시 한번 감격의 눈물을 쏟았습니다.

도대체 이런 깜짝쇼를 해낸 오프라 윈프리는 어떤 인물일까요? '토크쇼의 여왕'이라 불리는 오프라 윈프리는 1954년 1월 29일 미시시피 주의 코시어스코에서 가난한 흑인 미혼모의 사생아로 태어났습니다. 그녀는 여섯 살이 될 때까지 자기 신발 한 켤레가 없었을 정도로 가난한 어린 시절을 보냈습니다.

사실 가난 그 이상으로 참혹함 그 자체였다고 해야 옳을 것입니다. 열 살이 채 되기도 전에 사촌오빠와 엄마의 남자친구에게 성폭행을 당했고, 열네 살 어린 나이에 사생아를 낳고 미혼모가 되는 악순환을 반복했습니다. 게다가 마약에 빠지기도 했습니다. 이런 그녀에게 무슨 '꿈'이 있었겠습니까? 그녀의 삶에서 '꿈'이란 오히려 사치스런 것이었을지 모릅니다.

하지만 오프라 윈프리는 가난과 성폭행 그리고 마약에 찌든 깊은 수렁에서 스스로 빠져나왔습니다. 그리고 마침내 자신의 이름을 딴 〈오프라 윈프리 쇼〉를 통해 새로운 꿈, 결코 포기할 수 없는 희망을 퍼뜨리는 사람으로 변신한 것입니다.

1986년 첫 전파를 탄 〈오프라 윈프리 쇼〉는 미국 전역에서 3,000만 명 이상이 시청하며, 전 세계 100여 개 나라에서 방송되고 있습니다. 그녀의 진짜 무기는 누구도 흉내내기 어려운 솔직함에 있습니다. 불행했던 자신의 과거마저 솔직하게 드러내는 오프라 윈프리의 고백은 대단한 반향을 몰고왔습니다. '오프라 윈프리처럼 되는 것'이란 의미로 '오프라이제이션'이란 말이 통용될 정도입니다. 가난한 흑인, 사생아, 미혼모에다가 한때는 100킬로그램이 넘는 뚱뚱한 몸을 지녔던 그녀였지만 지금 그녀는 전 세계에 걸쳐 1억 명에 가까운 시청자를 거느린 스타 방송인으로 우뚝 서 있습니다.

그녀의 인생역전 프로젝트의 진정한 동력은 '꿈'이었습니다. 그 어떤 상황에서도 꿈을 포기하지 않고 꿈을 꿀 수 있는 마음 그 자체였습니다. '꿈과 희망이 갖는 치유력과 생명력'을 자신의 드라마틱한 삶을 통해 여실히 보여준 오프라 윈프리. 그녀는 꿈을 잃은 사람들에게 말이 아닌 실행으로 꿈을 되찾아주고 있습니다.

대공황기에 날린 희망의 홈런

이 세상에는 꿈과 희망을 나누고 퍼뜨리는 사람들이 적지 않습니다. 전설적인 홈런왕 베이브 루스(Babe Ruth, 1895~1948)도 그 중 한 명입니다. 야구가 미국의 국민적 게임으로 인기를 끌게 된 것은, 1914년부터 1935년까지 21년 동안의 선수생활에서 714개의 홈런을 친 베이브 루스의 공적 덕분이라고 해도 과언이 아닙니다. 그만큼 베이브 루스는 미국의 현대 야구사와 동일시되는 그런 사람입니다.

그는 원래 투수였습니다. 1914년 마이너리그에 소속된 볼티모어 팀에서 프로선수 생활을 시작하여, 보스턴 레드삭스의 투수로 스카우트된 그는 당시엔 보기 드문 왼손잡이 투수로 통산 94승 46패, 방어율 2.25를 기록했습니다. 전문가들은 그가 투수를 계속했어도 통산 300승 이상은 거뜬히 해냈을 것이라고 말합니다. 하지만 1918년부터는 타격 자질을 인정받아 외야수이자 타자로 전향하게 됩니다.

그런 와중에 1919년 12월 보스턴 레드삭스의 구단주 해리 프레이지가 그해 29개의 홈런으로 메이저리그 신기록을 세우며 홈런왕을 차지한 베이브 루스를 펜웨이 파크(Fenway Park) 건설자금 융자조건을 붙여 12만 5,000달러라는 헐값으로 뉴욕 양키스에 트레이드시켰습니다.

보스턴 레드삭스는 1901년 창단해 1903년 월드시리즈에서 처음 우승한 이후 1918년까지 5회에 걸쳐 우승함으로써 메이저리그의 명문 구단으로 확고한 자리를 굳히던 때였지만, 막 피어오르던 베이브 루스의 진가를 제대로 알아보지 못했던 것입니다. 이후 보스턴 레드삭스는 2004년까지 단 한 번도 월드시리즈 우승을 이루지 못해 세간에서는 '밤비노의 저주'란 말이 생겨났을 정도입니다. '밤비노'는 베이브 루스의 애칭입니다.

우여곡절 끝에 뉴욕 양키스에서 새로운 야구 인생을 시작한 베이브 루스는 1920년 양키스에서의 첫해에 54개의 홈런과 3할 7푼 6리의 타율, 158개의 타점, 그리고 장타율 8할 4푼 7리라는 경이적인 기록을 올렸고, 이듬해에도 59개의 홈런을 쳐냈습니다. 그가 이적하기 전까지만 하더라도 뉴욕 양키스는 아메리칸 리그의 만년 하위팀이었지만, 그의 이적 후 뉴욕 양키스는 완전히 다른 팀이 되었고, 1921년에는 마침내 창단 후 처음으로 월드시리즈 진출에 성공했습니다.

그 후 베이브 루스는 1931년까지 무려 10번이나 홈런왕 타이틀을 거머쥘 정도로 무시무시한 파괴력을 선보이며 통산 714개의 기록적인 홈런을 쳤습니다. 특히 1927년에는 한 시즌에 60개의 홈런을 날려 시즌 최다 홈런 기록을 수립하기도 했습니다. 이런 활약에 힘입어 1930년과 1931년에, 당시 사상 최고 액수인 8만 달러의 연봉을 받았습니다. 그리고 마침내 1936년 최초로 '명예의 전당'에 들어간 5명의 선수 가운데 한 명이 되어 야구사에 길이 남게 되었습니다.

그의 공식기록을 보면, 메이저리그 정규 시즌에서는 통산 2,503게임에 출전하여 714개의 홈런, 2,873개의 안타로 통산타율 3할 4푼 2리를 기록했습니다. 그리고 월드시리즈에 10차례 출전하여 41경기를 치르는 동안 3할 2푼 6리의 타율과 15개의 홈런을 기록했습니다. 특히 1928년 월드시리즈에서는 4경기에 출전하여 6할 2푼 5리의 기록적인 타율을 세우기도 했습니다. 더구나 그가 세운 메이저 리그 통산 714개의 홈런 기록은 1974년에 행크 아론에 의해 깨지기 전까지 최고의 기록이었습니다.

1895년 메릴랜드 주 볼티모어에서 태어난 그의 본명은 조지 허먼 루스(George Herman Ruth)였습니다. 그의 부모는 부두에서 노동자들을 상대로 술집을 경영하며 어렵게 살았습니다. 베이브 루스가 13세 되던 해 어머니가 죽자, 술에 취해 살던 아버지가 그를 세인트 메리 보육원에 보내버려 그는 고아나 다름없는 유년 시절을 보내야 했습니다. 하지만 보육원에서 평생의 은인인 마티아스 신부를 만나게 됩니다. 마티아스 신부는 루스가 야구에 천부적인 재능이 있음을 한눈에 알아보고, 그의 재능을 일깨워주었습니다. 그리고 마침내 1914년 19세에 프로야구 선수가 되었습니다.

팀 동료들은 그가 185cm의 키에 몸무게가 95kg이나 나가는 거구임에도 불구하고, 아기처럼 천진하고 순진해서 '베이브', 즉 어린아이라는 별명을 지어주었습니다. 베이브 루스의 또 다른 별명이었던 '밤비노' 역시 이탈리아 말로 '갓난아이'란 뜻입니다.

그래서인지 그는 아이들을 무척 좋아했습니다. 뉴욕 양키스 시절인 1932년 시카고 컵스와의 월드시리즈 3차전에서 베이브 루스는 병상에 누운 한 아이와의 약속을 지키기 위해 이른바 '예고 홈런'을 쳐냈습니다. 베이브 루스는 그 아이가 절망을 딛고 일어서길 바라는 마음에서 희망의 홈런을 쳤던 것입니다. 비단 병상의 한 아이만을 위해서가 아니라 대공황기에 절망의 늪에 빠져 허우적거리던 미국과 미국인 모두를 위해 714개의 희망의 홈런을 날렸던 것입니다. 공황기에 혜성같이 나타나 1920년대 전후 대공황시대에 사람들의 마음을 후련하게 해준 그의 홈런포는 말 그대로 희망의 홈런 바로 그것이었습니다.

그런데 베이브 루스는 714개의 홈런을 치기 위해 자그마치 1,330번이나 삼진 아웃을 당했다고 합니다. 많은 야구 전문가들은 이 기록을 깨기란 그가 홈런을 친 것만큼이나 어렵다고 입을 모을 정도입니다. 역설적으로 베이브 루스의 1,330번의 삼진 아웃은 그를 역사상 가장 위대한 야구선수로 만들었던 것입니다.

기록은 깨지기 위해 존재한다고 합니다. 베이브 루스의 714개 홈런 기록도 깨진 지 오래입니다. 하지만 그가 미국 대공황기에 날린 희망의 홈런은 빛을 바래지 않고 여전히 살아 있습니다.

한 마리 말이 퍼뜨린 '희망 바이러스'

10년 넘게 장기불황에 빠져 있던 일본 사회에 희망의 메시지를 던져준 말이 있습니다. 이 책에서 유일하게 사람이 아닌 말이 주인공인 '하루우라라(ハルウララ)'입니다.

하루우라라는 1996년 2월 27일에 태어난 사라브렛드종 암말입니다. 경마의 세계에서는 흔히 4세가 전성기라고 하니 나이로 봐서는 은퇴해야 할 그런 처지의 말입니다. 게다가 이 말은 1998년 11월에 데뷔한 이래 단 한 차례도 우승한 적이 없는 경주마입니다. 그것도 메이저리그에 해당하는 중앙경마도 아닌 마이너리그의 최하위 정도라고 할 수 있는 일본 도사(土佐)현의 고우치(高知) 경마장에서 120번 가까이 출전해서 말입니다.

그런데도 이 말이 일본에선 단연 화제이고 인기입니다. 경기가 있는 날이면 하루우라라가 달리는 것을 보려고 일본 각지에서 도사현 고우치 경마장으로 사람들이 몰려들어 자리를 꽉 메운다고 합니다. 언론의 관심도 적지 않습니다. 고우치 경마장을 찾은 사람들 손에는 어김없이 하루우라라의 스탬프가 찍힌 100엔짜리 단승식(單勝式) 마권이 쥐어져 있습니다. 물론 사람들이 그 마권을 사는 이유는 돈 좀 벌어보겠다는 생각과는 거리가 멉니다. 솔직히 하루우라라가 우승할 확률은 거의 없기 때문입니다. 하지만 하루우라라의 스탬프가 찍힌 마권은 희망의 바이러스가 묻은 마음의 부적 같은 것입니다. 삶이란 경주에서 수없이 져왔지만 그래도 끝내 이길 수 있다는 희망을 주는 그런 부적 말입니다. 결국 사람들은 늘상 지기만 하는 경주마 하루우라라를 통해 역설적으로 희망을 되찾고 있는 것입니다.

그런데 항상 지기만 하는 하루우라라를 통해 일본 사람들은 어떻게 희망을 발견했던 것일까요? 사실 하루우라라는 다른 말에 비해 몸집도 작고 나이도 들어 체력마저 떨어집니다. 하지만 경주에 임하면 반드시 한 번은 전력을 다해 치고 나갑니다. 그리고 지더라도 끝까지 포기하지 않고 정말 열심히 달립니다. 그런 하루우라라의 모습이, 열심히 살았지만 뭔가 잘 풀리지 않는 사람들의 마음을 움직인 것이죠. 결국 사람들은 하루우라라가 열심히 끝까지 달리는 모습을 통해 스스로 격려받고 위안받으며 거기서 새로운 희망을 발견했던 것입니다.

암에 걸린 채 시한부 인생을 사는 한 아주머니는 "승부야 어떻게 되든 열심히 달려주는 하루우라라의 뛰는 모습만으로도 격려가 되고 힘이 된다"고 고백합니다. 또 다니던 직장에서 밀려난 후 여러 직장을 찾아 문을 두드려봤지만 뜻대로 되지 않아 스스로 인생의 패배자라고 생각해왔던 실직 가장에게는 그래도 포기하지 않고 다시 살게 하는 희망 그 자체였습니다. 결국 저마다의 입장과 처지에서 사람들은 하루우라라가 뛰는 모습을 보고 거기서 자기만의 희망을 발견했던 것이죠.

이렇다 보니 하루우라라에 대한 일본 사람들의 관심과 애정은 도가 지나치다 싶을 정도로 대단합니다. 하루우라라의 캐릭터가 〈니혼게이자이〉 신문과 일본 최대의 광고회사 덴츠가 선정한 2004년 상반기 히트상품 7위에 랭크될 정도였습니다. 그리고 지난 2월에는 동물로서는 처음으로 고우치 지방 관광협회로부터 관광 공로자로 선정되어 부상으로 당근 200킬로그램을 받았다는 다소 코믹한 뉴스도 전해지더군요. 이 모두가 희망의 메신저 하루우라라에 대한 일본 사람들의 애정의 표시가 아닐까 싶습니다.

하루우라라는 비록 한 마리 말에 불과할지 모르지만 그가 던지고 퍼뜨린 희망의 바이러스는 장기불황의 늪에 빠졌던 일본을 구하는 데 한몫 단단히 했다고 해도 과언이 아닙니다. 매번 지기만 하지만 그래도 죽기 살기로 달려서, 무기력증에 빠졌던 일본 사람들에게 새로운 희망을 던져주었던 경주마 하루우라라. 그야말로 사람 못지않은, 아니 어떤 의미에선 그보다 더 나은 희망 바이러스 전도사였던 것입니다.

리더는 희망을 만드는 사람

미국의 16대 대통령 에이브러햄 링컨(Abraham Lincoln, 1809~1865)의 일생은 실패와 패배의 연속이었습니다. 그는 1809년 미국 켄터키 주 호젠빌에서 가난한 농민의 아들로 태어났습니다. 학교 교육은 거의 받지 못했지만 잡화점 경영, 측량기사, 우체국장 등 여러 직업을 거치면서 독학으로 법률 공부를 해 변호사가 되었습니다.

하지만 그 후 정계에 들어선 링컨은 23세 때 주의원 선거에서 패하고, 29세에는 주의회 대변인에 출마했지만 패했습니다. 31세 때 정·부통령 선거위원에 출마해 패하고, 34세 때 연방 하원의원 선거에 도전했지만 실패했습니다. 40세 때 연방 하원의원 선거에서 재선을 노렸지만 패했고, 45세 때 상원의원 선거에 도전했지만 실패했습니다. 그리고 47세 땐 부통령 지명전에 나섰다가 패했고, 49세 땐 상원의원 선거에서 또 패했습니다.

이처럼 링컨의 삶은 실패와 패배의 연속이었습니다. 그러나 그는 결코 좌절하지 않았습니다. 오히려 패배를 패배시키며 한 걸음 한 걸음 다시 나아갔습니다. 그가 그렇게 할 수 있었던 것은 결코 희망을 놓지 않는 사람이었기 때문입니다.

더구나 4세 때는 여동생이 죽었고, 9세 때는 어머니를 잃었으며, 생전에 두 아들을 먼저 저세상으로 떠나보내야 했습니다. 그렇지만 그는 그 어떤 상황에서도 원망하거나 절망하지 않았습니다. 그는 삶의 밝은 면을 보았습니다. 그는 진정한 희망의 리더였습니다.

리더 자신이 희망을 잃으면 주변에는 어느새 절망이 만연하게 됩니다. 그러므로 리더는 끊임없이 희망을 만드는 사람이어야 합니다.

링컨이 바로 그런 사람이었습니다. 링컨은 140여 년 전에 이미 저세상 사람이 되었지만 그는 아직도 우리 안에 살아 있습니다. 어떤 실패 앞에서도 굴하지 않고 다시 희망으로 나아갔던 그런 사람으로 말입니다.

나에겐 꿈이 있습니다

매년 1월 셋째 주 월요일을 미국인들은 독립기념일, 추수감사절, 크리스마스와 함께 매우 중요한 날로 기립니다. 바로 '마틴 루터 킹의 날(Martin Luther King Jr. Day)'이기 때문입니다. 한 인물의 탄생일을 국가기념일로 정한 예는 미국에서도 국부(國父) 조지 워싱턴을 제외하고는 유례가 없는 일입니다. 그만큼 흑인민권운동가 마틴 루터 킹(Martin Luther King Jr., 1929~1968) 목사의 존재감은 미국인들에게 실로 지대합니다.

1929년 미국 남부 조지아 주 애틀랜타에서 침례교회 목사의 장남으로 태어난 마틴 루터 킹은 19세 되던 1948년에 모어하우스 대학을 졸업함과 동시에 펜실베이니아 주 체스터의 크로저 신학교에 진학합니다. 그 후 다시 보스턴 대학 대학원에 진학해서 철학박사 학위를 받고, 1954년 앨라배마 주 몽고메리 시의 침례교회 목사로 부임합니다.

몽고메리 시 침례교회 목사로 재직하던 1955년 12월, 시내버스의 흑인 차별대우에 반대해 그는 5만여 명의 흑인 시민들과 함께 그 유명한 '몽고메리 버스 보이코트 투쟁'을 벌였습니다. 로저 파크스라

는 이름의 흑인 부인이 백인 남성에게 버스 좌석을 양보하지 않았다
는 이유로 체포되자, 킹 목사를 중심으로 몽고메리 시의 흑인들이
'흑백분리법' 철폐를 요구하는 시위를 벌인 사건입니다. 결국 1956
년 미 연방대법원은 앨라배마 주의 흑백분리법에 대해 위헌 결정을
내렸고, 이후 흑인민권운동의 불길은 애틀랜타 주, 조지아 주 등으로
더욱 확산되었습니다.

1963년 8월 28일, 그는 노예해방 100주년을 기념하는 평화행진에
참가해서 "나에겐 꿈이 있습니다(I have a dream)"라는 제목의 감동
적인 연설을 했습니다. 1863년 링컨의 노예해방이 있었지만 100년
이 지나도록 미국의 흑인들은 여전히 인종차별의 속박과 굴레를 벗
어나지 못하고 있음을 지적한 그는 100년 전 링컨의 노예해방선언을
'부도난 수표'에 비유하면서 그것을 지금 당장 현금으로 교환해줄 것
을 요구했습니다. 물론 그는 노예해방의 부도난 수표를 현금으로 바
꿔줄 '정의의 은행' 미국이 결코 파산하지 않았다고 믿었습니다.

그의 꿈은 미국을 부정하는 것이 아니었습니다. 그것은 오히려 아
메리칸 드림에 '깊게' 뿌리박은 것이었습니다. 미국 건설의 아버지
들이 독립선언서와 헌법에 각인했던 아메리칸 드림, 곧 '인간다운
삶'과 '자유', 그리고 '행복 추구'라는 양도할 수 없는 권리의 핵심
가치를 믿었습니다. 그 핵심가치를 바탕으로 "피부색이 아니라 인격
에 따라 평가받는 나라에서 살고 싶다"는 흑인들의 소박하지만 절실
한 꿈을 이야기했던 것입니다.

결국 그의 꿈은 피부색깔을 초월해서 국민들의 지지를 받았고 새
로운 미국을 형성하는 토대가 되었습니다. 골 깊은 갈등을 모두가

공감할 수 있는 꿈으로 승화시키는 것, 그것이 바로 진정한 리더십 아니겠습니까? 그래서 그는 오늘날 '영원한 리더의 표상'이 되었습니다.

1964년 그는 '제2의 노예해방선언'이라 할 '시민권 법령'의 입법화를 이끌어냈고, 그해 12월 35세라는 역사상 최연소 나이로 노벨평화상을 수상했습니다. 그 뒤에도 그의 민권투쟁은 계속됐고, 급기야는 베트남 반전운동으로까지 확산됐습니다. 하지만 1968년 4월 4일 그는 백인의 총탄에 쓰러지고 말았습니다. 마흔을 넘기지 못한 서른아홉 해 짧은 생애를 그렇게 마감했던 것입니다.

"나에겐 꿈이 있습니다"라고 웅변했던 마틴 루터 킹. "진정한 리더십은 지배가 아니라 영적 자극"이라고 강조했던 마틴 루터 킹. 그리고 "이 세상의 모든 것은 희망이 만든 것"이라고 굳게 믿었던 마틴 루터 킹.

결코 길지 않은 그의 생애를 통해 우리는 진정한 리더의 모습이 무엇인지를 다시 한번 확인하게 됩니다. 그것은 꿈을 만드는 것입니다. 그것은 핵심가치를 분명히 하는 것입니다. 그것은 비전을 창출하는 것입니다. 그것은 희망을 만드는 것입니다.

새클턴의 위기탈출 10계명

어네스트 새클턴 경(Sir Ernest H. Shackleton, 1874~1922)을 아십니까? 그는 영국 BBC 방송이 선정한, 지난 천년 동안의 최고 탐험가 10인 중 크리스토퍼 컬럼부스, 제임스 쿡, 닐 암스트롱, 마르코 폴로에 이어 5위에 랭크된 인물입니다.

그러나 우리가 그를 주목하는 이유는 그의 성공한 탐험이 아니라 그의 실패한 탐험 때문입니다. 1915년 1월, 새클턴과 27명의 대원들로 구성된 남극횡단 탐험대를 태운 인듀어런스 호가 웨들해의 부빙(浮氷)들 사이에 마치 아이스크림 위에 박힌 아몬드처럼 꼼짝없이 갇혀버리고 말았습니다. 그 후 10여 개월을 부빙 속에 갇혀 남극바다를 표류하다 결국 인듀어런스 호는 엄청난 파괴력으로 죄어오는 부빙들의 압력을 견디다 못해, '인내' 라는 뜻의 이름값을 다하지 못한 채 난파하고 맙니다.

새클턴과 27명의 대원들은 배에서 탈출해 부빙 위에 텐트를 치고 다시 5개월여를 버텨냈습니다. 그 와중에 그들은 79일 동안 해가 없는 남극의 겨울 혹한을 견뎌냈고 식량이 바닥나 물개기름으로 연명했습니다.

하지만 그들은 결코 포기하지 않았습니다. 세 척의 작은 보트에 텐트를 찢어 돛을 달아 또다시 차디 찬 남극바다에 배를 띄웠습니다. 추위, 배고픔, 향수, 그리고 무엇보다도 '절망' 과의 처절한 싸움을 벌인 끝에 결국 그들은 영국을 떠난 지 755일 만에 모두 살아서 돌아왔습니다. 과연 그들은 어떻게 살아 돌아올 수 있었을까요?

미 해군사관학교 출신의 심리학 박사이자 리더십 전문가인 데니스 퍼킨스는 새클턴과 그의 대원들의 위기탈출 스토리를 위기상황에서의 '리더십'과 '팀워크'라는 측면에서 살펴본 후 새클턴의 '위기탈출 10계명'을 다음과 같이 정리했습니다.

1. 궁극적인 목표를 잊지 마라

위기상황일수록 방향과 목표가 분명해야 합니다.

2. 리더가 솔선수범하라

어려운 때일수록 리더는 입이 아니라 행동으로 말해야 합니다.

3. 낙관과 자기 확신을 가져라

위기상황일수록 가장 먼저 차단해야 할 것은 바로 '비관의 바이러스'입니다. 그리고 그 비관의 바이러스를 차단하는 최선의 무기는 리더가 먼저 '낙관의 바이러스'를 퍼뜨리는 것입니다.

4. 자책하지 말고 스스로를 돌봐라

컵을 깨뜨려 물을 엎질러놓은 것에만 연연할 것이 아니라 깨진 컵에 다치지 않았는지를 살펴봐야 되지 않을까요?

5. 팀 메시지를 강화하라

한마음, 한뜻으로 위기를 돌파해낼 짧지만 강력한 한마디의 팀 메시지를 만들어 전파해야 합니다. "할 수 있다"라는 전통적인 경구부터 "절망하지 않는 한 우리는 산다"에 이르기까지 조직의 상황과 성격에 걸맞는 팀 메시지를 강화해야 합니다.

6. 서로를 존중하라

어려울 때일수록 서로를 존중하는 분위기가 살아나야 너도 살고 나도 살며 조직도 삽니다.

7. 불필요한 힘겨루기를 삼가라

위기상황 아래서 힘겨루기를 하는 것은 결국 다같이 죽자는 이야기입니다. 조직 내의 힘겨루기를 하더라도 일단 살고 나서 해야 합니다.

8. 함께 웃을 일을 찾아라

사소한 것에서부터 함께 웃을 수 있는 일들을 찾아내는 것은 힘든 위기상황을 이겨내는 데 정말 긴요합니다.

9. 적극적으로 시도하라

위기상황이라고 해서 무조건 움츠러들면 더 큰 위기를 맞게 됩니다. 오히려 도전적으로 시도할 것들을 적극적으로 찾아내야 위기탈출과 극복이 가능해집니다.

10. 절대 포기하지 마라

이것이 가장 중요합니다. 포기하지 않는 한 기회는 옵니다. 포기하지 않는 한 미래는 열려 있습니다. 위기탈출과 극복은 결국 '포기하고 싶은 마음과 싸우는 일'입니다.

어네스트 새클턴 경은 바로 그 포기하고 싶은 마음과 지독하게 싸운 끝에 극한의 위기상황 속에서 단 한 명의 대원도 잃지 않고 함께 살아 돌아왔습니다. 그는 위기의 시대를 살고 있는 우리에게 그 자신의 경험에 바탕한, 단순하지만 가장 강력한 메시지를 전해주고 있습니다. "절망하지 않는 한 우리는 살 수 있다."

3

세상을 사랑으로 숨쉬게 하라

마더 테레사

펄 벅

오드리 헵번

안젤리나 졸리

리자청

폴 마이어

유일한

다이애나

에바 페론

마거릿 대처

로널드 레이건

존 템플턴

안중근

헬렌 니어링

스코트 니어링

줄리아 버터플라이 힐

한용철

당신의 이름은 사랑입니다

그래도 베풀어라

세상에서 가장 아름다운 영어단어가 무엇인지 아십니까? 다름 아닌 '마더(mother)' 입니다. 가난한 자들의 어머니였던 마더 테레사 (Mother Teresa, 1910~1997), 비록 그녀는 작은 키에 주름투성이 손과 앙상한 얼굴을 가졌지만, 그 누구보다도 아름다운 사람이었습니다. 생전에는 가난하고 병든 사람들의 어머니였고, 사후에는 이기심 가득한 세상 모두를 감싸안은 진정한 어머니의 이름 그 자체였습니다.

마더 테레사는 1910년 구 유고슬라비아의 마케도니아 스코프예에서 태어났습니다. 마더 테레사의 어릴 적 이름은 아그네스 곤자였습니다. 알바니아인 부모 아래에서 그녀는 비교적 풍족한 생활을 누리며 알바니아어 외에도 크로아티아어, 터키어, 이탈리어어, 프랑스어를 구사할 줄 알았습니다.

1928년 그녀가 18세 때, 아일랜드에 본부를 두었던 로레토 수도회에 들어가 그곳에서 영어와 수도회의 회헌 및 규칙을 배운 후, 그해 12월 선교에 헌신하기로 작정하고 자청해서 인도 벵갈 지방으로 갔습니다. 21세였던 1931년 2년간의 수련생활 끝에 첫 서원을 하고 수녀가 되었습니다. 그리고 27세 때인 1937년에 종신서원을 합니다.

그녀는 로레토 수도회가 운영하는 성 마리아 학교에서 십 수년간 지리와 역사 그리고 가톨릭 교리를 가르쳤고, 34세 때인 1944년 성 마리아 학교의 교장이 되었습니다. 하지만 그 즈음 인도 벵갈 지방에는 극심한 기근에 전쟁까지 겹쳐 한마디로 아비규환이었습니다. 게다가 1946년 인도와 파키스탄이 분리 독립하면서 힌두교도와 이슬람교도 사이에 유혈충돌 사태까지 일어났습니다. 그래서 벵갈 주의 수도였던 캘커타의 거리에는 고아와 난민, 병자들로 넘쳐났습니다.

마더 테레사는 더 이상 수도원의 담장 안에 편안히 머물 수 없었습니다. 마침내 "가난한 사람들 가운데 가장 가난한 사람들 속으로 들어가라"는 하나님의 부르심을 받고 로레토 수도회를 나와 아예 인도 국적으로 귀화하고서 캘커타 빈민가에 둥지를 틀었습니다. 그리고 40세가 되던 1950년에는 '사랑의 선교회'를 설립해 빈민, 고아, 나병환자, 죽어가는 사람들을 구제하는 일에 적극 나섭니다.

당시 캘커타 거리에는 객사한 시신이 쥐와 개미에게 갉아먹히는 끔찍한 광경이 곳곳에서 벌어졌습니다. 그래서 먼저 마더 테레사는 비참하게 죽어가는 사람들을 구제해서, 죽더라도 보다 인간답게 생을 마감할 수 있도록 '죽어가는 사람들의 집'을 열었습니다.

그 후 그녀는 세상의 버림받은 아이들, 쓰레기더미에 버려진 아이들, 아무도 돌봐주지 않는 장애아들을 위한 집을 마련했습니다. 아울러 '사랑의 선물'이란 뜻을 가진 '프렘 단'이란 이름의 장기요양소와 무료급식소도 열었습니다. 그녀는 자신을 하나님의 손에 쥐어진 몽당연필이라고 여기며 겸손하게 전적인 헌신을 다했습니다.

그래서일까요? 아마도 그녀는 세상에서 가장 많은 상을 받은 사람 중의 한 명일 것입니다. 1979년 노벨평화상을 수상한 것을 비롯해서 막사사이상, 요한23세 평화상, 착한 사마리아상, 조셉 케네디 2세 국제상, 템플턴상, 알버트 슈바이처상, 영국 여왕이 주는 대영제국훈장 등 각종 단체와 나라로부터 수많은 상을 받았습니다. 하지만 그 어떤 상도 마더 테레사의 섬기는 삶의 숭고한 가치를 대신할 수 없을 것입니다.

1997년 마더 테레사는 87세를 일기로 세상을 떠났습니다. 그녀의 장례식은 마하트마 간디를 운구했던 바로 그 포가(砲架)에 실려 인도 국장(國葬)으로 치러졌습니다. 하지만 그녀의 서거를 슬퍼한 것은 인도만이 아니었습니다. 미국 상원은 그녀의 장례일을 국가추도일로 선포했고 전 세계가 그녀의 죽음을 애도했습니다.

여기 마더 테레사가 남긴 메시지가 있습니다. "(중략) 당신이 선한 일을 하면 이기적인 동기에서 하는 거라고 비난받을 것이다. 그래도 좋은 일을 하라. 당신이 정직하고 솔직하면 상처를 받을 것이다. 그래도 정직하고 솔직하라. 당신이 여러 해 동안 만든 것이 하룻밤에 무너질지 모른다. 그래도 만들라. 사람들은 도움이 필요하면서도 도와주면 공격할지 모른다. 그래도 도와줘라. 세상에서 가장 좋은 것을 주면 당신은 발길로 차일 것이다. 그래도 가진 것 중에서 가장 좋은 것을 줘라."

그녀는 쓰다 남는 것을 남에게 주지 말라고 말했습니다. 그것은 동정이지 베풂이 아니기 때문입니다. 진정한 베풂은 진정한 섬김입니다. 거기에는 자기 희생이 있어야 합니다. 마더 테레사는 자기 희생에 바탕한 서번트(servant) 리더십의 절정입니다.

평생 옷 두 벌과 성경책 한 권이 가진 것의 전부였던 마더 테레사. 하나님의 작은 몽당연필일 뿐이라며 스스로를 한없이 낮추었던 마더 테레사. 그녀로 말미암아 사랑의 결핍으로 질식할 것 같던 지구는 다시 숨을 쉬게 되었던 것입니다.

타인의 아픔마저 끌어안아라

지구 전체에 사랑의 숨결을 불어넣은 마더 테레사와 더불어, 전쟁 고아와 혼혈아동 그리고 정신지체아들이 결코 잊을 수 없는 마음의 어머니가 있습니다. 소설 『대지』의 저자이자 미국 여성 최초로 노벨상을 수상한 펄 벅(Pearl S. Buck, 1892~1973)입니다.

펄 벅은 한국과도 연인이 아주 깊습니다. 그녀가 입양했던 7명의 아이들 중 대부분이 한국계였고 "내가 가장 사랑한 나라는 미국에 이어 한국"이라며 한국에 대한 깊은 애정을 자신의 유서를 통해 밝힐 정도였습니다.

또한 1963년에는 한국을 배경으로 한 소설 『살아 있는 갈대』를 출간하기도 했습니다. 〈뉴욕타임스〉가 "펄 벅이 한국에 보내는 애정의 선물이며 『대지』 이후 최대의 걸작"이라며 찬사를 아끼지 않았던 이 소설은 1882년 미국과 한국이 최초의 조약을 맺은 때부터 일본의 한

반도 점령이 종식되는 2차 세계대전 말까지 60여 년 동안 한 가족의 4대에 걸친 이야기를 담고 있습니다. 이 소설을 집필할 당시 그녀는 부천 심곡동에 혼혈아동을 위한 소사희망원을 열었습니다. 그리고 이곳에서 2,000여 명의 전쟁고아와 혼혈아동을 보살폈습니다.

그녀는 한국전쟁을 계기로 버려진 아이들을 돕기 위한 여러 기구들도 설립해 운영했습니다. 1950년에 설립한 웰컴하우스, 1964년에 세운 펄벅 재단이 이런 활동의 산물이었습니다. 후에 '펄벅 인터내셔널'로 개편된 펄벅 재단은 한국뿐만 아니라 아시아 10여 개 나라에서 미국인과 동양인 사이에서 태어난 혼혈아 2만 5,000여 명에게 의료혜택과 교육기회를 제공했습니다.

또한 자신이 직접 나서서 7명의 아이들을 입양해 길렀습니다. 물론 그 배경에는 그녀 자신의 개인적인 고통의 흔적이 담겨 있습니다. 1920년에 태어난 딸 캐럴이 대사장애 유전병인 페닐케톤뇨증을 앓고 있었기 때문입니다.

그녀는 평생 심한 정신지체를 안고 살아야 하는 캐럴의 모습을 힘겹게 지켜봐야 했습니다. 하지만 그녀는 오히려 정신지체자인 딸로 인해 다른 사람의 아픔도 진정으로 공감하고 껴안는 겸손함을 배웠습니다. 그 겸손함이 단지 딸의 장애를 끌어안는 것을 넘어서서 더 큰 사랑으로 더 많은 장애아들과 전쟁고아 그리고 혼혈아들을 끌어안을 수 있게 했던 것입니다.

그녀가 남긴 박애주의 정신과 실천적 인도주의의 유산은 그녀 사후에도 여전히, 더욱 발전된 형태로 계속되고 있습니다.

펄벅 인터내셔널 한국지부의 경우, 1960년대에 설립되어 한국전쟁 당시 미국인 남성과 한국인 여성 사이에 태어난 혼혈아동과 모자가정을 지원하기 시작했습니다. 그 후 시대의 변화를 반영해 1999년 이후에는 아시아 근로자와 한국인 사이에 태어난 혼혈아동과 베트남에 파견되었던 한국 군인과 베트남 여성 사이에 태어난 혼혈인에 이르기까지 그 지원범위를 확대해나가고 있습니다.

언젠가 조지 부시 미국 대통령의 부인 로라 부시는 펄 벅의 전기를 읽고 나서 "내 평생 단 한 권의 책"이라고 말할 정도로 깊은 감동을 받았다고 합니다. 그만큼 펄 벅의 팔십 생애는 진한 감동 그 자체라고 말하지 않을 수 없습니다.

지금도 진한 감동으로 다가오는 『대지』의 작가 펄 벅. 전쟁고아와 혼혈아동 그리고 정신지체아들의 결코 잊을 수 없는 마음의 어머니 펄 벅. 자신의 아픔을 넘어 타인의 아픔마저 더 크게 끌어안았던 그녀가 있었기에 세상의 깊은 주름이 조금은 펴질 수 있지 않았을까요?

결코 누구도 버려서는 안 된다

언젠가 BBC방송이 미용 및 패션 전문가들과 사진작가들의 추천을 받아 선정한 세계 최고의 자연미인은 영화 〈로마의 휴일〉의 주인공 오드리 헵번(Audrey Hepburn, 1929~1993)이었습니다.

〈로마의 휴일〉에서는 신문기자와 함께 로마 시내를 맘껏 돌아다니던 순진한 공주, 〈티파니에서 아침을〉에서는 허황된 꿈을 좇는 고독한 여인, 〈마이 페어 레이디〉에서는 사투리와 촌티가 물씬 풍기는 꽃 파는 처녀로 관객들을 사로잡았던 오드리 헵번. 그녀는 커다란 눈

망울과 매혹적인 청순미로 온 세계 팬들의 사랑을 독차지했던 스크린의 요정 그 자체였습니다. 게다가 그녀는 1964년 〈마이 페어 레이디〉로 사상 처음 개런티 백만 달러 스타가 되는 호사도 누렸습니다.

하지만 우리가 정말 아름다운 오드리 헵번을 만난 것은 〈로마의 휴일〉에서와 같은 영화 속이 아니라 전쟁과 기아로 얼룩진 아프리카의 척박한 오지에서였습니다. 그녀는 1989년부터 세계아동기구(UNISEF) 친선대사로 활약하면서 수단, 에티오피아, 소말리아 등지에서 헐벗고 굶주린 어린이들의 구호에 앞장섰습니다. 그리고 자신의 인생 후반부를 기아에 허덕이는 아프리카 어린이들을 돕는 데 아낌없이 바쳤습니다.

나이가 들어감에 따라 젊은 날의 청초함은 눈가의 깊은 주름으로 변해갔지만, 아프리카의 피골이 상접한 아이들을 끌어안고 있는 그녀의 모습에는 진정으로 고결한 아름다움이 스며 있었습니다. 우리가 그녀를 더욱 사랑하고 존경할 수밖에 없는 것은 그녀가 그럴싸하게 포장된 일회용 이벤트로서가 아니라 정직하고 순수하게 그리고 생의 마지막까지 아프리카의 버림받은 아이들을 감싸안았기 때문입니다. 하지만 안타깝게도 1993년 1월 20일 오드리 헵번은 직장암으로 64세의 생을 마감했습니다. 너무나 아름다운 사람에게 너무나 빨리 찾아온 죽음이 아닐 수 없었습니다. 그녀는 다음과 같은 시구로 자신의 유언을 대신했습니다.

"아름다운 입술을 갖고 싶으면 친절한 말을 하라. 사랑스런 눈을 갖고 싶으면 사람들의 좋은 점만 보아라. 날씬한 몸매를 갖고 싶거든 너의 음식을 배고픈 사람과 나누어라. 아름다운 머리결을 갖고 싶으면 버림받은 어린아이가 그의 손가락으로 너의 머리를 쓰다듬게 하라. 정녕 아름다운 자태를 갖고 싶다면 너 자신이 결코 홀로 걷고 있지 않음을 명심하며 어려운 이들과 함께 걸어라. 사람들은 상처로부터 회복되어야 하고, 옛 것으로부터 새로워져야 하며, 병으로부터 회복되어야 하고, 무지함으로부터 교화되어야 하며, 고통으로부터 구원받아야 한다. 결코 누구도 버려서는 안 된다. 기억하라, 만약 네가 누군가를 도울 손이 필요하다면 너의 팔 끝에 있는 손을 쓰면 된다는 것을. 그리고 더 나이가 들면 새삼 발견하게 될 것이다. 너의 손이 두 개인 까닭을. 한 손은 너 자신을 스스로 돕는 손이고 다른 한 손은 다른 사람을 위해 돕는 손이라는 사실을 말이다."

우리에게 보살핌과 나눔의 의미를 잔잔한 감동으로 일깨워주었던 오드리 헵번. 그녀는 그래서 더욱 아름다웠던 것입니다.

사는 방식 때문에 아름다운 사람

아름다운 자신의 외모처럼 아름다운 길을 걷고 있는 또 한 명의 여배우가 있습니다. 할리우드의 스타 안젤리나 졸리(Angelina Jolie, 1975~)입니다.

영화 〈툼 레이더〉의 매혹적인 여전사로 우리에게 더 잘 알려진 안젤리나 졸리. 세계 27개 국 1,500만 명의 남자들을 대상으로 한 설문조사에서 세계에서 가장 섹시한 여성으로 뽑히기도 했습니다.

안젤리나 졸리는 1999년 〈지아〉로 골든글로브 여우주연상을 그리고 2000년에는 〈처음 만나는 자유〉로 아카데미상 여우조연상을 거머쥐며 할리우드의 확실한 차세대 리더로 부각되었습니다. 그 후에도 〈본 콜렉터〉, 〈툼 레이더〉, 〈알렉산더〉 등에서 빼어난 캐릭터와 매혹적인 글래머의 이미지를 번갈아 보여준 안젤리나 졸리는 우리 시대의 탁월한 여배우로 자리를 굳혔습니다.

그런 그녀가 얼마 전 워싱턴에 있는 내셔널 프레스클럽에서 탈북자를 포함한 세계난민문제에 대해 적극적인 관심을 환기시키는 기자회견을 열었습니다. 콜린 파월 전 미국무장관, 아일랜드의 록 가수 보노 등과 함께 국제난민지원운동을 펼쳐온 그녀가 가까운 시일 안에 중국 등지를 방문해 재중 탈북자 문제에까지 관심을 넓히겠다고 밝혀 더욱 화제가 되었습니다.

이러한 국제난민지원운동은 결코 화제성의 일회적인 것이 아닙니다. 안젤리나 졸리는 지난 2001년 〈툼 레이더〉 촬영을 위해 캄보디아를 방문하면서 내전을 겪고 있는 난민들의 참상을 직접 목격하곤 이를 계기로 국제난민문제에 대해 관심을 갖기 시작했습니다.

지뢰에 손발이 잘린 가난하고 힘없는 난민들의 모습을 보면서 자신도 고통스러워했고, 그 후 난민들에 관한 책과 잡지를 모아 스스로 공부하며 그들을 도울 방법을 모색했습니다. 그리고 유엔난민고등판무관실(UNHCR)을 찾아가 자원봉사활동에 나섰습니다.

그녀는 요즘도 바쁜 영화 촬영 일정 틈틈이 전 세계 난민밀집지역을 직접 방문해 주로 어린이 난민지원활동에 혼신의 힘을 쏟고 있습니다. 국제난민지원운동을 활성화하기 위해 『안젤리나 졸리, 나의 여행노트 : 아프리카, 캄보디아, 파키스탄, 에콰도르의 난민 방문』이라는 책을 출판하기도 했습니다. 그리고 자원해서 캄보디아의 난민

고아를 자신의 아들로 입양해 키우고 있습니다.

그녀가 세계 각지의 난민촌을 방문할 때면 가급적 입양한 아들 매덕스와 함께 간다고 합니다. 다섯 살 된 아들 매덕스는 아프리카에서 동생을 데려오자고 졸랐답니다. 그녀는 최근 아프리카에서 또 한 명의 아이를 입양했습니다. 이런 안젤리나 졸리를 보노라면 그녀야말로 말이 아니라 행동으로 실천하는 정말 매혹적인 수호천사라는 생각이 들더군요.

그동안 난민지원을 위해 유엔난민고등판무관실 등에 기부한 돈도 적잖습니다. 한 집계에 따르면 300만 달러가 넘는다고 합니다. 게다가 내셔널 프레스클럽에서의 기자회견을 통해 어린이 난민과 이민자 지원법률기구 설립을 위해 새로 50만 달러를 기부하겠다고 밝혔습니다.

사람이 아름다운 것은 그 사람의 외모나 마음만이 아니라 그 사람의 사는 방식이 아름다운 것입니다. 안젤리나 졸리는 그 사는 방식 때문에 더욱 아름다운 사람임에 틀림없습니다.

안젤리나 졸리, 세계에서 가장 섹시한 여성으로 공인된 사람. 하지만 그녀를 보노라면 섹시함 그 이상의 열정과 그것을 지탱하는 자신만의 신념 같은 매력을 더 강하게 느끼게 됩니다. 외모만 눈부시게 아름다운 것이 아니라 현명하고 사려 깊게 자신의 신념에 대한 열정과 따뜻한 사랑의 온정으로 가득 찬 여성 안젤리나 졸리.

전 세계의 가난한 난민들의 수호천사로 나선 그녀야말로 이 광포한 시대에 아직도 우리로 하여금 살맛나게 하는 진정한 매력의 원천입니다.

삶은 나눌 때 더 커진다

돈을 알고 쓸 줄도 아는 사람

아시아의 최고 갑부로 꼽히는 홍콩 창장(長江) 그룹의 리자청(李嘉誠, 1928~) 회장이 어느 날 골프장에 도착해 차에서 내리다가 1홍콩달러짜리 동전을 떨어뜨렸습니다. 리자청은 그 동전을 줍기 위해 허리를 굽혀 차 밑에 손을 넣어보았지만 손이 닿지 않아 동전을 꺼낼 수 없었습니다. 그때 옆에 있던 종업원이 차 밑으로 들어가다시피해 간신히 동전을 꺼내주었습니다. 그러자 그 종업원에게 답례로 200홍콩달러를 주었다고 합니다. 그러면서 "내 돈이라면 단 1달러를 떨어뜨려도 반드시 줍는다. 하지만 내 돈이 아니라면 누군가 1천 달러를 내 집 앞에 놔둬도 절대로 손대지 않는다"고 말했다고 합니다. 이것이 바로 그 유명한 '1달러의 철학'입니다. 그만큼 리자청은 돈에 대해 철저합니다.

또 언젠가 그는 홀로서기를 결심한 아들에게 이런 말을 했습니다.

"이익의 10%를 가져가는 것이 남이 봐도 공정하고 11%를 가져가는 것도 가능하다면, 너는 오히려 9%만 갖도록 해라. 그러면 돈이 그치지 않고 너에게 올 것이다." 그래서일까요? "홍콩 사람이 1홍콩달러를 쓰면, 그 중 절반은 리자청의 호주머니에 들어간다"는 말이 있을 정도로 그는 홍콩 아니 아시아 최고의 갑부가 되었습니다.

리자청은 잠자기 전 30분 동안은 반드시 새 책을 분야를 막론하고 전방위로 읽는다고 합니다. 그래야 늘 새로운 지식을 얻고 남보다 먼저 최신 흐름을 꿰뚫을 수 있기 때문입니다. 또한 자신의 손목시계를 항상 10분 앞당겨 맞춰놓습니다. 아시아 최고의 갑부로 꼽히는 지금도 "일찍 도착해야 일을 그르치지 않는다"는 생활철학을 고수하고 있습니다. 남보다 먼저 내다보고 남보다 먼저 그 자리에 가 있는다는 것, 어쩌면 이것이 그의 진짜 성공비결이 아닐까 싶습니다.

그는 "지식이 운명을 바꾼다"는 신념 아래 10억 홍콩달러, 우리 돈으로 약 1,283억 원에 달하는 거금을 홍콩 대학에 기부했습니다. 지난 1984년에는 자기 고향 근처에 산터우 대학을 설립해 중국 남부의 명문 대학으로 키워낸 바 있습니다. 그리고 미국 캘리포니아 주 버클리 대학 생물의학 및 건강과학연구소를 비롯한 전 세계 의료 관련 대학과 연구소에 지금까지 약 2,200억 원에 달하는 연구자금을 지원해왔습니다. 자기 돈에 대해서는 단돈 1달러도 가볍게 여기지 않지만 나눔과 기부에서는 아낌없는 큰손인 것입니다.

단돈 1달러도 아끼지만 이익을 취할 때는 자기 것에서 하나를 뺄 줄 아는 리자청 회장. 자기는 30년 동안 차를 바꾸지 않으면서도 공공을 위해 기부할 때는 아낌없이 쾌척할 줄 아는 리자청 회장. 그야말로 진짜 돈을 알고 또 쓸 줄도 아는 진짜 부자라 할 수 있겠지요.

무엇을 남길 것인가

"당신의 자녀에게 무엇을 남길 것인가?"라는 물음은 우리 모두 결코 피해갈 수 없는 물음입니다. 언젠가 가수 나훈아가 한 일간지와의 인터뷰 중에 이런 이야기를 한 적이 있었습니다. "자식에게 공부는 시켜달라는 대로 시켜주겠지만 유산만큼은 한푼도 물려주지 않겠다." 자식에게 유산을 남기면 100원 주면 100원만큼, 1억 주면 1억만큼 자식을 망친다는 것이었습니다. 가슴에 와닿는 이야기가 아닐 수 없습니다.

유산을 상속받아서 잘 관리하고 더 잘 번창시키는 경우도 있지만, 대개는 유산 때문에 형제들 간에 싸움이 나거나 유산을 받은 사람을 망쳐버리는 경우도 종종 있습니다. 하지만 그렇다고 해서 자식에게 한푼도 남겨주지 않는다는 것이 실상은 더 쉽지 않을 듯싶습니다. 애써 모은 재산을 자기 피붙이가 제대로 지켜주고 더 발전시켜주었으면 하는 마음이 우리네 전통적인 풍토이자 인지상정일 테니 말이죠.

그러나 어디 자식이 맘처럼 됩니까? 마찬가지로 자식에게 물려진 유산이 자식에게 도움되기는커녕 오히려 화가 되는 경우도 종종 있지 않습니까? 이처럼 유산상속의 문제는 먼 미래의 일이 아니라 이미 다가왔거나 곧 다가올 일이기에 미리미리 그 원칙과 방법을 정해놓지 않으면 불화의 불씨가 되기도 합니다. 그래서 뭔가를 가졌다는 것 자체가 이래저래 고민이 아닐 수 없습니다.

'베풂의 기술(Art of Giving)'로 잘 알려진 성공동기부여가 폴 마이어(Paul J. Meyer)는 "목표 설정을 통해 성공에 이른다"는 평범한 원리를 보험 세일즈 분야에 적용해서 27세에 백만장자가 된 인물입니다. 그 후 교육 · 컴퓨터소프트웨어 · 금융 · 부동산 · 인쇄 · 제조 · 항공 등 40여 개가 넘는 회사를 운영해왔습니다. 또 전 세계적으로 그의 저작물과 기록물 판매액만 총 20억 달러가 넘는다고 합니다. 하지만 그는 수익의 50%를 기부한다는 원칙을 평생 지켜온 유별난 인물이기도 합니다.

그가 제안하는 유산상속의 제1원칙은 "모두 물려주지는 말라"는 것입니다. 1877년에 미국 역사상 최고의 유산을 남긴 것으로 유명한 코넬리우스 반더빌트의 유산은 몇 세대를 거치며 체계적으로 낭비된 끝에 모두 바람같이 사라지고 말았다고 합니다. 모두 물려주는 것은 결국 모두 망하게 만든다는 것입니다. 그래서 폴 마이어는 앤드류 카네기 식의 유산 관리방법을 권합니다. 앤드류 카네기는 1901년 당시 2억 5,000만 달러에 이르는 사업자금을 청산하고 남은 돈과 자신에게 해마다 배당되는 1,250만 달러를 여러 개의 영구신탁기금으로 만들었습니다. 그리고 이것을 교육, 과학연구, 국제평화 등 다양한 분야의 활동지원기금으로 쓰도록 조치를 했습니다. 카네기 식 유산 관리방법은 그 후 대부분의 기업가들의 유산 관리에 있어서 하나의 모범이 되어왔습니다.

하지만 이러한 카네기 식 방법도 최근에 와서는 조세 회피와 부의 변칙 상속이란 비판을 받기에 이르렀습니다. 이에 폴 마이어는 최근 자신의 저서 『성공을 유산으로 남기는 법』에서 다시 한번 우리에게 올바른 유산 상속의 방향을 제시해주고 있습니다. 그는 성공을 유산으로 남기기 위해서는 긍정적인 태도, 감사하는 자세, 정직과 용서, 낙관과 웃음이 바탕에 깔려 있어야 한다고 강조합니다. 그리고 무엇보다도 "나는 어떻게 기억되고 싶은가?"라는 질문에 대한 대답이 바로 가장 소중한 유산이 될 것이라고 말합니다.

태평양의 창업자인 고(故) 서성환 회장의 유족들이 고인의 유지를 받들어 고인이 남긴 태평양 주식 7만 4,000주와 해당 주식에 대한 2002년도 이익배당금 전액 등 총 50억 원을 태평양복지재단이 아닌 본인과 직접 관계없는 사회봉사재단에 전액 기부해 화제를 모은 바 있습니다.

서성환 회장은 나름대로 "나는 어떻게 기억되고 싶은가?"에 대한 답을 했다고 보여집니다. 단지 화장품회사의 회장으로서가 아니라 그래도 이 세상을 열심히 쉬지 않고 달려왔고 마침내 '성공을 유산으로 남기는 법'을 몸소 실천한 인물로 기억될 것이기 때문입니다.

버는 것도 중요합니다. 그러나 번 것을 어떻게 쓰고 나눌 것인가 하는 것은 더 중요합니다. 버는 것은 '상품'의 소관이지만 나누는 것은 '인품'의 소관이기 때문입니다.

삶의 마무리가 중요하다

유일한(柳一韓, 1895~1971) 박사는 번 것을 어떻게 쓰고 나눌 것인가에 대한 깨달음을 주는 기업인입니다.

유일한 박사는 1971년 3월 11일 76세를 일기로 세상을 떴습니다. 그리고 그해 4월 4일 오전 유한양행 사장실에서 유일한 박사의 유언장이 개봉되었습니다. 그 자리에는 회사대표로 조권순 사장과 김학수 부사장, 그리고 가족대표로 유재라와 유순한, 그리고 공증인으로 고인의 친구인 법학자 이종극이 입회하였습니다. 4월 8일에 일반에게 공개된 유언장의 내용은 다음과 같습니다.

아들 유일선에게는 "대학까지 졸업시켰으니 앞으로는 자립해서 살아가거라"는 말만 남겨놓았습니다. 다만 당시 7세였던 손녀 유일링에게는 대학을 졸업할 때까지 학자금으로 1만 달러를 준다고 밝혔습니다. 딸 유재라에게는 유한공고 안에 있는 묘소와 주변 땅 5,000평을 물려준다고 했습니다. 그러면서 그 땅을 유한동산으로 꾸며달라고 당부하며 동산에는 결코 울타리를 치지 말고 유한중·고교 학생들이 마음대로 드나들게 해 학생들의 티 없이 맑은 정신에 깃든 젊은 기운을 지하에서나마 더불어 느끼게 해달라고 했습니다. 그리고 평생을 함께한 아내 호미리 여사에게는 딸 재라가 그 노후를 잘 돌봐주기 바란다고만 했을 뿐, 재산을 물려준다는 말이 없었습니다.

어찌 보면 참으로 박정하다 싶을 정도의 유언장이 아닐 수 없습니다. 하지만 아무도 이의가 없었습니다. 그리고 유일한 자신이 소유한 주식 14만 941주는 고인의 뜻에 따라 전부 '한국 사회 및 교육 원조 신탁기금'에 기증토록 했습니다. 생전에 이미 이 신탁기금에 9만 6,000여 주를 기증한 바 있었기에 이것이 나중에 유한재단의 밑거름이 되었습니다.

일제의 압제 하에 가난과 질병으로 신음하는 동포들을 위해 "건강한 국민, 병들지 않은 국민만이 주권을 누릴 수 있다"는 신념으로 민족기업 유한양행을 창립한 유일한은 수입의약품에 못지않은 질 좋은 약품을 생산하였습니다. 그의 기업이념은 분명했습니다. "정성껏 좋은 상품을 만들어 국가와 동포에 봉사하고, 정직·성실하고 양심적인 인재를 양성·배출하며, 기업을 키워 일자리를 만들고, 정직하게 납세하며, 남는 것은 기업을 키워준 사회에 환원한다"는 것이었습니다.

그는 1954년부터 본격적인 교육사업을 시작했는데, 자신의 사재를 털어 고려공과기술학원을 세우고, 이후 한국직업학원, 유한공고, 유한전문대학을 설립하는 등 교육사업에 심혈을 기울였습니다. 아울러 그의 딸 유재라도 아버지의 뜻을 이어받아 1991년 미국에서 숨을 거두면서 자신의 전 재산을 공익재단인 유한재단에 기부했습니다. 이로써 2대에 걸쳐 전 재산을 사회에 환원한 신화가 만들어졌습니다. 하지만 유일한의 위대함은 단지 재산의 사회환원에만 있는 것이 아닙니다. 그의 시대를 뛰어넘는 진정한 위대함은 삶을 어떻게 마무리할 것인가에 대한 모범을 보여주었다는 점입니다. 삶을 어떻게 사느냐도 중요하지만 어떻게 마무리하느냐는 더 중요한 것입니다.

그는 자신의 모든 것을 아낌없이 나누고 환원하며 스스로의 삶을 마무리한 진정한 리더의 표상이었습니다. 그런 의미에서, 그가 이 세상에 온 지 110년이 지났고 그가 세상을 뜬 지 35년의 세월이 지났지만 유일한, 그는 아직도 우리에게 살아 있는 가르침입니다. 세월이 혼탁할수록 그가 그리운 까닭은 그만큼 그의 삶과 마무리가 아름다웠기 때문 아닐까요?

법정스님은 나눔에 대해 다음과 같이 말했습니다.

"더는 나눌 것이 없다고 생각될 때도 나눠라. 아무리 가난해도 마음이 있는 한 나눌 것은 있다. 근원적인 마음을 나눌 때 물질적인 것은 자연히 그림자처럼 따라온다. 그렇게 함으로써 내 자신이 더 풍요로워질 수 있다. 세속적인 계산법으로는 나눠 가질수록 잔액이 줄어들 것 같지만 출세간적인 입장에선 나눌수록 더 풍요로워진다."

가장 가까이 있는
사람부터 감동시켜라

마음속의 여왕으로 남고 싶다

웨일즈의 공주, 다이애나(Diana, Princess of Wales, 1961~1997). 그녀는 15년 동안 영국의 왕세자 빈이었습니다. 하지만 지난 1997년 8월 31일 파리에서 비운의 교통사고로 세상을 떠난 후, 그녀는 온 세계인들의 '마음속의 여왕'이 되었습니다. "사람의 마음속에 남을 수 있다면 죽은 것이 아니다"라고 토머스 캠벨이 말했던가요? 다이애나는 그렇게 사람들 마음속에 살아 있습니다.

다이애나는 영국의 명문 스펜서 백작 가문의 1남 3녀 중 막내로 태어나 유치원 보모였던 1981년 스무 살의 나이에 동화 속 공주처럼 찰스 왕세자와 화려한 결혼식을 올렸습니다. 하지만 찰스 왕세자와의 결혼생활은 불행의 연속이었습니다. 결국 두 사람은 1992년부터 공식적인 별거 상태에 들어갔고 마침내 1996년 15년간의 결혼생활에 종지부를 찍고 이혼했습니다.

그러나 불행했던 결혼생활로 인해 우울증과 대식증에 시달리면서도, 그녀는 소외되고 고통받는 이들을 위해 자신의 손길을 내밀길 주저하지 않았습니다. 그녀는 '머리'가 아니라 '마음'에 따라 행동하는 사람이었습니다. 격식 있게 잘 연출된 말과 행동만을 기대하는 왕실 전통에 비춰볼 때 그녀는 대단한 이단아였는지 모릅니다.

자선단체를 방문하면 뻣뻣하게 장갑 낀 손으로 형식적인 악수를 하고 나서 얼른 손을 씻으러 화장실을 찾는 여느 인사들과는 달리, 다이애나는 에이즈 환자나 나병 환자와도 서슴지 않고 손을 맞잡았습니다. 그리고 지진아들을 친엄마처럼 포근하게 감싸안았으며, 생활고와 가정폭력에 시달리는 여성들을 따뜻하게 위로했습니다. 또한 왕실의 곱지 않은 시선에도 불구하고, 두 아들 윌리엄 왕자와 해리 왕자를 데리고 병원과 무료 급식소, 무주택자들의 집단 수용시설 등을 방문하며 권위적인 왕실 이미지를 벗으려고 애썼습니다. 영국인들이 아니 전 세계인들이 그녀를 사랑할 수밖에 없었던 까닭이 바로 여기에 있었습니다.

아울러 다이애나는 전쟁의 상흔이 깊게 패인 보스니아를 방문하고 약 2,000만 개의 지뢰가 묻혀 있는 앙골라를 찾아가, 위험을 무릅쓰고 지뢰 매설지역을 왕래하면서 지뢰의 반인륜성과 위험성을 전 세계에 알렸습니다. 그녀의 이런 노력은 결국 세계 120여 개 국이 참여하는 반(反)지뢰 협약의 초석이 됐습니다.

그래서일까요? 사람들은 이 비극적이면서도 아름답고 현명한 왕세자비를 가리켜 '영국의 장미', '마음속의 여왕'이라고 불렀습니다. 팝가수 엘튼 존이 다이애나의 장례식에서 부른 〈바람 속의 촛불

(Candle in the Wind)〉이라는 추모곡을 기억하십니까? 순식간에 3,300만 장이 팔려나가 단일 앨범 사상 최고의 판매기록을 세우기도 한 이 앨범에서 엘튼 존은 다이애나를 가리켜 '영국의 장미'라고 부르며, "영국의 장미여, 안녕. 하지만 당신은 우리 마음속에 영원히 피어날 겁니다"라고 노래했습니다. 아마 다이애나보다 더 '영국의 장미'라는 말이 어울리는 사람은 이전에도 없었고 또 앞으로도 없을 것입니다.

다이애나는 찰스 왕세자와의 이혼을 앞두고 왕실 지위 문제가 논란이 되던 시절, 영국 사상 최대 시청률을 기록한 BBC방송과의 인터뷰에서 "직위나 직책에는 아무런 욕심이 없으며, 단지 국민들에게 '마음속의 여왕'으로 남고 싶다"고 말했습니다. 결국 이 말이 유언처럼 되어서 오늘날 그녀는 영국인은 물론이고 전 세계 사람들에게 '마음속의 여왕'으로 남아 있습니다. 그녀가 거주하던 켄징턴 궁 벽에는 지금도 수많은 추모편지가 걸려 있는데 거거엔 한결같이 '다이애나, 우리의 영원한 마음속의 여왕(Queen in the Heart)'이라는 글귀가 씌어 있습니다.

36세의 아까운 나이로 생을 마감한 다이애나. 그녀가 세상 모든 영욕을 뒤로 한 채, 관 속에 누워서 마지막으로 지니고 간 것은 테레사 수녀가 건네준 묵주와 두 아들 윌리엄 왕자와 해리 왕자의 사진이 전부였습니다. 하지만 그녀가 남기고 간 따뜻한 마음과 온정의 손길은 지금도 전 세계인들의 가슴속 깊이 살아서 꿈틀거리고 있습니다. 떠난 사람을 그리워하는 것은 그만큼 그 사람의 자리가 컸다는 반증입니다.

나를 밟고 미래로 나아가세요

뮤지컬 〈에비타〉를 통해, 그리고 〈Don't Cry for Me, Argentina〉라는 노래를 통해 우리에게 더 잘 알려진 에바 페론(Eva Peron, 1919~1952). 그녀의 처녀 명은 에바 두아르테(Eva Duarte)였습니다. 그녀는 1919년 아르헨티나 대초원의 시골마을 로스 톨도스에서 사생아로 태어나 빈민가에서 아주 어렵게 성장했습니다. 그녀는 도망치듯 부에노스아이레스로 가서 나이트클럽 댄서로 출발해, 살기 위해서 남자들 품을 전전하며 밑바닥에서부터 기어올라와 라디오 성우 겸 배우가 되었습니다.

1944년 대지진에 따른 이재민 구호를 위한 자선모임에서 에바 두아르테는 새로운 군사정부의 실력자이자 노동복지부 장관이었던 후안 페론을 만나게 됩니다. 당시 에바 두아르테는 24세였고 후안 페론은 48세였지만 두 사람은 곧 열애에 빠졌습니다. 물론 서로가 서로에게 끌렸겠지만 젊고 매력적인 에바 두아르테가 더 적극적으로 권력의 자리에 있었던 후안 페론을 유혹했던 것입니다. 하지만 그녀는 단지 남자를 유혹한 것이 아니었습니다. 그녀는 호색한에 불과했던 후안 페론을 위대한 지도자로 만들기로 작정하고 그를 유혹했습니다. 그것은 결코 천박한 사랑놀음이 아니라 진정으로 '위대한 유혹'의 시작이었습니다.

그런데 1945년 10월 초, 새로운 쿠데타가 일어나 후안 페론이 모든 직위를 박탈당하고 투옥당하는 사건이 벌어졌습니다. 하지만 그녀는 가만히 앉아서 당하고만 있지는 않았습니다. 그녀와 노동조합의 간부들은 부에노스아이레스 지역의 노동자들을 궐기시켜 후안 페론의 투옥에 항의하는 대규모 시위를 조직했습니다. 그 덕분에 후안 페론은 투옥당한 지 8일 만인 1945년 10월 17일 감옥에서 풀려났고 그 여세를 몰아 새로운 쿠데타 세력을 일소했습니다. 이 사건이 있은 직후 후안 페론은 에바 두아르테와 전격적으로 결혼을 합니다. 당시 에바는 26세, 후안은 50세였습니다. 비로소 에바 두아르테가 에바 페론이 된 것입니다. 그 이듬해인 1946년 2월, 후안 페론은 에바 페론의 열성적인 뒷바라지에 힘입어 56%의 높은 지지를 받으며 대통령에 당선되었고, 에바 페론은 영부인이 되었습니다.

대통령 부인이 되자, 에바 페론은 이전과 달라지기 시작했습니다. 더 이상 사치스런 옷을 입지 않았고, 엄격할 정도로 검소한 생활을 했습니다. 그녀의 모습에서는 진지하고 성녀다운 풍모가 우러나왔습니다. 그래서 사람들은 그녀를 '성녀 에비타'라고 부르게 되었습니다. 후안 페론도 그녀를 가리켜 자신과 아르헨티나 국민을 이어주는 '사랑의 다리'라고 칭찬을 아끼지 않았습니다. 특히 그녀가 대중 앞에서 연설할 때의 모습은 가히 환상적이었습니다. 낮고 느린 목소리에 담긴 메시지는 분명했고, 청중들을 어루만지기라도 하는 듯 손가락으로 허공을 가리키며 행하는 연설은 사람들을 사로잡기에 충분했습니다. 그녀는 이렇게 말했습니다.

"나는 다른 사람들의 꿈이 실현되는 것을 지켜보기 위해 내 꿈을 접었습니다. …… 나는 내 영혼을 내 민족의 제단 앞에 기꺼이 드립니다. 나는 온몸을 바쳐 여러분 모두를 미래의 행복으로 이끄는 다리 역할을 하겠습니다. 나를 밟고 지나가세요. 새로운 조국의 웅장한 미래를 향해서 말입니다."

이렇게 말하며 에바 페론은 병들고 가난한 사람들에게 더욱더 다가갔습니다. 가난한 사람들을 위한 병원 벽과 침대 시트, 심지어 수건에까지 그녀의 머리글자가 등장했고 아르헨티나 빈민지역의 한 축구팀은 유니폼에 아예 그녀의 얼굴을 인쇄할 정도였습니다. 또한 시내 곳곳의 건물에는 환하게 웃는 그녀의 초대형 얼굴사진이 내걸렸습니다. 누가 억지로 시킨 것이 아니라 자발적인 반응이었습니다.

그러던 에바 페론이 1952년, 33세의 이른 나이에 척수암과 자궁암으로 갑자기 세상을 뜨자, 아르헨티나 전체는 이루 말할 수 없는 슬픔에 잠겼습니다. 그렇지만 그녀는 죽어서도 아르헨티나의 살아 있는 신화가 되었습니다.

하지만 그녀가 죽은 뒤, 후안 페론은 흔들렸습니다. 그리고 마침내 쿠데타에 의해 축출되어 1955년 9월 19일 파라과이로 망명했습니다. 그 후 후안 페론은 다시 망명지를 스페인 마드리드로 옮겼고 그곳에서 세 번째 결혼을 했습니다. 그의 새 아내는 마리아 에스텔라 마르티네스라는 이름의 아르헨티나 출신 무용수였습니다.

그런데 후안 페론이 망명하고 있는 사이에 아르헨티나에서는 믿기지 않는 일들이 벌어졌습니다. 수백만에 달하는 페론주의 세력이 자발적으로 결집해 아르헨티나 선거를 좌지우지하는 이변이 벌어진 것입니다. 그것은 에바 페론이 아르헨티나 국민들 마음속에서 여전히 살아 있었기에 가능했던 일이었습니다. 에바 페론은 죽어서도 아르헨티나 국민들을 유혹했던 것입니다. 그것은 말 그대로 '죽음마저 넘어선 운명적인 유혹'이었습니다.

에바 페론의 죽음마저 넘어선 운명적인 유혹 덕분에 후안 페론은

1973년 6월 아르헨티나 국민들의 열광적인 환호를 받으며 다시 조국으로 돌아올 수 있었고, 그해 10월 선거에서 재차 대통령에 당선되었습니다. 그리고 그 이듬해인 1974년 서거할 때까지 그는 아르헨티나의 대통령 자리에 있었습니다. 하지만 그때도 아르헨티나 국민들 마음속에 자리잡고 있었던 것은 정작 후안 페론이 아니라 그의 전 부인이었던 에바 페론이었습니다.

에바 페론은 정녕 위대한 유혹녀였습니다. 하지만 그녀는 단지 남자를 유혹한 것이 아니라 조국 아르헨티나를 유혹했던 것입니다. 그것은 결코 얄팍하고 천박한 유혹의 손짓이 아니라, "나를 밟고 미래로 나아가세요"라는 말처럼 진정으로 섬기겠다는 다짐 속의 성스럽고 위대한 유혹이었습니다. 그래서 지금도 에바 페론은 아르헨티나 국민들 가슴속에 살아 있는 것입니다.

세상은 그 자체로 거대한 유혹의 장입니다. 남녀 간의 관계에서뿐만 아니라, 시장에서도, 정치에서도 유혹은 생존과 지속의 필수 요건입니다. 시장에서는 고객을 유혹하고, 정치에서는 대중을 유혹해야 살아남을 수 있습니다. 에비타, 즉 에바 페론은 그 유혹의 진수를 유감없이 보여주었습니다. 그녀야말로 진정으로 위대한 유혹이 무엇인지, 그리고 그 유혹의 힘이 얼마나 놀라운 일들을 현실 속에서 펼쳐놓았는지를 온 삶으로 웅변하고 증거해준 사람이었습니다.

진심 어린 한 장의 편지

1979년 5월 3일 마거릿 대처(Margaret Thatcher, 1925~)가 이끄는 보수당이 총선에서 승리하자 그녀는 최초의 여성 출신 영국 수상이 됩니다. 선거기간 중 그녀는 가급적 로열 블루 칼라의 옷을 입었습니다. 노동당이 분홍색, 자유당이 오렌지색인 반면에 로열 블루는 영국 보수당의 상징색이기 때문입니다.

그녀의 선거유세는 독특했습니다. 슈퍼마켓 앞에서 빵, 버터, 고기가 가득 든 푸른색 장바구니를 오른손에 들고 왼손에는 그것들이 절반밖에 채워지지 않은 분홍색 장바구니를 들고서 이렇게 말했습니다.

"제 오른손에 들린 푸른색 장바구니는 이전의 보수당 집권시절에 1파운드로 살 수 있던 식료품입니다. 반면에 제 왼손에 들린 분홍색 장바구니는 현재 노동당 정권 하에서 1파운드를 주고 살 수 있는 식료품입니다. 분홍색 장바구니에 담긴 것이 푸른색 장바구니에 담긴 것의 절반밖에 안 됩니다. 만약 노동당이 5년 더 집권한다면 어떻게 되겠습니까? 아마 그때는 이 장바구니도 필요 없고 그냥 작은 봉투 한 장이면 족할 겁니다."

식료품 가게 딸로 태어나 자수성가한 마거릿 대처의 이런 직접적이고 피부에 와닿는 선거유세를 통해 보수당은 총선에서 승리하고 그녀 역시 영국 수상의 자리에 올랐습니다. 하지만 그녀가 '다우닝 가 10번지의 주인', 즉 수상이 되자 그녀 앞에는 적잖은 시련들이 닥쳤습니다.

1982년 4월의 포클랜드 전쟁도 그 중 하나였습니다. 1982년 3월

19일 아르헨티나의 고철회수업자들이 영국령 포클랜드 동쪽 1,300 킬로미터 상에 있는 사우스 조지아 섬에 상륙하면서부터 영국과 아르헨티나 간의 분쟁이 촉발될 조짐이 보이기 시작했습니다.

이런 가운데 4월 2일 항공모함 한 척과 구축함 네 척, 그리고 상륙함 네 척에 나누어 탄 아르헨티나군이 영국령 포클랜드에 상륙해 영국 국기인 유니언잭을 내리고 아르헨티나 국기를 계양하는 사태가 벌어진 것입니다. 그날 저녁, 포클랜드로부터 1만 3,000킬로미터나 떨어져 있는 런던에서는 마거릿 대처 수상이 국무회의를 긴급소집해 무력을 행사해서라도 포클랜드를 재탈환할 것을 선언했습니다.

포클랜드 전쟁은 말 그대로 영국의 국운을 건 일전이었습니다. 대처 자신에게 있어서도 국내 정치적으로나 국제적으로나 더 이상 물러설 수 없는 일전이었습니다. 결국 그녀는 자신의 정치적 운명은 물론이거니와 영국의 국운을 걸고 포클랜드에서 아르헨티나 군을 몰아낼 것을 천명했습니다.

그 후 개전된 지 두 달 남짓한 시간이 지난 1982년 6월 14일 포클랜드에는 다시 유니언잭이 휘날리게 되었습니다. 영국군의 맹렬한 공격 앞에 아르헨티나군이 항복한 것입니다. 하지만 영국군도 250여 명의 적잖은 희생자를 냈습니다.

그런데 정작 포클랜드 전쟁이 끝난 후 대처 수상이 가장 먼저 한 일은 그 250여 명의 영국군 사망자 가족들에게 일일이 편지를 쓰는 일이었습니다. 일반적으로 참모들이 작성한 편지에 자필 사인을 한 것을 인쇄하여 사망자 유족에게 보내게 마련일 텐데 그녀는 그렇게 하지 않았습니다. 그해 여름휴가도 반납한 채 일과 후 밤마다 편지한 통 한 통을 직접 써내려갔습니다.

그녀는 영국의 수상으로서뿐만 아니라 사망한 병사의 어머니나 아내의 입장에서 편지를 썼습니다. 언뜻 생각하기에 별것 아닌 것 같지만 사망자 한 사람 한 사람을 거명하며 그 가족에게 직접 편지를 쓴다는 것은 결코 쉬운 일이 아닙니다. 바로 여기에 마거릿 대처의 따뜻한 품성과 진정한 위대함이 숨어 있는 것입니다.

'철의 여인'이라 불리던 마거릿 대처. 그녀의 단호하고 신념에 찬 리더십은 전쟁을 승리로 이끌었습니다. 하지만 그녀의 위대한 리더십이 완성된 시점은 전쟁 그 자체를 통해서였다기보다는 오히려 그 전쟁 이후에, 희생된 조국의 자식들을 기리며 유가족들에게 진심 어린 한 장의 편지를 쓰던 바로 그 순간입니다.

감동은 세상을 움직이는 힘

1981년부터 1989년까지 8년간 미국을 이끈 로널드 레이건(Ronald Reagan, 1911~2004)은 하버드나 예일 출신도 아니었고 케네디나 부시 가문(家門) 같은 대단한 정치적 후광을 지닌 집안 출신도 아니었습니다. 그렇다고 변호사나 성공한 기업가 출신은 더더욱 아니었습니다. 일리노이 주의 유레카 대학이라는 지방 군소 대학을 졸업했고 라디오 스포츠 캐스터 경험이 전부였던 할리우드 2류 배우 출신이었습니다. 그럼에도 불구하고 캘리포니아 주지사를 두 번이나 연임하였고, 마침내 1980년에는 미국의 40대 대통령에 당선되었습니다. 그리고 8년 동안 대통령직을 수행하면서 베트남전쟁 패전 이후 오랫동안 좌절의 늪에 빠져 있던 미국 사회에 새로운 희망과 도전 그리고 비전을 제시했다는 평가를 받고 있습니다.

오늘날 미국 사회가 지닌 저력이 있다면 그것은 레이건 시대에 준비되고 축적된 것이었다고 말해도 과언이 아닙니다. 그렇다면 과연 2류 배우 출신의 레이건에게 무엇이 있었기에 이런 것들이 가능했던 것일까요? 레이건의 부인 낸시 레이건이 펴낸 『아이 러브 유, 로니(I Love You, Ronnie)』라는 책을 읽으면, 아니 그것을 통해 느끼면 그 해답을 얻을 수 있습니다. 이 책에는 지난 반세기 동안 레이건이 그의 아내 낸시에게 보낸 편지와 카드, 전보, 그리고 익살스런 메모들로 가득 차 있습니다.

할리우드에서 두 사람이 처음 만나 데이트하던 시절부터 시작되어 캘리포니아 주지사를 거쳐 대통령 자리에 오른 다음에도 변함없이 전해진 편지와 카드에는 지난 한 시대 동안 미국을 이끌었던 사내가 그의 아내에게 바친 진솔한 마음이 고스란히 담겨 있습니다. 촬영 일정 혹은 선거유세 때문에 멀리 떨어져 있을 때는 물론이고, 한집안에 있을 때도, 집무실에 있으면서조차, 심지어 대통령 전용기인 에어 포스 원을 타고 날아가면서도 틈나는 대로 아내에게 글로 자신의 마음을 전했습니다. 그 덕분에 그는 아내로부터 전적인 신뢰와 협력을 이끌어낼 수 있었습니다.

가장 가까이 있는 사람을 감동시키고 그에게서 전적인 신뢰와 협력을 이끌어냈던 레이건의 비상한 능력은 그가 대통령이 된 다음에도 유감없이 발휘되어 국민들의 전폭적인 지지와 신뢰 그리고 여야를 막론한 협력을 이끌어낼 수 있었습니다. 레이건의 성공비결이 바로 여기 있었던 것입니다.

사실 레이건은 첫 번째 부인과 이혼한 경험이 있습니다. 아마도 첫 번째 부인에게는 감동을 주지 못했던 것 같습니다. 그래서인지 가장 가까이 있는 사람을 감동시키지 못했던 시절의 레이건은 그저 그렇고 그런 사내였습니다. 한 마디로 2류였습니다. 그러나 그의 두 번째 부인 낸시 데이비스에게는 달랐습니다. 레이건은 그녀를 감동시켰고 그 감동은 무한한 신뢰와 존경으로 그에게 되돌아왔습니다. 그리고 그것이 레이건 자신을 변화시켰습니다.

나아가 변화된 레이건은 강력한 신념 속에서 좌절과 침체 분위기에 휩싸여 있던 국민들에게 다가가 그들의 마음을 움직였고 그로 말미암아 미국 전체가 새로운 도전 속에서 변화하도록 이끌었습니다. 한마디로 '감동의 나비효과' 였던 것입니다. 미국의 기상학자 에드워드 로렌츠는 "뉴욕 센트럴 파크에서 나비가 날개짓을 하면 태평양 한가운데서 태풍이 만들어질 수 있다"고 말했습니다. 그것을 '나비효과' 라고 합니다. 우리는 가장 가까운 곳에서의 작은 감동이 끝없는 파장 속에서 가장 먼 곳에 이르는 감동의 물결을 자아낼 수 있다는 사실을 새삼 주목하게 됩니다.

회사는 감동을 운반해내는 CEO를 원합니다. 국민은 감동을 자아내는 지도자를 원합니다. 시장은 감동으로 충만한 상품을 원합니다. 감동은 그저 눈물을 자아내게 만드는 신파극이 아니라 세상을 움직이는 힘입니다.

그러나 그 감동은 먼 데서부터 시작할 수는 없습니다. 감동의 파문을 일으키고자 한다면 먼저 가장 가까이 있는 사람을 감동시키십시오. 마치 연못에 던져진 돌 하나가 일으키는 파문이 가까운 데서 먼 곳으로 퍼져가듯 감동 역시 가장 가까이 있는 사람에서부터 먼 곳에 있는 사람에게까지 번져나가는 것입니다.

영혼으로 승부하라

영혼이 담긴 원칙

세상에는 온갖 상점들이 있지만 한 가지 없는 상점이 있습니다. 바로 '명예'를 파는 상점입니다. 명예박사 학위를 돈으로 살 수 있을진 몰라도 그것이 진짜 명예를 가져다주지는 않는다는 사실을 우리는 잘 압니다. 돈으로 국회의원 배지를 사던 시절이 있었지만, 오늘날 국회의원 배지 달고 명예롭게 활보하기란 철면피를 하지 않고서는 쉽지 않은 일이 되어버렸습니다. 그만큼 '돈'과 '명예'는 함께하기 어려운 것입니다. 차라리 상극이라고나 할까요?

그런데 여기 '돈'과 '명예'가 함께할 수 있음을 자신의 온 삶을 통해 보여준 사람이 있습니다. 월가의 전설적인 투자자 존 템플턴(John Templeton, 1912~) 경입니다. 존 템플턴 경은 올해 95세입니다. 비록 지난 1992년 일선에서 은퇴했지만 아직도 월가에서 가장 존경받는 투자자로 추앙받고 있습니다. 뿐만 아니라 기업인으로는 드물게 인류의 종교와 박애주의에 공헌한 공로로 영국의 엘리자베스 여왕으로부터 기사 작위를 수여받을 만큼 명예로운 인물입니다.

더구나 그가 만든 템플턴상(The Templeton Prize)은 종교계의 노벨상이라 불릴 만큼 명성이 높습니다. 템플턴상은 자그마치 약 100만 달러에 달하는 상금을 부상으로 수여합니다. 하지만 그 상금 때문에 템플턴상의 명성이 높아진 것은 결코 아닙니다. 단지 돈만 주는 상이었다면 테레사 수녀와 빌리 그레함 목사 그리고 알렉산더 솔제니친 같은 인류애와 종교적 성취가 뚜렷한 인물들이 그 상을 수락했겠습니까?

템플턴상을 노벨상에 버금가는 권위 있는 상으로 만든 것은 바로 엘리자베스 여왕마저 경탄해 마지않았던 그의 높은 도덕성과 윤리 의식 때문입니다. 그는 자신의 도덕성과 윤리의식을 개인적인 영역에 국한시키지 않았습니다. 자신과 기업의 지배가치(governing value)로 심화시키고 확대시켰던 것입니다.

실제로 그는 놀라운 수익을 창출해낸 탁월한 투자자였지만, 주류 회사와 담배회사 그리고 도박회사에는 아무리 큰 이익이 보장된다 하더라도 일절 투자하지 않았습니다. 이른바 '원죄를 가진 주식'에는 손을 대지 않는다는 자신의 소신을 지배가치화한 셈이죠. 그래서 기업가치가 저평가된 주식들만 골라내는 저가성장주 발굴의 명인이자 글로벌 펀드의 개척자로도 유명합니다. 그는 자신의 펀드운용을 "신성한 신탁(a sacred trust)"이라고 말하곤 했습니다. 그가 조성한 템플턴 펀드는 지금도 이 원칙을 지키고 있다고 하는군요.

또한 자신의 도덕적·윤리적 소신을 기업의 지배가치로 만든 이 원칙을 가리켜 "영혼이 담긴 원칙"이라고 말했습니다. 이처럼 자신의 확고한 지배가치에 힘입어, 그는 투자의 목표를 단지 돈을 버는 것에 국한하지 않고, 다른 사람을 돕고 영적·정신적인 진보에 도움되도록 하는 것에 두고 이를 흔들림 없이 견지하였습니다.

프랭클린 코비사의 공동 CEO인 하이럼 스미스는 개인이 지배가치에 따라 행동하면 마음의 평화를 얻고, 기업이 지배가치에 따라 움직이면 실적의 향상을 경험한다고 말했습니다. 지배가치 없이 움직이는 개인은 나침반 없이 헤매는 방랑자와 다를 바 없고, 지배가치 없이 움직이는 조직은 조타수 없이 표류하는 배와 같습니다.

미국 테네시 주 윈체스터에서 농부의 아들로 태어나 산골마을에서 자란 가난한 소년이 이 세상에서 가장 부유하고 또 가장 명예로운 인물로 성장해 놀라운 영향력을 행사할 수 있었던 것은, 소박하지만 단호한 '영혼이 담긴 원칙'이라는 지배가치가 자기 내면에 확고하게 자리 잡고 있었기 때문입니다.

여러분도 자기 나름의 '영혼이 담긴 원칙'을 만드십시오. 그리고 그것을 꿋꿋이 견지하십시오. 그러면 삶이 길을 열어줄 것입니다.

적마저 그를 사랑했다

1909년 10월 26일 오전 9시 만주 하얼빈역에 도착한 이토 히로부미는 마중 나온 러시아 장관과 30분가량 환담한 뒤, 환영식전에 참가하기 위해 플랫폼에서 러시아군 의장대를 사열하고 있었습니다. 사열이 끝난 후 각국 외교사절단과의 인사를 끝낸 이토 히로부미가 하얼빈에 체류하는 일본인 환영인파 쪽으로 걸음을 옮길 때였습니다. 러시아군 의장대 뒤편에서 양복 차림의 한 청년이 나타나 이토 히로부미에게 권총을 겨누고 세 발을 발사했는데, 세 발 모두 이토 히로부미에게 명중되었습니다. 그 청년이 바로 안중근(安重根, 1879~1910) 의사입니다.

하지만 그 순간, 안중근 의사는 자기가 혹시 이토 히로부미가 아닌 다른 사람을 쏘았을지도 모른다는 생각이 들어, 다시 이토 히로부미의 일행 중 의젓해 보이는 사람들을 향해 세 발을 더 쏘았습니다. 이토 히로부미를 뒤따르던 그의 비서관과 하얼빈 일본총영사, 그리고 남만주철도(南滿州鐵道) 이사 다나카 세이지로 등이 차례로 쓰러졌습니다. 이를 본 러시아 헌병들이 안중근을 덮쳤지만, 그는 이에 개의치 않고 "코레아 우라!(대한 만세)"를 외쳤습니다.

그런데 이날 이토 히로부미를 수행하다 총상을 입었던 다나카 세이지로는 생전에 가장 훌륭한 사람을 누구라고 생각하느냐는 질문에 스스럼없이 '안중근'이라고 답했다고 합니다. 일본의 비스마르크, 일본 흥륭의 장본인으로 추앙받던 이토 히로부미를 즉살하고 자신의 다리에 총상까지 입힌 식민지 조선의 청년을 세상에서 가장 존경한다는 것이 도대체 무슨 말인지 의아스러울 것입니다.

심지어 다나카 세이지로는 총에 맞는 순간 마주친 안중근의 눈빛에서 뭐라 말로 형용할 수 없는 강렬함을 느꼈는데, 그 눈빛에 정신이 팔려 자신이 총을 맞았다는 사실조차 잊어버릴 정도였다고 합니다. "나는 당시 사건현장에서 10여 분간 안중근을 마주할 수 있었다. 그가 총을 쏘고 나서 의연히 서 있는 모습을 보는 순간 마치 신을 보는 듯한 느낌이 들었다. 그것도 음산한 신이 아니라 광명처럼 빛나는 밝은 신이었다. 그는 참으로 태연하고 늠름했다. 그같이 훌륭한 인물을 일찍이 본 적이 없다." 다나카 세이지로의 이야기입니다. 도대체 안중근에게 무엇이 있었기에 이런 일들이 가능했던 것일까요?

안중근에게 감복한 일본인은 비단 다나카 세이지로만이 아닙니다. 하얼빈에서 잡힌 안중근이 여순감옥에 수감되어 사형당할 때까지 5개월여를 함께했던 일본헌병 출신의 간수 치바 토시치는 안중근에게 감복해 자신이 죽을 때까지 아침저녁으로 안중근 영전에 치성을 올리며 명복을 빌었습니다. 그리고 자신이 죽은 후에는 아내에게 이르길 "안중근 의사의 유묵(遺墨)을 소중히 간직하고 자신과 안중근 의사의 위패를 함께 모셔 조석으로 공양하라"는 유언까지 남겼습니다.

치바 토시치의 아내 기츠요 역시 1965년 74세로 세상을 떠날 때까지 이 유언을 그대로 이행했고, 1979년에는 치바 토시치와 기츠요의 유족들이 안중근 의사 탄신 백주년에 맞춰 그동안 가보로 소중히 보관해온 안중근 의사의 유묵을 안중근 의사 숭모회에 전달하였습니다.

이때 전달된 유묵에는 이런 사연이 담겨 있습니다. 1910년 3월 25일 저녁 무렵 여순감옥의 간수 치바 토시치는 안중근에게 내일 오전에 사형 집행이 있을 것 같다고 귀띔을 해주었습니다. 여느 사람 같았으면 심정에 동요가 일게 마련일 텐데 안중근은 파랑 한 점 일지 않은 잔잔한 호수마냥 전혀 흔들림이 없었습니다. 다만 집필하고 있던 『동양평화론』의 서론을 마치고 각론을 쓰고 있던 중이라 탈고할 때까지 형 집행을 연기해주기로 약속했던 히라이시 고등법원장의 말이 지켜지지 않은 것을 아쉬워할 따름이었습니다.

다음날인 3월 26일 새벽, 여순감옥에는 추적추적 비가 내리고 있었습니다. 안중근은 여느 날과 다름없이 몸가짐을 정제한 후 어머니가 보내준 순백의 명주로 만든 한복으로 갈아입고 기도를 올렸습니다. 안중근의 어머니는 일본 법정에서 아들에게 사형이 선고되자 이렇게 말했다고 합니다. "너의 죽음은 너 한 사람의 것이 아니라 한국인 전체의 공분을 짊어지고 있는 것이다. 네가 항소를 한다면 그것은 목숨을 구걸하는 것이 된다. 그러니 딴맘 먹지 말고 그대로 죽어라." 듣기에 따라선 비정하게 들릴지 모르지만 그만큼 안중근 못지않게 그의 어머니 또한 비장하고 결연했던 것입니다.

사형 집행 시간이 다가오자 옥중문을 나서던 안중근은 치바 토시치 간수를 향해 "일전에 내게 부탁했던 글씨를 지금 씁시다"라고 말했습니다. 치바 토시치는 감격에 겨운 속내를 애써 감추고 정성껏 비단과 필묵을 준비했습니다. 안중근은 자세를 가다듬고 '위국헌신 군인본분(爲國獻身 軍人本分)', 즉 '나라 위해 몸 바침은 군인의 본분'이라고 쓰고 왼손 약지가 절단된 손바닥에 먹을 묻혀 수장까지 찍었습니다. 물 흐르듯 쓰여졌으면서도 획 하나에도 흐트러짐이 없고 되레 힘찬 용솟음마저 느껴지는 필체였습니다. 사형집행으로 죽음을 코앞에 둔 사람의 글씨라곤 믿기지 않을 정도로 한 점 흔들림도 없었습니다. 바로 이런 점이 안중근의 진면목입니다.

조국을 위해 몸 바친 많은 순국선열들이 계십니다. 그분들 덕에 오늘 우리가 있습니다. 하지만 수많은 순국선열 중에서도 안중근 의

사가 차지하는 위치는 독보적입니다. 왜냐하면 그는 피아(彼我)를 가리지 않고 심지어는 적에게조차도 한없는 존경과 흠모를 받았기 때문입니다.

덜 갖고 더 많이 존재하라

"내가 스코트와 만났을 때, 그는 삶의 밑바닥에 있었다." 헬렌 니어링(Helen Nearing, 1904~1995)이 24세였던 1928년 당시 45세의 스코트 니어링(Scott Nearing, 1883~1983)을 만났을 때를 떠올리며 한 말입니다. 그 후 스코트와 헬렌 부부는 스코트 니어링이 만 100세 되던 해 메인 주의 한 농장에서 조용히 숨을 거둘 때까지 53년을 함께 살았습니다.

1883년 펜실베이니아의 상류층 가정 출신인 스코트 니어링은 대학교수였습니다. 하지만 1905년경부터 자유주의 개혁에 관한 공개강연을 통해 열악한 노동환경과 유아노동에 대한 고발 등을 감행한 것이 펜실베이니아 대학 재단이사회의 심기를 건드려 결국 해직당하고 맙니다.

그 후 톨레도 대학으로 옮겼으나 1917년 미국의 1차 세계대전 참전을 반대하면서 '상업주의가 전쟁의 원인이자 목표'라는 요지를 담은 『거대한 광기』라는 책을 출간한 것이 빌미가 되어 미국 정부에 의해 군대 소집과 모병을 방해했다는 죄목으로 연방법원에 기소되었다가 무죄 석방되기도 했습니다.

하지만 이 일로 인해 스코트는 더 이상 대학 강단에 설 수 없게 되었고 첫 번째 부인과도 헤어지게 되었습니다. 지금으로선 선뜻 이해가 안 되는 일이지만 당시에는 엄연한 현실이었습니다. 결국 스코트 니어링은 삶의 바닥에 내쳐졌던 것입니다.

스코트보다 스물한 살 연하인 헬렌은 1904년 뉴저지의 중산층 가정에서 태어났습니다. 이른바 '신지학'을 통해 명상과 우주질서에 대한 관심이 많았던 집안 내력을 물려받은 헬렌은 한때, 인도의 저명한 정신적 구루인 크리슈나무르티의 연인이기도 했습니다.

바이올린을 전공한 헬렌은 자신의 길을 포기한 채 크리슈나무르티를 위해 헌신하기도 했지만 그가 점점 세상의 현실과 유리된 채 신격화되는 것에 염증을 느끼고 결별했던 것입니다.

헬렌의 아버지 소개로 처음 만났던 두 사람은 1932년 대공황의 어두운 그림자로 뒤덮였던 뉴욕에서의 생활을 접고 버몬트 주의 산골로 들어가기로 결심합니다. 물론 그것은 도피가 아니라 그들이 할 수 있었던 거의 유일한 선택이었습니다.

"덜 갖고 더 많이 존재하라"는 스코트의 좌우명은 이제 두 사람의 좌우명이 되어 그들의 삶을 이끌었습니다. 버몬트 산골에서 황무지를 개간하고 유기농사를 지으면서 단풍나무에서 추출한 시럽으로 생계를 유지했습니다.

비록 넉넉하진 않았지만 스코트와 헬렌은 버몬트에서 자급자족할 수 있었습니다. 그리고 버몬트에서 스무 해를 사는 동안 전혀 병원 신세를 진 일이 없을 만큼 건강하게 지냈습니다. 버몬트에서의 삶을 통해 그들은 삶을 넉넉하게 만드는 것은 소유와 축적이 아니라 희망과 노력이라는 사실을 새삼 깨닫게 됩니다.

하지만 버몬트 주에 대한 본격적인 개발이 뒤따르자, 그들은 또다시 삶의 거처를 옮깁니다. 그래서 찾아든 곳이 캐나다 국경과 접한 미국 북동쪽 끝의 바닷가에 인접한 메인 주의 농가였습니다. 때는 1952년 봄이었습니다.

그들은, 1983년 8월 24일 아침 스코트 니어링이 100세를 일기로 조용히 숨을 거둘 때까지 그곳에서 30년이 넘는 세월을 함께 살았습니다. 그렇다면 과연 무엇이 스코트와 헬렌의 반세기가 넘는 동반자의 삶을 지탱해준 것일까요? 그것은 다름 아닌 서로를 향한 '존중' 이었습니다.

1995년 9월 17일 헬렌 역시 갑작스런 교통사고로 92세를 일기로 세상을 떠나 스코트 곁으로 갔습니다. 스코트와 헬렌이 이 땅에서 함께했던 반세기 동안 세상은 엄청나게 변했습니다. 하지만 두 사람이 보여준 '조화로운 삶'의 가치는 결코 변하지 않은 채 더욱 뚜렷하게 빛나고 있습니다.

그들의 삶이 보여준 잔잔한 감동의 파문은 스코트의 100세 생일에 이웃 주민들이 내건 플래카드를 통해서도 확인됩니다. "스코트 니어링이 백 년 동안 살아서 이 세상은 더 좋은 곳이 되었다."

나무의 영혼을 닮은 여자

줄리아 버터플라이 힐(Julia Butterfly Hill, 1975~)이라는 20대 여자가 '루나'라는 이름의 천년된 삼나무 위에 올라가서 꼬박 2년을 살았습니다. 아니 '버텼다'고 말해야 옳을지 모르겠습니다. 줄리아가 스물세 살 나던 1997년 12월 10일부터 1999년 12월 18일까지 정확히 738일 동안 61미터 높이의 나무 위에서 산 것입니다. 도대체 무슨 이유로 멀쩡한 땅 놔두고 나무 위로 올라가서 모진 고생 다하며 그렇게 있어야 했던 것일까요?

그것은 바로 벌목 위기에 처한 천년된 삼나무 '루나'를 지키기 위해서였습니다. 루나의 몸에는 푸른색 표시가 되어 있었습니다. 그것은 루나가 곧 베일 운명에 처해 있다는 것을 말해주는 것이었죠. 루나는 지난 천년 동안 거센 바람과 싸워냈고 수십 차례나 일어난 산불에서도 살아남았지만, 그 불사신 같은 나무가 사람들의 손에 의해 잘릴 위기에 몰렸던 것입니다.

사실 루나의 몸통 윗부분은 번개에 맞아 생긴 시커먼 상처로 뒤덮여 있습니다. 하지만 루나와 같은 삼나무들은 정말 굉장한 존재입니다. 번갯불에 맞아 속이 텅 비더라도 두껍고 수분이 많은 껍질의 도움으로 생명을 이어나갑니다. 결국 이 상처투성이 나무는 그 자체가 생명의 상징입니다. 루나의 깊게 패인 상처 위에서도 생명은 자라고 있었기 때문입니다.

그래서 줄리아 버터플라이 힐은 자신의 몸을 던져 루나의 생명을 지키고자 나무 위에 오른 것입니다. 나무 위에 올라감으로써 나무가 베이는 것을 막고, 벌목의 속도를 늦추면서 나무를 지키자는 여론을 환기시키고자 했던 것이죠.

1975년 미국에서 태어난 줄리아 버터플라이 힐은 가난한 순회 목회자인 부모님을 따라다니며 트레일러에서 어린 시절을 보냈습니다. 그녀가 루나 위로 올라간 것은 우연 이상의 끌림이 있었던 게 아닐까요? 생명의 견인력 같은 것 말이죠.

그녀는 루나 위에 마련된 오두막에서 2년의 시간을 버텼습니다. 지상에서 55미터 높이에 마련된 그 오두막은 가로 180센티미터, 세로 240센티미터 크기였습니다. 그곳에서 루나는 다른 세상을 보았습니다. 아니 우리가 사는 세상을 다시 본 것입니다.

나무 위에서의 삶을 통해 줄리아는 우리가 살아가는 데 꼭 필요한 물건들이 그리 많지 않다는 사실을 새삼 깨닫게 되었습니다. 그녀가 한 평 반 남짓한 공간에서 가질 수 있는 물건은 극히 제한된 것이었지만 거기서 그녀는 충분히 생존할 수 있었습니다. 그리고 오히려 튼튼한 지붕과 벽이 있었다면 자칫 놓쳐버렸을 사소한 것들의 소중함을 깨닫고 그것들을 새롭게 바라볼 수 있는 계기가 되었습니다.

물론 나무 위에서 산다는 것은 결코 낭만적인 일이 아닙니다. 식량과 물은 언덕 아래에서부터 지고 올라와야 하므로 늘 아껴 써야 했고 비바람과 함께 몰아치는 폭풍은 생존을 위협하기에 충분했습니다.

그런 와중에 루나 위에 있던 줄리아를 쫓아내기 위해 목재회사는 별의별 방법을 다 썼습니다. 목재회사는 나무 바로 위로 헬리콥터를 띄워서 강력한 바람과 함께 위압적인 시위도 불사했습니다. 물론 비행 규칙상 사람과의 거리를 60미터 이하로 비행하는 것은 명백한 법규 위반입니다.

처음 얼마 동안 줄리아는 몸에 밧줄을 매고 장비를 착용한 상태로 나무 위를 걸어다녔습니다. 하지만 2주일 후 그녀는 스스로 장비를 풀고 나무를 탔습니다. 그 결과 줄리아는 어떤 나뭇가지가 탄력 있고 튼튼한 것인지, 또 어떤 것이 곧 부러질 나무인지 알게 되었습니다.

또한 나무 위에서 맨발로 생활했는데, 이는 루나의 생명력을 느끼고 싶었기 때문이었습니다. 하지만 겨울에 맨발로 나무 위를 다닌다는 것은 실로 고통스런 일이 아닐 수 없었기에 줄리아의 발은 늘 동상에 걸려 있었습니다.

하지만 나무 위에서 생활하는 줄리아에게 현실적으로 가장 두려운 것은 다름 아닌 바람이었습니다. 61미터 높이의 나무 위에서 맞는 폭풍우는 상상을 초월하는 것이었습니다. 오두막은 거미줄처럼 처진 밧줄과 방수포로 간신히 지탱할 수 있었습니다.

그런데 바로 그 거친 폭풍우 속에서 줄리아는 루나의 목소리를 들었다고 합니다. 천년된 나무 루나가 자신의 나뭇가지 사이에 깃들어 살며 자신이 목재회사에 의해 베어지는 것을 막아주고 있는 줄리아에게 이렇게 말했다고 합니다.

"줄리아, 폭풍우 속의 나무들을 생각해봐. 나무들은 폭풍우 속에 절대로 똑바로 서 있으려고 하진 않아. 휘면 휘는 대로, 바람에 날리면 날리는 대로 가만히 자신을 바람에 내맡겨요. 똑바로 서 있으려고 애만 쓰는 나무들은 결국 부러진답니다. 줄리아, 강해지려고만 하지 말아요. 그냥 자연의 바람에 스스로를 내맡겨둬봐요. 그래야 폭풍우를 헤쳐나갈 수 있어요. 그것이 삶의 폭풍우를 헤쳐나가는 방법이기도 하지요."

이런 루나의 목소리는 우리에게 적잖은 교훈을 던집니다. 나비가 고치를 헤집고 나올 때, 누군가 어떤 식으로든 도움을 주게 되면 그 나비는 설사 고치를 헤집고 나온다 할지라도 영원히 날지 못하게 된다고 합니다. 결국 마지막 집착에서 벗어날 수 있는 힘을 스스로 찾을 때 비로소 아름답고 멋진 비상이 가능한 것이죠.

루나라는 나무 위에서 한 젊은 여성이 2년 가까이 생활하고 있다는 소식이 알려지자 각종 언론들이 줄리아에게 접근하기 시작했습니다. 〈로스앤젤레스 타임즈〉, 〈뉴스위크〉, 〈피플〉 등이 줄리아의 이야기를 다루었습니다. 그런가 하면 생방송으로 진행되는 라디오에서도 줄리아와 전화통화를 하기 위해 애를 썼습니다. 언론이 그녀를 취재하고자 한 것은 한마디로 말해 팔릴 만했기 때문이었습니다. 하지만 줄리아는 오히려 그런 언론을 적절히 활용했습니다. "생명 있는 모든 것은 살 권리가 있다"는 메시지를 보다 널리 알리는 데 말입니다.

1998년 8월 '굿 하우스키핑'은 줄리아를 미국에서 가장 존경받는 여성 가운데 한 사람으로 선정했습니다. 그리고 평화를 위한 재향군인회에서는 '용감한 사람에게 주는 평화투쟁의 상'이라는 다소 거창한 이름의 상을 주었습니다. 그런가 하면, 위스콘신의 한 초등학교 학생들이 보내온 475통의 편지를 한꺼번에 받은 적도 있었습니다. 그 학교 선생님이 학생들에게 루나 위에 살고 있는 줄리아의 이야기를 들려주자 아이들이 자청해서 줄리아에게 편지를 보낸 것입니다.

2년 가까이 나무 위에서 살면서 줄리아의 손바닥 여기저기에는 굳은살이 박혔습니다. 마치 루나의 옹이처럼 말입니다. 그리고 손가락에는 갈색과 초록색 물이 들었습니다. 갈색물은 나무껍질 때문에, 초록색물은 이끼 때문이었습니다.

1999년 12월 18일, 퍼시픽 목재회사는 루나를 영구히 보호하고 그 주변에 6미터의 영구완충지대를 설정한다는 서류에 도장을 찍었습니다. 이로써 루나는 잘릴 운명의 덫을 벗어던지고 영원히 보호받게 되었습니다. 그리고 1997년 12월 10일부터 정확히 738일 만에 줄리아는 루나에서 내려왔습니다. 하지만 줄리아는 루나를 통해 얻는 것들을 결코 잊지 못할 것입니다. 사실 진정으로 삶을 선사해준 것은 줄리아가 루나에게 해준 것이라기보다는 삼나무 루나가 줄리아에게 해준 셈입니다.

돈 없이도 베풀 수 있는 7가지 보시

삼성의료원 초대원장을 지낸 고(故) 한용철(韓鏞徹, 1930~1999) 박사는 근 40년을 폐결핵과 폐암 등 호흡기 내과 계통의 최고 전문의로 활약하며 결핵 퇴치 등에 앞장섰던 보기 드문 인술의 구현자입니다. 그는 한 번 지내기도 어렵다는 서울의대 내과과장을 두 번씩이나 지내고 서울대학 병원장과 대통령 주치의로 일하는 등 의사로서 경험할 수 있는 가장 어렵고 명예로운 자리를 두루 거친 인물이기도 합니다. 특히 말년에는 삼성의료원을 설립하는 과정에 깊이 관여해 초대원장을 지내면서 병원 경영자로서도 획기적인 업적을 이룩했다는 평가를 받고 있습니다. 그는 '환자를 기다리지 않게 하고 환자 위에 군림하지 않으며 환자에게 친절하면서도 투명한 병원 문화'를 정착시키는 데 성공했습니다. 말 그대로 '고객만족경영'을 대규모 종합병원에 도입해 정착시킨 셈이죠.

그런데 그의 '고객만족 병원 경영론'에는 그 뿌리가 있습니다. 불교 경전 가운데 하나인 『잡보장경(雜寶藏經)』에 나오는 '무재칠시(無財七施)'가 바로 그것입니다. 생전에 그의 집무실에 들어서면 제일 먼저 눈에 띄는 것이 바로 '무재칠시'라는 글자가 적혀 있는 액자였다고 합니다.

그렇다면 '무재칠시'란 무슨 뜻일까요? 말 그대로 풀이하자면 '돈 없이도 베풀 수 있는 일곱 가지 보시(布施)'라는 뜻입니다. 이것을 하나하나 살펴보면 다음과 같습니다.

첫째, 화안시(和顔施). 부드러운 얼굴로 사람을 대하라는 말입니다. 웃는 얼굴에 침 못 뱉습니다. 밝게 웃는 데 대적할 장사 없습니다. 얼굴빛이 좋으면 만사가 좋은 법입니다. 부모에게나 자식에게나 배우자에게나 상사에게나 웃는 낯빛과 부드러운 얼굴은 최상의 존중이요 대화법입니다. 아침을 부드러운 얼굴로 시작하는 사람은 하루가 좋고, 하루를 좋은 얼굴로 사는 사람은 인생이 피게 마련입니다. 그러니 스스로 부드러운 얼굴을 선택하십시오. 그러면 만사가 풀립니다.

둘째, 언사시(言辭施). 좋은 말씨로 사람을 대하라는 말입니다. 말 한마디로 천냥 빚을 갚는다는 말도 있지 않습니까? 말씨, 곧 말 씀씀이가 사람의 품격을 가늠하게 합니다. 품(品)자는 입 구(口)자가 세 개입니다. 결국 입에서 품격이 나온다는 뜻입니다.

셋째, 심시(心施). 마음가짐을 좋게 해 베풀라는 말이겠죠. 마음가짐을 좋게 한다는 것은 마음을 늘 안정시켜 평정되게 함으로써 일희일비(一喜一悲)하지 않는 것을 말합니다. 마음은 거대한 생태계와 같아서 일희일비하지 않아야 안정되게 균형을 잡습니다.

넷째, 안시(眼施). 눈빛을 좋게 가지란 말입니다. 예로부터 눈빛을 바로 하는 것이 수양의 첫걸음이었습니다. 어른을 대할 때, 자녀를 대할 때, 아내와 남편을 대할 때, 그리고 상사와 동료를 대할 때, 아랫사람을 대할 때 좋은 눈빛을 나눌 수 있다면 그보다 더 아름다운 교감은 없을 것입니다. '좋은 눈빛'은 곧 좋은 메시지이기 때문입니다.

다섯째, 지시(指施). 지시나 가르침을 고운 말로 하라는 것이죠. 아무리 어렵고 힘든 일을 시켜도 정작 일하는 사람으로 하여금 자부심과 긍지를 느끼게 하면서 일을 시키는 사람이 있는가 하면 사소한 잔심부름을 시켜도 일하는 사람의 자존심을 상하게 만드는 사람이 있습니다. 누군가를 진정으로 부리고자 한다면 먼저 진심으로 인정해주십시오. 다른 사람에게 인정받고 있다고 믿으면 불섶에도 뛰어들겠다는 마음가짐이 생깁니다.

여섯째, 상좌시(牀座施). 남에게 앉을 자리를 마련해주라는 것입니다. 상대방을 완전히 '찍어내겠다'는 식의 발상은 분명 문제가 있습니다. 진짜 크게 되려거든 숙적 같은 동료일지라도 그가 앉을 자리를 도려내지 마십시오. 오히려 좀더 크게 보고 앉을 자리를 마련해주십시오. 좋은 경쟁자가 결국 나를 키웁니다.

일곱째, 방사시(房舍施). 쉴 만한 방을 내주라는 것입니다. "아니 이젠 아예 쉴 만한 방 자체를 내주라니? 그러면 나는 어디 있으란 말인가?" 하는 볼멘소리가 나올 만합니다. 그러나 다른 사람에게 쉴 만한 공간을 내주는 만큼 나의 존재영역 역시 넓어집니다.

자, '무재칠시'라는 이 짧은 일곱 마디에 우리 삶 전체가 얽혀 있습니다. 우리가 할 일은 그것을 실천하는 것입니다.

4

삶의 향기를 뿜어내라

더글러스 맥아더

조식

잭 니클라우스

존 F. 케네디

이주일

배삼룡

자니 카슨

시어도어 루스벨트

리처드 부스

신용호

리처드 브랜슨

스티븐 샘플

앙드레 가뇽

스타일이 곧 매력이다

헬멧도 쓰지 않고 전장을 누비던 장군

맥아더(Douglas MacArthur, 1880~1964) 장군이 인천상륙작전을 지휘하던 때의 나이가 얼마인 줄 아십니까? 40대 후반? 50대? 아닙니다. 맥아더가 1880년 생이니 정확히 70세였습니다. 놀라셨죠? 헬멧이 아닌 군모를 쓰고 검은 선글라스를 낀 채, 세월의 향취가 진하게 밴 가죽점퍼를 걸친 맥아더만의 독특하고 한결같은 스타일은 70세란 그의 나이를 감쪽같이 감춰버렸을 뿐만 아니라 맥아더의 카리스마 짙은 모습을 강화시키는 역할도 했습니다.

더글러스 맥아더는 자그마치 52년 동안 군생활을 했습니다. 그의 아버지 아서 맥아더 역시 남북전쟁에 참전한 경력이 있는 장군이었기에 미육군 기지에서 태어난 더글러스 맥아더는 자연스럽게 군인들 틈에서 자랐습니다. 그리고 1903년 웨스트포인트 육군사관학교를 수석으로 졸업한 후 1951년 미 상하양원 합동회의에서 "노병은

164

죽지 않고 다만 사라질 뿐이다"는 말을 남기고 퇴역할 때까지 그는 20세기 최고의 '군인'이었습니다.

이처럼 평생을 군인으로 살았다고 해도 과언이 아닌 맥아더였지만 그는 결코 판에 박은 모습이 아니었습니다. 그는 초급장교 시절부터 군복을 수선해 입으면서 자기만의 스타일을 만들어갔습니다. 자기 차별화를 한 셈이죠.

특히 1차 세계대전 당시 그는 미국 내 여러 주 출신의 군인들로 구성된 일명 '레인보우' 사단을 조직해 이 사단의 참모장으로 참전한 적이 있었습니다. 당시 대령이었던 맥아더는 헬멧을 쓰지 않고 허리에 차는 무기도 벗어놓은 채 총탄이 빗발치는 프랑스 전장을 누볐습니다.

누군가 맥아더에게 그렇게 다니는 이유를 물었습니다. 그는 이렇게 답했죠. "헬멧을 쓰면 안전할 순 있을지 몰라도 리더로서의 이미지를 망치기 때문에 쓰지 않는다. 또 허리에 무기를 휴대하지 않는 까닭은 나의 임무가 직접 싸우는 것이 아니라 전쟁터에서 사람들을 싸우도록 독려하고 지휘하는 것이기 때문에 무기는 필요 없다."

사실 그만의 독특한 스타일이 아니었다면 병사들은 전장에 맥아더가 다녀갔는지, 누가 다녀갔는지 알지 못했을 것입니다. 하지만 헬멧도 쓰지 않은 채 허리에 무기도 없이 전장을 누비는 그가 나타나면 병사들은 금세 맥아더인 줄 알아보고 환호하곤 했답니다. 그의 독특한 스타일이 한몫 한 것이죠.

결국 1차 세계대전에 대령 계급의 참모장으로 참전했던 맥아더는 1918년에 준장으로 승진하고 자신이 결성했던 레인보우 사단의 사단장 역할을 성공적으로 수행했습니다. 그리고 1차 세계대전이 끝난 후 맥아더는 웨스트포인트 육군사관학교 교장을 거쳐 1930년에 마침내 미육군참모총장 자리에 오릅니다. 그 후 1937년 예편했던 맥아더는 1941년 다시 미육군에 복귀해 태평양전쟁을 치릅니다.

2차 세계대전 당시 맥아더는 타이를 매지 않은 카키색 제복과 금테 두른 모자, 옥수수 파이프, 그리고 짙은 선글라스로 코디된 그만의 독특한 스타일을 일관되게 유지했습니다. 그래서 맥아더 장군 하면 우리는 항상 그 모습을 떠올리게 되고, 동시에 이 스타일은 태평양전쟁을 승리로 이끈 맥아더의 트레이드 마크가 되었습니다.

『성공을 위한 옷차림(Dress for Success)』의 저자인 존 몰로이는 스타일과 성공의 상관관계를 주목했습니다. 그에 따르면 성공하는 데는 옷차림을 비롯한 스타일이 중대한 영향을 미친다는 것입니다. 또한 리더는 자신만의 이미지에 걸맞은 스타일을 갖출 때 보다 효과적으로 리더십을 발휘할 수 있다는 것입니다. 그래서 모름지기 리더는 자기만의 스타일을 구축할 필요가 있습니다.

사실 자신만의 스타일을 구축하는 일은 단순히 명품으로 도배하여 겉포장만 그럴듯하게 한다고 되는 것은 결코 아닙니다. 자신만의 향기가 배어나지 않는 스타일은 마치 생화가 아닌 조화로 장식된 느낌을 줄 수밖에 없기 때문이지요.

획일화되기 쉬운 군복에서조차 자신만의 독특한 스타일을 선보였던 더글러스 맥아더. 그는 50여 년의 군 생활을 통해 자기만의 향취를 뿜어내고 이것을 스타일화함으로써 강력하고도 효과적인 리더십을 발휘한 사람이었습니다.

칼과 방울을 찬 선비

16세기 조선 성리학의 양대산맥을 이루었던 남명 조식(曺植, 1501~1572)은 퇴계 이황과 쌍벽을 이뤄 낙동강을 사이에 두고 '좌퇴계, 우남명'이라 불릴 정도였습니다. 퇴계의 성리학이 이론적인 면에 치중한 데 비해, 조식의 남명학은 이치를 따지는 것보다는 실행과 실천을 중시했습니다. 임진왜란 당시 곽재우 등 다수의 의병장이 그의 문하생이었던 것만 봐도 그의 사상이 지닌 실천성이 어떠했는지를 알 수 있습니다.

조식은 늘 허리춤에 '성성자(惺惺子)'라 불린 방울을 차고 다녔다고 합니다. 당시 사대부들에게 흔치 않은 모습이었음에 틀림없습니다. 하지만 그것은 단지 모양을 내기 위한 것이 아니었습니다. 그는 허리춤에 차고 있던 방울이 울리는 소리를 들으며 스스로를 경계했다고 합니다. 방울의 맑은 소리가 사람을 자성하게 만든다는 것이죠.

그런데 스스로를 추스리고 성찰하기 위해 방울만 허리춤에 찼던 것이 아니라 작은 칼도 늘 차고 다녔다고 합니다. 그리고 그 칼에 '내명자경 외단자의(內明者敬 外斷者義)', 즉 '안으로 마음을 밝히는 것은 경(敬)이요, 밖으로 행동을 결단하는 것은 의(義)다'라는 폐검명(佩劍銘)을 새겨넣었습니다.

문치주의가 극에 달했던 당시에 선비가 칼을 허리춤에 차고 다닌다는 것 자체가 파격이 아닐 수 없습니다. 이때 조식이 차고 있던 검을 '경의검(敬義檢)'이라 불렀는데, 그것은 자신의 평생 지표였던 '경(敬)'과 '의(義)'를 목숨처럼 여긴다는 뜻을 함축하고 있습니다. 마음을 살피고 행동을 결단하는 데 말 그대로 '칼 같은' 단호함이 있었던 것이죠.

또한 자신의 혁대에까지 경계의 문구를 새겨넣어 스스로를 채찍질 했습니다. 허리띠에 새겨넣은 혁대명(革帶銘)은 '설자설 혁자결 박생용 장막충(舌者泄 革者結 縛生龍 藏漠沖)', 즉 '혀는 새는 것이요, 가죽은 묶는 것이니, 살아 있는 용을 묶어서 깊은 곳에 감춰라'는 뜻입니다.

장부란 모름지기 세 치 혀를 제대로 가눌 수 있어야 합니다. 그러니 가볍게 혀를 놀릴 것이 아니라 '살아 있는 용'에 비유될 만한 호연지기가 담긴 큰 뜻, 곧 비전을 가슴속 깊이 새겨두라는 뜻이 아니겠습니까?

내친 김에 그의 좌우명(左右銘)을 살펴보면 이렇습니다. '용신용근 한사존성 악립연충 엽엽춘영(庸信庸謹 閑邪存誠 岳立淵沖 燁燁春榮)', 즉 '언행을 신의 있게 하고 삼가며, 사악함을 막고 정성을 보존하라. 산처럼 우뚝하고 못처럼 깊으면, 움 돋는 봄날처럼 빛나고 빛나리라'는 뜻입니다. 이 중 특히 '악립연충(岳立淵沖)', 즉 '산처럼 우뚝하고 못처럼 깊으라'는 구절이 와닿는군요.

남명 조식의 폐검명, 혁대명, 좌우명을 차례로 살펴보면서 여러분은 어떤 생각이 드셨습니까? 여러분은 날마다 자신을 깨울 맑은 방울을 갖고 계십니까? 또 흔들림 없이 행동을 결행하게 하는 마음의 칼날을 세우고 계십니까? 아울러 조식이 자신의 혁대에 새겼던 비전을 여러분은 어디에 새기고 계십니까?

자신을 온전히 추스리고 경계하기 위해 혼신의 노력을 아끼지 않은 '칼과 방울을 찬 선비' 남명 조식. 가장 큰 적은 바로 자기 자신이

며 자신의 마음과 싸워 이기는 사람이 가장 강한 사람이라는 역설을
그는 다시 한번 우리에게 일깨워 주고 있습니다.

그런 의미에서 '산처럼 우뚝하고 못처럼 깊으면 움 돋는 봄날처럼
빛나고 빛나리라'고 했던 남명 선생의 좌우명 역시 500년이 지난 오
늘에도 우리들의 좌우명이 되기에 충분하지 않을까요?

멋지게 지는 법을 아는 골퍼

'20세기 최고의 골퍼'라 불리는 잭 니클라우스(Jack Nicklaus,
1940~). 1962년 프로 골프에 데뷔한 후 첫 해에 US 오픈 우승을 시
작으로, 세 번의 브리티시 오픈 우승, 여섯 번의 마스터스 우승, 다섯
번의 PGA 챔피언십 우승, 세 번의 US 오픈 우승이라는 금자탑을 이
룬 명 골퍼입니다.

또한 그 누구보다도 결정적인 순간에 가장 많이 져본 선수이기도
합니다. 메이저대회에서 19차례나 2등에 머물렀던 진기록도 가지고
있습니다.

그만큼 잭 니클라우스는 승리의 이면에는 패배가 있으며 진정한
우승은 패배의 쓴잔을 마신 후에야 가능하다는 것을 온몸으로 체험
한 골퍼였습니다. 그래서 그는 프로선수가 배워야 할 가장 중요하면
서도 어려운 일이, 지더라도 '멋지게 지는 법'을 아는 것이라고 말합
니다. 멋지게 질 줄 아는 사람이 언젠가는 더욱 멋지게 이길 수 있기
때문이지요.

1969년 라이더스컵 챔피언십에서의 일입니다. 2년에 한 번씩 미

국과 유럽의 최정상급 골퍼들은 라이더스컵을 놓고 팀 대항전을 벌입니다. 당시 라이더스컵을 놓고 잭 니클라우스는 토니 재클린이라는 영국 선수와 중요한 일전을 치르고 있었습니다.

그런데 경기 마지막 홀에서 토니 재클린의 짧은 퍼팅에 따라 게임의 승패가 결정되는 상황이 벌어졌습니다. 비록 퍼팅 거리가 그리 멀지는 않았지만, 극도의 중압감을 느끼는 상태라면 충분히 실패할 수도 있는 그런 거리였습니다. 개인은 물론 국가의 명예까지 걸고 그는 참을 수 없을 만큼 팽팽한 긴장감과 맞서고 있었습니다.

바로 이때, 잭 니클라우스가 토니 재클린의 퍼팅을 들어간 것으로 인정했습니다. 사실 그는 토니 재클린의 실수를 통해 이기고 싶지 않았던 것입니다. 그리고 오히려 지더라도 '멋지게 지는 것'이 어떤 것인지를 보여주고 싶었던 것이었겠죠.

잭 니클라우스는 게임에서 질 경우, "오늘 나보다 더 실력 있는 사람한테 졌습니다"라며 패배를 깨끗하게 인정하는 매너를 지닌 것으로도 유명합니다. 그래서 위대한 골퍼 게리 플레이어는 잭 니클라우스를 가리켜 가장 예의바른 패자이며 그럼으로써 동시에 가장 겸손한 승자가 될 수 있었던 골퍼라고 평가합니다.

골프는 승리를 추구하는 게임입니다. 하지만 승리로 나아가는 길목에는 숱한 패배가 도사리고 있습니다. 그 패배의 협곡과 수렁을 넘고 건너야 비로소 승리의 고지로 나아갈 수 있는 것임을 잭 니클라우스는 우리에게 가르쳐주고 있습니다.

물론 많은 사람들이 승리의 모습만을 보고자 합니다. 하지만 진정으로 승리하고자 한다면, 그리고 궁극적으로 이기고자 한다면 자신의 패배를 깨끗이 승복하고 나아가 그 패배를 패배시켜야 합니다. 지더라도 멋지게 지는 법을 안다면 더욱 멋지게 이길 수 있는 방법도 아는 것입니다. 그런 의미에서 20세기 최고의 골퍼, 잭 니클라우스가 우리에게 던져주는 메시지는 분명합니다.

진정한 승자가 되기 위해선 깨끗하고 멋지게 질 줄 알아야 한다는 것이죠. 잭 니클라우스는 우리가 저지르는 최악의 일은 뭔가를 포기하는 것이라고 말합니다. 게임에서 지는 것과 포기하는 것은 엄연히 다릅니다. 깨끗하고 멋지게 지는 것은 이기기 위한 또 다른 준비이지만 포기하는 것은 영원히 지는 것이기 때문입니다.

목표가 매력인 남자

존 F. 케네디(John Fitzgerald Kennedy, 1917~1963)는 46년이라는 그리 길지 않은 삶을 살았지만 지금도 여전히 살아 있는 신화입니다. 그는 정작 1,037일 동안만 백악관의 주인이었음에도 불구하고 가장 백악관에 어울리는 인물이란 평을, 죽은 지 40년이 지나도록 듣고 있습니다. 정치학자 존 매커덤스의 말처럼, 그는 미국 국민들이 자신의 정치적 신념에 관계없이 존경을 표했던 마지막 대통령으로 자리매김되고 있기도 합니다. 그렇다면 이처럼 사람들로 하여금 케네디에게 매료당하게 만드는 알 수 없는 힘은 과연 무엇일까요? 흔히 이야기되듯이 그의 외모, 재력, 혹은 화려한 가계 때문일까요?

사실 케네디의 매력은 한마디로 말하기가 힘들 정도로 다양합니다. 빛나는 미소와 자연스러우면서도 깔끔한 이미지, 핵전쟁의 위험

속에서도 외교적 승리를 이끌어낸 두둑한 배짱, 그리고 무엇보다 국민의 마음을 사로잡고 움직인 강력한 호소력까지 모두 그가 지닌 매력의 일부입니다. 하지만 케네디의 진짜 매력은 그가 가진 '목표' 그 자체였습니다.

'목표'가 매력이라니? 그렇습니다. 리더가 어떤 목표를 지향하고 있느냐 하는 것이 그 리더의 매력이 될 수 있습니다. 케네디는 줄곧 "정상을 공략하라. 2등을 목표로 하면 거기서 그치고 말 것이다"라고 말했습니다. 결국 남들이 상상할 수 없는 지점을 목표로 설정하고 매진하라는 것이죠. 어쩌면 바로 이것이 케네디 신화를 만들었고 케네디의 매력 그 자체였다고 해도 과언이 아닐 것입니다.

일례로 케네디는 '아폴로 프로젝트'를 선창했습니다. 1961년 5월 25일 케네디는 '국가의 긴급과제에 관한 특별 교서'를 발표했습니다. 거기에는 "1960년대가 끝날 때까지 인간을 달에 착륙시켰다가 안전하게 지구로 귀환시키겠다"는 아폴로 계획이 담겨 있었습니다. 이미 소련이 1958년에 인공위성 스푸트니크 1호를 쏘아올렸고 1961년 4월 12일에는 최초의 유인 우주선에 탑승한 유리 가가린이 108분 동안 지구 궤도를 돌고 오자 이에 자극을 받은 미국이 내놓은 것이 바로 아폴로 계획이었습니다.

당시 그 누구도 감히 달에 가겠다는 생각을 실현 가능한 구체적인 목표로 상정하지 못했습니다. 하지만 케네디는 그것을 목표로 설정했고, 1967년 1월 27일 아폴로 1호의 화재사고로 그리섬, 화이트, 채피 등 세 명의 우주비행사가 모두 타죽는 끔찍한 일을 겪었지만 아폴로 계획은 계속되었습니다. 그리고 마침내 1969년 7월 20일 닐 암스트롱이 달 착륙선 이글 호의 해치를 열고 사다리를 내려와 달에 첫 발을 내디뎠습니다. 닐 암스트롱이 달에 내디딘 첫 발은 공교롭게도 왼발이었습니다. 그 왼발이 인류 역사에 남는 '그레이트 스텝'이 된 것입니다. 결국 10년도 안 되어 케네디가 내걸었던 목표는 현실이 되었습니다. 남들이 도저히 흉내낼 수 없는 높은 목표를 설정하고 그것을 기어코 성취하게 만드는 것, 바로 이것이 케네디의 진짜 매력 포인트가 아닐까요?

케네디가(家)는 증조부 때인 1858년 고향 아일랜드를 떠나 매사추세츠 주 보스턴에 정착했습니다. 케네디는 1917년 5월 29일 매사추세츠 주 브루클린에서 백만장자 조셉 패트릭 케네디와 로즈 피츠제럴드 케네디 사이의 아홉 자녀 중 둘째로 태어났습니다. 케네디는 하버드 대학을 나온 그 이듬해인 1941년 해군에 자원 입대했습니다. 그리고 어뢰정의 소대장으로 근무하다가 일본구축함의 공격을 받고 두 동강 난 배에서 부상당한 부하의 혁대를 입에 물고 무려 6킬로미터나 헤엄쳐 구해내는 탁월한 용기와 리더십을 선보이기도 했습니다.

그 후 중위로 전역할 즈음 아버지가 정치인으로 만들려던 맏형 조가 전사함에 따라 케네디가 대신 그 역할을 떠맡게 됩니다. 1946년 29세에 매사추세츠 주 하원의원에 당선되었고, 1952년 상원의원직에 도전해 7만여 표 차의 압도적 승리를 거둡니다. 1956년에는 초선 상원의원임에도 불구하고 스티븐슨 민주당 후보의 부통령 러닝메이트로 급부상되기도 했습니다. 1958년 매사추세츠 주 상원의원에 재선된 후, 1960년에는 곧장 대통령 선거전에 뛰어들어 닉슨을 제치고 미국의 35대 대통령에 당선됩니다.

1950년대 말 미국 사회는 방향과 목표를 상실하고 있었습니다. 그때 케네디가 나타났습니다. 그는 '뉴 프런티어'를 내걸고 새로운 꿈과 목표를 제시했습니다. 케네디는 1961년 대통령에 취임하면서 이미 '새로운 목표'라는 이름의 로켓을 쏘아올렸던 것입니다. 그리고 그 목표에 살아 있는 숨결을 불어넣었던 것이죠. 목표와 방향을 잃고 헤매던 미국인들은 거기에 매료되었습니다. 바로 이것이 케네디 신화의 진면목이며 여기에 케네디만의 매력이 살아 있었던 것입니다.

1963년 11월 22일 텍사스 주 달라스에서 오스왈드에게 암살당한지 40년이 지난 지금도 케네디에 대한 미국인, 아니 세계인들의 흠모하는 마음이 변하지 않고 오히려 그 열기가 더해가는 까닭은 아마도 케네디의 매력, 바로 그 '도저히 가능할 것 같지 않은 목표'가 더욱 그리워지기 때문인지도 모르겠습니다.

그 어느 때보다 불확실성이 높은 시대입니다. 이런 가운데 '산 목표'를 좇는 사람과 조직이 있는가 하면, '죽은 목표'를 좇는 사람과 조직이 있습니다. 진짜 사냥꾼들이 죽은 표적이 아닌 산 표적을 찾듯이 진정한 감성 리더는 죽은 목표가 아니라 산 목표를 추구합니다. 그리고 산 목표 자체가 그 리더의 매력입니다.

가슴으로 울고 웃게 하라

사람들의 고달픔을 웃음으로 달래준 사람

『당신이 죽을 때 누가 울어줄까?(Who Will Cry When You Die)』라는 책의 저자이자 리더십 분야의 권위자 중 한 사람인 로빈 샤르마가 이런 이야기를 한 적이 있습니다.

"당신이 태어났을 때, 당신은 울음을 터뜨렸지만 사람들은 기뻐했습니다. 이제 당신이 죽을 때, 사람들은 울음을 터뜨리겠지만 당신 자신은 웃을 수 있도록 살아야 합니다."

본명이 정주일인 고(故) 이주일(1940~2002)은 로빈 샤르마가 말한 것처럼 그렇게 살았습니다. 빈소에 놓인 그의 영정은 웃고 있었지만 그를 떠나보내는 사람들은 다들 너무나 슬프게 울고 있었기에 하는 말입니다.

그의 마지막 가는 길을 보면서 적잖은 사람들이 내심 놀랬을 것입니다. 코미디언 한 사람의 죽음에 그처럼 온 나라가 들썩거렸으니 말이죠. 좀더 솔직히 말하자면, "내가 죽었을 때도 사람들이 그토록 슬퍼하고 애도해줄까?" 하는 비교심리가 은근슬쩍 발동하신 분들도 꽤나 있었을 것입니다.

이 나라의 내로라 하는 사람들이 너도나도 앞다투어 그의 빈소를 찾았고, 거의 모든 신문과 방송들이 사설이나 칼럼으로 또는 추모특집을 방영하며 그의 죽음을 애도했습니다. 설령 대통령을 지낸 사람이라고 해도 사망일에 그런 추모와 그런 조명을 그토록 받기는 아마도 어렵지 않을까 싶습니다.

그렇다면 도대체 그의 무엇이 그토록 한결같은 추모의 분위기로 몰고갔던 걸까요? 이주일은 자장면도 물을 부어서 불려 먹어야 했을 만큼 배고파보았고, 나이 40이 넘도록 참으로 혹독했던 무명시절을 겪어내야 했습니다. 그리고 다 키운 자식을 교통사고로 잃어야 하는 천형의 아픔도 감내해야 했습니다.

그런가 하면 연예인 중 소득세를 가장 많이 냈다고 할 정도로 떼돈도 모아보았고, 스스로 팔자에 없었다고 말하는 지역구 국회의원도 지냈습니다. 그리고 '코미디의 황제'라는 칭호를 받을 만큼 자기 분야에서 일가를 이루기도 했지요.

결국, '20년 바닥, 20년 정상'이라는 말처럼 인생의 희비쌍곡선을 극적으로 그리며 살다간 사람입니다. 어쩌면 사람들은 그의 코미디에서 위로받았다기보다는 그의 낙차 크고 굴곡 많았던 삶을 통해 반사적인 위안을 얻었던 것이 아닐까 싶습니다.

지난 1999년 겨울, '이주일의 울고 웃긴 30년'이란 그의 생애 마지막 고별 무대에서 그는 무대 위에 벌렁 드러누워 이렇게 외쳤습니다. "나는 울고 있는데 왜 여러분은 웃으십니까?" 어쩌면 이 한마디가 그와 우리 사이의 관계를 단적으로 말해주는 것이 아니었나 싶군요. 그렇게 알게 모르게 그의 아픔을 반대급부로 해서 삶의 위안을 얻었던 사람들이었기에 그의 마지막 가는 길을 향해 미안한 마음까지 겹쳐 진심으로 애도해 마지않았던 것은 아닐까요?

어쩌면 그는 우리 사회에서 공권력에 의지하지 않으면서도 가장 큰 영향력을 행사한 사람이 아니었나 싶습니다. 말년에 그를 죽음으로 몰고간 폐암에 걸린 뒤 "담배, 그거 독약입니다. 끊어야 합니다"라는 말 한 마디로 전국에 '이주일 신드롬' 이라는 금연열풍을 몰고 온 그였으니 말이죠.

그는 죽는 날까지도 사람들과 언론의 관심 속에 있었습니다. 관심이 지나쳐 그의 죽음을 알리는 부음기사가 정작 그의 진짜 운명시각보다 5분 앞서 타전되는 해프닝이 벌어지기도 했습니다. 어쩌면 이것이 그가 저 세상으로 가면서 마지막으로 우리에게 던져준 결코 웃어넘길 수 없는 진짜 코미디였는지도 모릅니다.

결국 어떻게 산 것이 값지게 산 것인지를 일률적으로 말하긴 어렵겠지만 이주일은 진정 성공적인 삶을 산 사람임에 틀림없는 듯합니다. 적어도 "내가 죽을 때 함께 울어줄 수 있는 사람이 얼마나 되느냐?"라는 척도로 따진다면 더욱 그럴 것입니다.

그는 살아서는 사람들의 고달픔을 웃음으로 달래고 그것도 모자라 죽어서도 사람들의 심금을 울리며, '그렇다면 나는 어떻게 살 것인가?' 를 우리 모두에게 되묻게 만든 사람이었습니다.

나를 낮추고 남을 높이는 유머

〈웃으면 복이 와요〉라는 제목의 코미디 프로를 기억하시죠? 모두가 그리 넉넉하지 못했던 시절, 온가족이 둘러앉아 배삼룡과 구봉서, 서영춘과 이기동이 엎어지고 자빠지는 모습만으로도 포복절도하며 웃던 시절이 있었습니다. 물론 혹자는 그것을 두고 저질이라고 힐난하기도 했지만 그것이 그때 그 시절 우리들의 평균적인 삶의 자화상이었음을 숨길 수 없을 듯싶습니다.

우리 삶에서 결핍되었던 '웃음의 비타민'을 가장 값싸게 공급해주었던 코미디언 중에서도 '비실이' 배삼룡(1926~)은 그 특유의 게다리춤과 바보스런 연기로 별반 웃을 일 없던 사람들에게 무차별적으로 웃음의 비타민을 뿌려주곤 했습니다.

1946년 유랑 악극단의 연습생으로 있다가 우연히 '대역'으로 연예계에 발을 들여놓은 후 여든을 바라보는 현재까지 근 60여 년 가까운 세월을 한 길만 고집해온 코미디언 배삼룡. 그는 2003년 정부로부터 문화훈장 '화관장'을 받았습니다. 웃음이 결핍되었던 시절, 안방극장을 통해 전 국민에게 '웃음의 비타민'을 아낌없이 뿌려준 공로에 대한 다소 뒤늦은 답례가 아닌가 싶은 생각마저 들더군요.

지난 2002년 11월 18일. 경기도 퇴촌마을의 자택에서 화장실에 가려고 침대에서 내려오던 그는 '억' 하는 외마디 소리와 함께 정신을 잃었습니다. 서울로 급히 후송됐지만 상태는 절망적이었습니다. 중환자실로 옮겨 여러 가지 긴급처치를 해보았지만 의식이 돌아올 기미가 보이지 않았습니다. 결국 지인들이 송해를 장례준비위원장으로 선임했습니다. 그를 떠나보낼 준비를 했던 것이죠.

그러던 어느 날 배삼룡은 마치 그동안은 코미디 연기였다는 듯이 기적적으로 자리를 털고 일어났습니다. 그가 정신을 차린 뒤 처음 내뱉은 말은 "공연 어떻게 됐어? 할 수 있으니 취소하지 마. 절대로……"였다고 합니다. 그 후 급속도로 건강을 회복한 그는 50년 지기인 구봉서와 함께 그해 12월 24일 '폭소 크리스마스 빅쇼'란 제목의 디너쇼를 펼쳐보였습니다.

그는 요즘도 한달의 절반 정도는 전국 각지로 공연을 다니느라 정신이 없다고 합니다. 바쁘게 스케줄을 좇다 보면 보약 몇 제 먹은 것보다 효과가 있다며 웃어보이는 그는, 공연이 없는 날에는 책을 읽고 동양화를 그립니다.

배삼룡의 코미디 연기를 보고서 그가 어딘가 좀 모자라는 것은 아닌가라고 생각하는 사람도 없지 않은 것 같지만, 그의 코미디 연기에는 나름의 철학이 담겨 있습니다. "나를 낮춰서 남을 높인다", "나를 사그라지게 만들어 남을 돋보이게 한다", "나를 우습게 만들어서 남을 웃긴다"는 것이 그것입니다.

결국 그의 바보 연기는 "나는 당신만 못합니다", "나는 매사가 부족합니다"라는 것을 바탕에 깔고서 사람들을 무장해제시키고 난 후 그 틈새로 웃음의 비타민을 쏟아붓는 것입니다. "사람들은 자기보다 못한 사람을 보면 경계심을 풀잖아요"라는 말 속에는 그가 사람들의 심리를 꿰뚫어보고 있음을 잘 보여줍니다.

누구나 남보다 나아 보이길 원합니다. 누구나 남보다 똑똑해 보이길 원합니다. 하지만 그는 남보다 못해 보이고, 남보다 덜 똑똑하고 아예 모자라 보이려고 평생 애를 쓴 셈입니다. 그것이 상대를 위안하고 상대의 긴장을 풀고 결국에는 상대를 웃을 수 있는 길로 이끄는 첩경임을 그는 알고 있었기 때문입니다.

리더라면 누구나 강해 보이길 원할 것입니다. 그러나 정작 강해 보이려고 할수록 허점이 더 많이 눈에 띄게 되는 것이 어쩔 수 없는 현실 아닐까요? 차라리 자신이 약한 존재라는 사실을 숨기지 않고 드러내는 것이 상대의 긴장을 풀고 더 나아가 상대를 무장해제시키는 방법이 아닌가 싶습니다. 그리고 거기에 웃음과 유머를 한 자락 깔 수 있다면 상대는 결코 당신을 우습게 여기지 못할 것입니다. 오히려 친근감을 표시하게 될 것입니다. 아니 우러러보게 될 것입니다. 바로 이것이 웃음의 승리학이며 유머의 리더십인 셈이죠.

"가슴으로 사람들을 웃게 만들어야 기억에 오래 남는 법"이라고 말하는 원로 코미디언 배삼룡. 그는 긴장의 연속으로 하루하루를 살아가는 우리들에게 진정으로 필요한 것은, 스스로를 낮추면서 상대의 경직된 틈새를 타고 넘어 상대의 긴장을 풀게 만들고 함께 웃을 수 있게 하는 유머와 웃음임을 일깨워주었습니다.

미국인의 온도조절계

30년 동안 한결같이 세련된 유머와 화술로 미국인들의 밤잠을 설치게 했던 '토크쇼의 제왕' 자니 카슨(John William Carson, 1925~2005)이 지난 1992년 제이 리노에게 자신이 진행하던 토크쇼를 물려주고 은퇴할 당시, 한 기자로부터 "묘비명에 어떤 말을 남기고 싶냐"는 다소 엉뚱한 질문을 받았습니다. 그때 자니 카슨이 뭐라고 말했는지 아십니까? 자신이 진행하는 〈투나잇쇼〉에서 중간 광고가 나오기 직전에 자신이 늘 되풀이했던 대사인 "곧 돌아올게(I will be back)"라고 말했답니다.

그 자니 카슨이 2005년 지병인 폐기종이 악화돼 79세를 일기로 세상을 떠났습니다. 지난 1962년부터 1992년까지 꼬박 30년 동안 모두 4,532회에 걸쳐 NBC 방송의 간판 프로그램인 〈투나잇쇼〉를 진행했던 그는 한때 NBC 연간수익의 17%를 책임질 만큼 막강한 인기와 흥행 파워를 자랑한 방송인이었습니다. 그래서 전성기 때는 자니 카슨의 출연료가 연봉 500만 달러를 웃돌아 당대 TV 출연자 중 최고의 몸값을 기록하기도 했습니다.

그도 그럴 것이 자니 카슨이 진행한 〈투나잇쇼〉는 매일밤 평균 1,000만 내지 1,500만 명의 시청자가 지켜봤고 마지막 방송 때는 시청자 수가 무려 5,500만 명에 달했다고 합니다. 게다가 그가 〈투나잇쇼〉를 진행한 30년 동안 쇼 출연자만 해도 2만 4,000여 명에 달했고, 총시청자수 누계는 830억 명에 이른다고 할 정도니 정말 대단하지 않습니까?

1925년 오하이오 주 코닝에서 태어나 네브라스카 주에서 자란 자니 카슨은 14세 때 마술쇼에 처음 출연하면서 쇼 비즈니스에 입문했습니다. 자니 카슨은 해군 복무를 마치고 네브라스카 대학을 졸업한 뒤 지방의 라디오 방송국에서 잠시 일한 적도 있습니다. 1951년 로스앤젤레스의 한 방송국에서 코미디쇼를 시작한 그는 2년 후인 1953년 〈카슨의 지하실〉이란 이름의 토크쇼를 처음으로 맡았습니다.

그 후 뉴욕으로 옮겨 한동안 토크쇼의 게스트로 출연하다가 쇼 진행자의 갑작스런 공백으로 자신만의 프로그램을 떠맡는 행운을 안게 되었습니다. 하지만 그는 자신에게 던져진 행운을 스스로의 끊임없는 노력과 철저한 자기관리를 통해 진짜 성공으로 이어갔습니다. 그렇다면 그의 성공비결은 과연 무엇이었을까요?

첫째, 자니 카슨은 수준 높고 균형감 있는 유머를 구사했습니다. 린든 존슨과 리처드 닉슨부터 지미 카터와 로널드 레이건, 그리고 아버지 조지 부시에 이르기까지 숱한 대통령과 정치인들이 자니 카슨의 단골 농담소재가 되곤 했습니다. 하지만 자니 카슨은 공화당과 민주당 양쪽 모두로부터 애정 어린 박수를 받았을 만큼 결코 도를 넘지 않는 진정한 위트의 화신이었고 아주 균형 잡힌 유머 감각의 소유자였습니다.

둘째, 자니 카슨의 유머는 솔직하고 유쾌했습니다. 자니 카슨은 심지어 자기 자신마저도 유머의 대상에서 제외시키지 않았습니다. 네 번 결혼하고 세 차례 이혼했던 자신의 전력을 빗대어서 "내가 결혼에 대해 충고를 한다면 타이타닉 호 선장이 항법을 가르치는 셈"이라고 말한 것은 지금까지도 유명한 일화로 남아 있습니다.

셋째, 자니 카슨은 주변에 사람들을 모으고 키울 줄 알았습니다. 존 레논, 폴 매카트니 등 비틀스 멤버와 무하마드 알리와 같은 스포츠 스타들이 모두 〈투나잇쇼〉를 통해 시청자와 만날 수 있었습니다. 빌 클린턴이 자신의 색소폰 실력을 전 미국인에게 공개적으로 과시한 것도 〈투나잇쇼〉를 통해서였습니다. 그 밖에도 가수 바브라 스트라이샌드와 코미디언 데이비드 레터맨을 발굴했고, 우디 앨런과 스티브 마틴, 제이 리노 같은 스타들을 키워냈습니다. 그는 사람을 가

법게 여기기 쉬운 방송계에서 사람 귀한 줄 아는 몇 안 되는 인물이었던 것입니다.

넷째, 일단 떠난 후에는 기웃거리며 뒤돌아보지 않았습니다. 1992년 은퇴 후 자니 카슨은 요트 타기와 여행으로 소일하며 방송에는 일절 얼굴을 내밀지 않았습니다. 그는 30년 동안 〈투나잇쇼〉를 방송했던 NBC 창립 75주년 행사 때조차 모습을 나타내지 않았습니다. 일단 떠난 세계에는 절대로 기웃거리지 않는다는 것이 그의 철칙이었기 때문입니다.

다섯째, 그는 무엇보다도 평균 미국인의 감성을 대변했습니다. 자니 카슨과 그의 〈투나잇쇼〉가 미국인들로부터 절대적인 사랑을 받았던 것은 오하이오 주에서 태어나 네브라스카 주에서 성장한 중서부 출신답게 자니 카슨이 '평균 미국인'의 감성과 유머 감각을 대변했기 때문입니다. 그래서 자니 카슨에게는 매일 밤 취침 전에 미국인들의 감정을 조절해준다는 뜻에서 '미국의 감정적 온도조절계'란 별명이 따라다녔습니다. 그래서 자니 카슨의 감정적 온도조절계가 너무 올라가거나 내려가면 곧 미국 사회의 이상징후를 반영한다고 말할 정도였습니다.

진정한 리더는 온도계가 되지 말고 온도조절계가 되어야 합니다. 바깥 기온에 따라 오르락내리락하는 온도계 같은 사람이 아니라 바깥 기온변화에도 불구하고 자기 내면의 온도를 일정하게 유지시켜 안정감을 주는 그런 온도조절계 같은 사람 말입니다. 자니 카슨이 바로 그런 사람이었습니다.

책 든 손이 이긴다

리더(reader)가 리더(leader)다

지난 한 세기 동안 크리스마스 선물 등으로 각광받아온 곰인형 '테디 베어(Teddy Bear)'를 아시지요. 그런데 이 테디 베어가 어디서 유래했는지 아십니까? '테디'는 시어도어 루스벨트(Theodore Roosevelt, 1858~1919)의 애칭이고 당시 인기를 끌던 그가 새끼 곰을 살려주는 내용의 만화에서 힌트를 얻어 만들어진 곰인형이 바로 '테디 베어'입니다.

지금으로부터 한 세기 전인 1901년, 윌리엄 매킨리 대통령이 총격으로 사망하고 그 뒤를 이어 42세의 젊은 부통령 시어도어 루스벨트가 20세기 최초의 미국 대통령 자리에 오르게 됩니다. 뜻하지 않게 대통령이 된 시어도어 루스벨트는 '먼로 선언'으로 대변되던 고립주의를 과감히 탈피하면서 파나마운하를 확보해 미국이 대서양과 태평양을 아우를 수 있게 했고, 이를 뒷받침할 세계 최고 수준의 해군

184

함대를 구축하는 등 미국이 20세기 초강대국으로 부상하는 데 초석을 놓았습니다. 이런 공로로 그는 윌리엄 라이딩스 2세와 스튜어트 매키버가 펴낸 『위대한 대통령 끔찍한 대통령』에 나오는 '역대 미국 대통령 평가'에서 에이브러햄 링컨, 프랭클린 루스벨트, 조지 워싱턴, 그리고 토머스 제퍼슨에 이어 랭킹 5위에 올랐습니다.

시어도어 루스벨트는 몸을 사리지 않는 매우 정력적인 활동가였습니다. 전임 매킨리 대통령 시절, 미국과 스페인 간의 전쟁이 발발하자, 루스벨트는 해군성 차관직을 과감히 사직하고 육군 복무를 자원했을 정도였습니다. 또 그는 대통령 재임 시절 아직 성능이 입증되지 않은 잠수함을 타고 직접 바다 속으로 들어갔고, 결코 안전하다고 말할 수 없는 개발 초기의 비행기를 타고 하늘을 날아볼 정도로 매우 도전적이고 실천적인 사람이었습니다. 대통령직에서 퇴임한 후인 1909년에는 아들 커미트를 데리고 아프리카로 1년간 사냥여행을 떠나기도 했고, 죽기 5년 전인 1914년에는 남미의 아마존강을 탐험하기도 했습니다.

하지만 시어도어 루스벨트는 그저 호기심 많고 좌충우돌하며 '몸으로만 때우는 사람'이 결코 아니었습니다. 그의 수많은 도전과 실천은 끊임없이 배우며, 새로운 꿈과 비전을 추구하려는 그의 열정의 자연스런 산물이었습니다. 더구나 그는 당대의 그 누구와도 견주기 힘들 정도의 독서광이었고 대단한 저술가였습니다. 그는 속독으로 책을 읽었고, 평생 32권의 책을 저술했습니다. 그는 "우리는 책을 통해 인생이라는 전쟁터에서 유용하게 쓰일 탄약을 확보할 수 있다"고 말할 정도로 책을 현실 타개와 미래 개척에 없어선 안 될 동반자로 여겼습니다.

리더십 연구의 대가 존 맥스웰은 '종착역 질환'이란 표현을 한 적이 있습니다. "더 이상 배울 것이 없다고 생각하며 책읽기를 거부하는 사람들은 결국 더 이상 성장하지 못한다"는 것을 꼬집어 이야기한 것입니다. 물론 시어도어 루스벨트는 '종착역 질환'과는 거리가 먼 사람이었을 뿐만 아니라 끊임없이 '새로운 도전의 역'을 찾아가는 지칠 줄 모르는 기관차 같은 인물이었습니다.

하지만 새로운 도전의 역으로 나아가기 위해선 열정의 기관차만 가지고는 불가능합니다. 새로운 도전의 역까지 이어진 철도가 필요합니다. 책을 읽는다는 것은 바로 그 철도를 놓는 일과 같습니다. 그가 대통령으로 재임할 당시 미국에 놓인 철도의 길이는 전 세계 철도 길이의 3분의 1에 해당하는 16만 7,000마일에 달합니다. 그러나 미국의 새로운 한 세기를 열었던 시어도어 루스벨트는 그런 물리적인 철도보다 더 길게 '새로운 도전의 역'을 향한 '꿈의 철도', '비전의 철도'를 놓았습니다. 바로 실천적인 독서를 통해서 말입니다. 그리고 그 위를 자신의 기관차는 물론 후대의 열정을 실은 기관차들이 끊임없이 지나가게 한 것입니다.

독서는 곧 그가 나아갈 방향의 '꿈의 철도', '비전의 철도'를 놓는 일입니다. 그리고 우리는 너나 할 것 없이 바로 그 철도 위를 지나 미래로 나아갑니다. 그래서 책을 읽는 리더(reader)가 미래를 이끄는 리더(leader)가 되는 것입니다.

책의 왕국 헤이온와이

책에 대한 열정은 종종 독서에 그치지 않고 도서관으로, 서점으로, 헌책방 마을로 이어지기도 합니다. 토머스 제퍼슨은 대학에서 그리스 로마의 고전으로부터 당대의 계몽철학까지를 원서 그대로 폭넓게 읽은 독서광이었고, 1만여 권에 달하는 엄청난 장서를 소장하기도 했습니다. 그는 1812년 워싱턴의 국립도서관이 영국군의 방화로 소실되자 자신의 장서들을 모두 국가에 기증해 오늘날 최대의 도서관인 미국 의회도서관의 토대를 만들었습니다.

세계 유일의 헌책방 마을을 만든 사람도 있습니다. 지금은 헌책방들이 많이 사라져 옛 추억처럼 되어버렸지만, 사실 헌책방은 모든 것이 부족하고 힘들었던 시대에 우리의 지식은 물론 우리의 영혼까지도 추스리게 하는 정신적 자양의 보고(寶庫) 같은 곳이었습니다.

책 곰팡내 나는 헌책방에서 절판된 책이나 이전에 읽으려다 놓쳐버린 책을 발견하는 날에는 다소 과장된 표현일지 모르지만 마치 잃어버린 자식을 되찾은 듯한 느낌이 들곤 했지요. 그러나 이젠 그런 기쁨을 찾기가 쉽지 않습니다. 헌책방들이 하나둘씩 사라져버렸기 때문입니다.

리처드 부스(Richard Booth, 1938~)는 1962년 옥스퍼드 대학을 졸업한 후 자신의 고향인 웨일스의 시골 마을 '헤이온와이(Hay-on-Wye)'로 돌아와 헌책방을 열었습니다. 명문대 출신이 시골 마을로 돌아와 헌책방을 연 것도 희한한 일이었지만, 당시 헤이온와이라는 이 퇴락한 시골 마을에는 책을 살 만한 사람은 물론 책을 읽을 만한 사람조차 매우 드물었습니다.

그러나 리처드 부스는 이것저것 재지 않고 재정난으로 문을 닫게 된 웨일스 지역 대학도서관과 전통 있는 가문들의 서재를 뒤지고, 아일랜드와 스코틀랜드, 심지어는 미국과 캐나다, 호주까지 직접 찾아가 헌책을 구입해 왔습니다. 그리고 사들인 책들을 보관하기 위해 오래된 성과 곡물창고들은 물론 옛 소방서와 영화관마저 헌책방으로 바꿔나갔습니다.

주민이래야 고작 1,500여 명뿐인 이 마을에 40여 개의 서점, 그것도 헌책방이 들어섰던 것이지요. 경제논리로는 도저히 해명이 안 되는 일을 리처드 부스라는 고집불통의 한 인간이 10여 년 넘게 지속한 결과 '헤이온와이' 라는 헌책방 마을이 만들어졌습니다.

헌책방 마을을 일궈낸 리처드 부스는 1977년 4월 1일 만우절을 기해 헤이온와이를 독립왕국으로 선포하고 스스로 '서적왕 리처드'에 즉위하는 해프닝을 벌였습니다. 그리고 헤이온와이 왕국만의 독자적인 국가와 여권, 우표와 화폐까지 발행했습니다. 이 일을 통해 헤이온와이는 세간에 더 많이 알려지게 되었고 결국 헤이온와이라는 헌책방 마을이 하나의 문화왕국으로 자리잡기에 이르렀습니다.

그 후 자연스럽게, 리처드 부스가 헤이온와이에 일궈낸 헌책방 마을은 세계적인 관광명소가 되었습니다. 그러다 1980년대 중반 무리한 확장 탓에 헤이온와이 헌책방 마을이 파산하는 위기에 몰리기도 했지만 리처드 부스는 오히려 프랑스, 벨기에, 네덜란드 등 해외에 헤이온와이를 본뜬 헌책방 마을을 잇달아 세우면서 그 위기를 모면했습니다.

이런저런 시련이 있었지만, 1988년 이후 매년 5월에 열리는 '헤이온와이 축제'는 영어권 최대의 축제 가운데 하나로 성장했고, 세계 각지에서 수십만 명의 관람객들이 시골 마을 헤이온와이까지 찾아 와서 문학과 독서, 그리고 학문의 향연을 펼치게 되었습니다. 한마디 로 리처드 부스가 일군 헌책방 마을 덕분에 헤이온와이가 먹고 살게 된 것은 물론 이 시골 마을이 새로운 문화의 메카로 자리잡게 된 셈 입니다.

그런데 1995년 리처드 부스가 뇌종양으로 쓰러졌습니다. 하지만 이 별난 '책 매입광'은 얼굴 근육의 절반이 마비된 뒤에도 일에서 손 을 놓지 않았습니다. 그런 고집과 열정 때문일까요? 1998년 '헤이온 와이 왕국 독립선포 21주년'을 맞아 헌책방 마을의 주민들은 리처드 부스를 '헌책방 제국의 황제'로 추대하기에 이르렀습니다. 물론 명 목상의 황제입니다만.

우리는 한 사람의 일생을 관통하는 열정과 상상력이 얼마나 놀라 운 기적을 일으키는지를 헤이온와이를 통해 다시 한번 확인하게 됩 니다. 리처드 부스의 열정과 상상력이 오늘의 헤이온와이를 만들었 습니다. 흔히 헌책은 과거의 유물일 뿐이라고 생각하기 쉽습니다. 그 러나 그는 과거의 유물로만 생각되던 헌책을 통해 아무 희망도 없던 자기 고향 헤이온와이에 그 누구도 흉내낼 수 없는 독특한 미래를 열 어놓았던 것이죠.

헌책방이라는 과거의 우물에서 새롭고 경이로운 미래의 상상력과 부가가치를 건져올린 리처드 부스. 그는 인터넷과 컴퓨터가 판치는 디지털 시대에도 여전히 '책 든 손이 이긴다'고 확신하며 그칠 줄 모 르는 열정과 상상력으로 오늘도 헌책방 마을, 아니 우리 시대의 진정한 문화왕국 헤이온와이를 일구고 있습니다.

책 속에 길이 있다

리처드 부스가 웨일즈에 헤이온와이를 만들었다면 고(故) 대산 신용호(愼鏞虎, 1917~2003) 회장은 책은 사람을 만든다는 정신을 구현하기 위해 국내 최대의 서점을 만들었습니다.

서울 광화문 교보빌딩 1층 로비에 지금은 이름도 실내도 바뀌었지만, '비즈니스 클럽'이라는 이름의 아주 심플하고 소박한 유러피안 스타일의 레스토랑이 있었습니다. 저 역시 광화문 교보서점에 들를 일이 있으면 식사나 차도 할 겸 자주 들르곤 했습니다. 그런데 점심시간 무렵 그곳에 들르면 종종 1인용 테이블에 앉아 조용히 혼자서 클럽샌드위치나 스파게티 같은 간단한 음식을 먹는 백발의 깔끔한 노신사를 볼 수 있었습니다. 그는 조용히 식사를 마친 후 아무 말 없이 자리를 일어서곤 했습니다. 그가 바로 교보생명 창립자인 대산 신용호 회장이었습니다. 국내 유수한 기업의 총수가 수행원 한 명 없이 그것도 혼자서 조촐한 식사를 한다는 것이 그리 흔한 일은 아닐 듯싶습니다. 그만큼 신용호 회장은 검약하고 소탈한 것이 몸에 밴 사람이었습니다.

신용호는 1917년 전남 영암에서 부친 신성언과 모친 유매순 사이의 여섯 형제 중 다섯째 아들로 태어났습니다. 항일운동에 연루되었던 어려운 집안 환경 때문에 그는 초등학교도 다니지 못했습니다. 하지만 신용호의 공부에 대한 열정은 대단해서 비록 학교를 다닌 일도 가르침을 준 스승도 없었지만, 그에겐 평생 그가 처한 환경이 학교였고 역경 속에 만난 사람들이 곧 스승이었습니다. 그래서 그는 자신의 이력서 학력란에 "배우면서 일하고 일하면서 배운다"는 말을 즐겨 써넣곤 했답니다.

19세 때 중국으로 건너갔다가 해방과 더불어 29세에 다시 고국으로 돌아온 그는 맨손가락으로 생나무 뚫는 일을 시작했습니다. 다름 아니라 당장 오늘 죽을지 내일 죽을지 모를 전쟁의 폐허 속에서 2세 교육을 위한 '교육보험'을 창안한 것입니다. 세계 보험 사상 누구도 생각하지 못했던 '교육보험'이라는 신제도를 창안하여 "담배 한 갑을 줄이면 자녀를 대학까지 교육시킬 수 있다"며 새로운 보험시장을 열어나갔습니다. 처음엔 누구도 거들떠보지 않았지만 결국 그의 '교육보험'은 '나는 못 먹어도 내 자식만큼은 가르친다'는 우리나라 부모들의 뜨거운 교육열에 불을 댕긴 셈이었습니다. 아울러 그의 교육보험 아이디어는 국제적으로도 크게 인정을 받아 세계보험총회에서 대상을 받고, 신용호는 미국 알라바마 대학 명예교수로 추대되기에 이릅니다. 하지만 그의 맨손가락으로 생나무 뚫기는 여기서 그치지 않았습니다.

1980년 종로 1가 1번지에 초현대식 교보빌딩을 올리고 나서 그는 주위의 반대를 무릅쓰고 금싸라기 같은 지하 2,700여 평의 공간에 당시로선 채산도 맞지 않는 책방을 차리겠다는 결단을 내린 것이었습니다. 물론 그것은 끼니조차 잇기 힘들 만큼 가난하고 어려웠던 어린 시절에 그에게 "책 속에 길이 있다"는 것을 일러준 어머니의 가르침에 따라 "사람은 책을 만들고 책은 사람을 만든다"는 정신을 구현하기 위한 것이었습니다. 아울러 기업의 성공은 부를 축적하기보다는 사람을 축적하는 것이라는 평소의 지론이 담긴 것이기도 했습니다.

책을 가까이하는 사람은 결국 자기 삶을 사랑하고 삶의 진정한 성공에 다가갑니다. 그것은 책 속에 길이 있기 때문입니다.

괴짜가 세상을
행복하게 한다

재미있게 일하라

"사업은 재미있어야 한다." 세계적인 모험가이자 '버진' 브랜드 복합기업의 총수인 리처드 브랜슨(Richard Branson, 1950~)의 지론입니다. 그는 17세 때 학교를 때려치우고 20세 때부터 음반 회사, 음반 판매점, 라디오 방송국, 영화관 체인 등 자신의 흥미를 끄는 모든 시장에 뛰어들었습니다. 30년이 지난 오늘날 그는 웨딩드레스, 와인, 모터사이클, 헬리콥터를 판매하고, 팝 비디오를 만들며, 이동통신회사를 경영하고, 보험과 금융서비스는 물론 항공사와 여행사를 포함한, 말 그대로 복합기업의 총수가 되었습니다. 실제로 리처드 브랜슨은 "요람에서 무덤까지 소비자의 모든 욕구를 충족시키는 회사를 만드는 것이 자신의 구상"이라고 말합니다.

남들이 보면 그의 사업은 지극히 모험적입니다. 그는 전혀 경험해보지 않은 사업들에 손을 댔고 그래서 모든 회사들에 처녀라는 뜻의 '버진'이라는 이름을 붙였습니다. 마치 열한 번 이상 죽다 살아날 만큼 목숨 건 도전을 즐겨 감행하는 리처드 브랜슨의 성격 그대로 버진 그룹은 변화하고 확장되었습니다.

또한 리처드 브랜슨은 괴짜이고 지나치다 싶을 정도로 장난을 잘 치기로 유명합니다. 그는 파티 때마다 매력적인 여자 손님을 골라잡아서 거꾸로 매달곤 하는데, 한번은 도널드 트럼프의 전 아내인 이바나 트럼프를 수백 명이 보는 가운데 수영장 위에 거꾸로 매달았다고 합니다. 그녀는 이 일로 아직도 브랜슨을 용서하지 않고 있다고 합니다.

또 한 번은 지금은 고인이 된 기업 인수 합병의 대실력자인 제임스 골드스미스 경과 만났을 때의 일입니다. 멕시코에 있는 골드스미스의 별장으로 초대받아 간 첫날 아침, 브랜슨은 그러지 않겠다고 약속한 후에 그 억만장자를 기어코 수영장 속으로 밀어넣었고 그 즉시 그 집에서 쫓겨났습니다.

이처럼 그는 기업의 '경영자'라기보다는 장난기 어린 '괴짜'나 '악동'의 이미지에 더 가깝습니다. 하지만 브랜슨의 이런 모습이 시장에서는 먹혔들었습니다. 사실 진지하고 신중함을 중시하는 경영자의 덕목에서 보면 브랜슨은 거의 낙제점에 가깝겠지만 그의 튀는 행동에는 대중과 가까워지기 위한 눈물겨운 노력이 녹아 있음을 간과해서는 안 됩니다.

그가 '버진 브라이드'라는 회사를 알리기 위해 직접 자신의 다리털을 깎고 웨딩드레스를 입은 것은 단순한 치기가 아니라 고도로 계산된 또 하나의 마케팅 수완이었습니다. 이런 파격적인 노력 덕분에 리처드 브랜슨은 전 세계 26개 국의 200여 개 회사에서 여행, 의류,

음료, 투자정보 서비스업, 컴퓨터 게임, 음반사업 등 다양한 사업을 '버진'이란 하나의 브랜드로 묶어 펼칠 수 있었습니다. 모험적이고 창의적이면서도 재미있는 리처드 브랜슨의 경영철학을 10가지로 압축하면 이렇습니다.

첫째, 큰놈을 상대로 겨루어라. 리처드 브랜슨의 경영철학 제1조는 큰놈, 즉 실력 있는 거대기업을 경쟁 상대로 선택한다는 것입니다. 그가 브리티시 에어웨이스에 맞서 버진 애틀랜틱 에어라인이란 저가항공사를 설립한 것이 그 예입니다.

둘째, 히피처럼 행동하라. 브랜슨의 자유분방한 스타일과 비순응주의적인 태도 때문에 사람들은 그를 '히피 자본가'라고 부릅니다. 하지만 그의 파격이 시장의 틈새를 뚫고 새로운 시장을 창출했습니다.

셋째, 쉼 없이 흥정하라. 리처드 브랜슨은 입버릇처럼 "모든 것은 협상이 가능하다"고 말합니다. 그러니 우두커니 앉아서 당하지 말고 쉼 없이 '딜(deal)' 하라는 것입니다.

넷째, 재미있게 일하라. 재미있고 즐겁지 않으면 오래 일할 수 없습니다. 즐거운 일 문화를 만드는 것은 사람들에게 일할 맛이 나게 하고 또 이들을 지속적으로 확보할 수 있는 지름길입니다.

다섯째, 브랜드를 더럽히지 마라. 리처드 브랜슨은 모든 사업에 '버진'이란 브랜드를 사용합니다. 모든 사업에서 처녀 같은 순수성과 참신성을 잃지 않겠다는 강한 의지가 담겨 있습니다.

여섯째, 카메라를 향해 웃어라. 리처드 브랜슨은 매스컴의 관심을 끄는 것이 판매를 촉진시키는 가장 효과적인 방법이라고 확신합니다. 그는 자신의 사진이 신문이나 잡지에 실릴 때마다 버진 브랜드가 광고되고 있다고 말합니다.

일곱째, 양 떼를 인도하지 말고 고양이 떼를 이끌어라. 리처드 브랜슨은 그가 이끄는 대로 사람들이 맹목적으로 따르게 하기보다는 도전할 수 있는 환경을 조성함으로써 한 사람 한 사람이 최대한의 능력을 발휘할 수 있도록 합니다.

여덟째, 날아가는 총알보다 더 빨리 움직여라. 리처드 브랜슨은 일단 기회를 포착하면 지체 없이 행동에 착수했습니다.

아홉째, 기발하게 생각하되 단순하게 운영하라. 리처드 브랜슨이 만든 '버진 와인즈'는 어려운 말을 쓰지 않은 와인 가이드를 덧붙여 지역별이 아닌 맛에 따라 분류한 와인을 내놓았습니다. 그는 어렵게 부풀려진 와인의 이미지에서 거품을 빼고자 했던 것입니다.

열째, 대중성을 잃지 마라. 리처드 브랜슨의 궁극적인 재능은 대중의 인기를 얻는 자질에 있습니다. 이것이 바로 그의 지속적인 성공과 명성의 비결이라고 할 수 있습니다.

모든 경영 스타일은 사실상 경영자가 지닌 캐릭터의 연장이라고 해도 과언이 아닙니다. 거침없는 파격으로 꿈을 현실로 옮겨놓는 괴짜 기업인 리처드 브랜슨. 지난 1997년 기사 작위까지 받았지만 여전히 그는 재미를 지향하고 도전을 감행하며 끊임없이 자신과 조직을 혁신시키는 것을 즐거움으로 아는 사람입니다. 재미, 혁신, 도전을 기치로 내걸고 오늘도 그는 버진 브랜드를 앞세워 거침없이 나아가고 있습니다.

고정관념을 깨라

광고 카피 중에 "침대는 가구가 아니라 과학입니다"라는 구절을 기억하실 것입니다. 그런데 "리더십은 과학이 아니라 예술입니다"라고 말하는 사람이 있습니다. 바로 스티븐 샘플(Steven B. Sample)입니다. 그에게 리더십은 '고정관념을 깨는 예술'입니다.

스티븐 샘플은 전기공학도 출신의 교수이자, 디지털 가전제품 제어 분야에서 다수의 특허권을 보유하고 있는 발명가이면서 음악가이기도 합니다. 한마디로 그 자신이 '괴짜'인 인물입니다. 특히 그는 미국 남가주 대학 총장으로 재직하면서 워렌 베니스와 함께 학생들에게 '괴짜 리더십'을 강의해 화제를 모았습니다.

스티븐 샘플이 말하는 '괴짜'란 '고정관념을 깨는 사람'입니다. 그는 리더가 되려거든 '고정관념의 교실'에서 나오라고 외칩니다. 리더는 '생각의 고인 물'이 아니라 '생각의 흐르는 물'에 몸을 적시고 그것을 마셔야 한다는 것이죠. 한마디로 고정관념을 깬 창조적 상상력이 리더십의 요체라는 것입니다. 그렇다면 고정관념을 깬 창조적 상상력을 체득하기 위해서 리더는 무엇을 어떻게 해야 하는 것일까요?

먼저, 스티븐 샘플은 '리더십을 위한 30대 70'이라는 공식을 제시합니다. 리더는 자기 시간의 30%는 실질적인 업무에 쏟아넣되, 나머지 70%는 지금 당장의 업무가 아닌 재충전과 여가 혹은 남들 눈에 하찮게 여겨지는 것들에 투자하라는 것입니다. 눈코 뜰 새 없이 바빠 죽겠는데 무슨 '30대 70'이냐고, 그렇게 우리가 한가해 보이냐고 반문하실 분들도 계실지 모르겠지만 조금 차분하게 인내심을 갖고 스티븐 샘플의 이야기에 귀를 기울여보는 것이 어떨까요?

일례로 스티븐 샘플은 위임할 수 있는 결정은 결코 직접 내리지 말라고 충고합니다. 제너럴일렉트릭(GE)의 전 회장이었던 잭 웰치는 2,500만 달러 미만의 사업 결정은 모두 해당 사업본부장이 담당하도록 했습니다. 그는 그것을 누가 대신 맡아 결정할 것인지만을 고민해 결정한 후 자신은 일의 '30세계'를 벗어나 재충전의 '70세계'에 들어갔다는 것이죠.

초보경영자와 노련한 경영자의 차이는 바로 이 30대 70의 공식을 얼마만큼 유지할 수 있느냐에 따라 갈라집니다. 초보경영자는 당장의 현안에 매달려 거의 모든 시간을 보냅니다. 그렇게 1~2년을 지내면 아무리 재능 있는 경영자일지라도 스스로 소진되고 맙니다. 마치 재충전 없이 방전만 일삼은 배터리처럼 되고 마는 것이죠. 반면에 노련한 경영자는 30대 70의 원칙을 유지하면서 지치거나 소진되는 일 없이 10년, 20년을 롱런합니다. 당장의 현안에만 매달리지 않고 꾸준히 자신의 미래에 대한 투자로서의 재충전을 병행했기 때문에 가능한 일이죠.

또한 스티븐 샘플은 고정관념을 깨뜨리는 괴짜 리더십으로 무장하기 위해선 30대 70의 원칙을 지키는 것 이외에도 400년 이상 된 고전을 읽으라고 권합니다. 최근 나오는 책들과 자료는 경쟁자도 읽고 볼 수 있겠지만, 400년 이상 된 고전을 읽는 경영자는 여간해서 드물다는 것이죠. 따라서 남들과 다른 생각을 갖기 위해선 남들이 보지 않고 남들의 시선이 닿지 않는 곳에 있는 것들을 끄집어내야 한다는 것이 그의 주장입니다.

물론 꼭 시간적으로 400년 이상 오래 묵어야만 한다는 것은 아닙니다. 그만큼 사람들의 시선이 비껴가고 있는 지점에서 뭔가를 찾아야 한다는 말이겠지요. 비단 책만이 아닙니다. 남들이 가지 않는 곳에 가보는 것도 중요합니다. 으레 사람들이 갈 법한 곳만 찾지 말고 사람들의 발길이 전혀 닿지 않을 곳을 가보는 것이 남과 다른 생각을 가질 수 있는 방법 중 하나라는 것이죠. 한 마디로 스스로를 남들과 차별화시킬 수 있도록 끊임없이 노력하라는 것입니다.

당장의 일에만 매달려 스스로를 방전된 배터리처럼 만들지 말고 30대 70의 원칙을 지키면서 늘 재충전된 상태를 유지하며, 남들도 다 읽는 신문과 신간 서적에만 매달리지 말고 대신 400년 이상 된 고전을 읽어 차별화의 근본전략을 세우라고 충고하는 우리 시대의 괴짜 총장 스티븐 샘플. 그는 '차이가 곧 가치'인 감성 시대를 성공적으로 사는 방법을 말해주고 있습니다.

바다 위의 피아노를 꿈꾸어라

창의와 즐거움이 가득한 리더가 되려면 어떻게 해야 하는지, 캐나다 퀘벡 출신의 피아니스트 앙드레 가뇽(Andre Gagnon, 1942~)에 얽힌 이야기가 여러분께 또 하나의 힌트를 드릴 수 있지 않을까 싶습니다.

'피아노의 시인'이라고도 불리는 앙드레 가뇽이 내한공연을 가졌던 예술의 전당 콘서트홀에서 있었던 일입니다. 리사이틀이 감미로운 연주로 한창 고조되었을 때, 그는 마이크를 잡고 이렇게 말했습니다. "다음 연주곡은 '바다 위의 피아노(Un piano sur la mer)'라는 곡입니다. 여러분도 저와 함께 바다 위의 피아노를 꿈꿔보십시오."

이렇게 말하곤 그는 피아노 앞에 몸을 정돈하고 앉아 잠시 숨을 고르는 듯했습니다. 콘서트홀에는 순간 적막이 흘렀습니다. 저는 그 순간 제 주위의 다른 청중들의 분위기를 살폈습니다. 그리곤 사람들이 앙드레 가뇽의 "바다 위의 피아노를 꿈꿔보라"는 주문에 대해 속으로 어떻게 반응하고 있을지 몹시 궁금한 생각이 들었습니다.

그때 그의 연주가 막 시작되었습니다. 5분 남짓한 짧은 연주였지만 청중들은 모두 저마다 바다 위의 피아노를 꿈꾸며 그가 들려주는 선율에 깊이 매료되는 모습이었습니다. 저 역시 그랬습니다. 그 곡의 연주가 끝난 후에도 한동안 여운이 가시지 않았습니다. 그리고 리사이틀 전체 순서가 끝난 후에도 "바다 위의 피아노를 꿈꿔보라"는 앙드레 가뇽의 주문이 저의 귓전을 떠나지 않았습니다. 그 후 그 물음이 던진 여운은 제 일상에서 하나의 화두가 되어버렸습니다.

앙드레 가뇽은 바다 위의 피아노를 꿈꿔보라며 상상력을 자극했습니다. 하지만 여전히 우리의 상상력은 우리 자신의 고정관념에 갇혀 있기 일쑤입니다. 혹 형식논리를 심하게 따지는 이들 중에는 바다 위의 피아노라고 하니 심지어 피아노를 무인도 위에 올려놓거나 아니면 요트 위에 싣거나, 그것도 안 되면 뗏목 위에라도 얹어놓을 생각을 하는 사람들도 있을지 모릅니다.

사실 "바다 위의 피아노를 꿈꿔보라"는 주문이 피아노 리사이틀 공연장에서 나왔으니 망정이지 정작 이런 식의 물음이 딱딱한 회의석상에서 나왔다면 여러분은 어떻게 대응하실까요? "바다 위의 피아노라니? 바다 속에서 피아노는 무슨 피아노?" 하며 쓸데없는 이야기 하지 말라는 식으로 반응하지는 않았을까요?

그렇다면 왜 우리는 공연장에서는 자연스럽게 떠올렸던 상상력을 사무실과 회의장에서는 거세해버리는 것일까요? 분위기에 따라 달라지는 것 아니냐구요? 그렇다면 분위기만 맞으면 공연장에서 떠올렸던 자유분방한 예술적 상상력을 사무실과 회의장에서도 맘껏 발휘할 수 있다는 이야기가 되는군요.

우리는 전천후, 전방위적으로 사고할 수 있어야 합니다. 그리고 공연장이든 회의장이든 사무실이든 관계없이 어디서나 고정관념의 울타리 없이 생각하고 상상할 수 있도록 분위기를 만들어줄 수 있어야 합니다.

사실 앙드레 가뇽이 "바다 위의 피아노를 꿈꿔보라"고 주문하고 또 권유한 것은, 넘실대는 파도 위에 하나의 선율이 되어 두둥실 떠있는 피아노를 연상하고 상상하면서 스스로가 쳐놓은 고정관념의 울타리들로부터 자유로워지라고 말한 것이 아닐까요?

자, 그러니 이제 차분히 눈을 감고 '바다 위의 피아노'를 꿈꾸듯 떠올려보세요. 넘실대는 파도 위에서 하얀 포말과 함께 퍼져나오는 피아노의 선율을 흠뻑 느낄 수 있을 것입니다. 그리고 이제는 그 열린 느낌과 상상력을 사무실과 회의장으로도 가져옵시다. '바다 위의 피아노'를 함께 꿈꿀 수 있는 그런 일터, 삶터가 상상이 되십니까? 자유와 창의를 꿈꾸는 리더란 바로 그런 일터, 삶터를 일궈내는 사람이 아니겠습니까?

디지털 시대 감성 리더의 7가지 덕목

1. 느림을 확보하라

맛을 음미하려면 천천히 느리게 먹어야 합니다. 제대로 보고 듣고 냄새 맡고 느끼려면 천천히 느리게 해야 합니다. 물론 빌 게이츠는 그의 책 『생각의 속도』에서 2000년대가 속도의 시대임을 천명했습니다. 디지털 경쟁은 속도경쟁이고, 속도가 승패를 좌우합니다. 속도는 디지털 세상의 생존무기입니다. 하지만 한 번 더 들여다보면 그렇게 속도를 내는 진짜 이유는 '느림'을 확보하기 위해서입니다. 그 확보된 느림 속에서 오감을 열고 한 단계 높은 가치를 꿈꾸며 남들이 상상할 수 없는 것들을 상상해야 진짜 승부가 납니다. 느림을 확보하지 못하는 속도는 진정한 속도가 아니라 조급증의 발로일 따름입니다. 테제베나 이체 혹은 X-2000 같은 초고속열차를 타고 느끼듯, 속도 안에서 느림을 구가하십시오. 속도 안에서 구가하는 느림, 그 느림을 통해 오감을 활짝 열고 새로운 가치를 잉태하며 산출하는 것이야말로 디지털 시대의 감성 리더가 갖추어야 할 제1의 덕목입니다.

2. 상상력으로 승부하라

앞서 느림 속에서 오감을 열고 한 단계 높은 가치를 꿈꾸며 남들이 상상할 수 없는 것들을 상상해야 진짜 승부가 난다고 말했습니다. 그런데 누군들 상상하지 않겠습니까? 도대체 어떻게 상상력으로 승부를 낼 수 있단 말일까요? 히말라야의 8,000미터급 봉우리에 오르려면 베이스캠프를 몇 미터에 치는지 아십니까? 최소 5,500미터에서 6,000미터 정도 됩니다. 한반도에서 제일 높은 백두산의 높이가 2,744미터입니다. 백두산도 무지 높다고 우리는 생각하지만 백두산의 두 배 높이를 더해도 정작 히말라야 8,000미터급 봉우리의 베이스캠프에도 닿지 못한다는 이야기입니다. 사실 8,000미터는 한반도 안에 갇힌 사람으로서는 상상이 안 가는 높이임에 틀림없습니다. 결국 남들이 상상할 수 없다고 생각하는 위치에 상상의 베이스캠프를 치면 그 자체로 승부가 나버립니다. 더 이상 지구력으로 승부할 때가 아닙니다. 상상력으로 승부할 때입니다. 남들이 상상할 수 없는 것을 상상하려면 오감을 차별화하고 극대화해야 합니다. 오감을 활짝 열고 상상의 베이스캠프를 치십시오. 남들이 상상할 수 없다고 생각하는 지점에 상상의 베이스캠프를 치십시오. 그러면 이미 거기서 승부가 납니다.

3. 차이를 드러내라

아날로그 시대에는 일사불란함이 최고의 가치였습니다. 그래서 한 줄로 세워지고 차이나지 않게 골라내는 것이 미덕이었습니다. 다르다는 것은 차별의 근거였고 '왕따'의 이유였습니다. 그러나 디지털 시대에는 차이가 곧 가치입니다. 차이야말로 대접받고 존중받을 근거입니다. 차이를 드러낼 수 없는 것은 도태되고 맙니다. 차이를 드러낼 수 있을 때만 인정받습니다. 그러나 차이는 그저 튀는 것이 아닙니다. 자기 지문, 자기 정체성에 충실한 것이 차이의 근원입니다. 거기서 자기만의 진정한 파워가 나옵니다. 본래 모두 다른 것입니다. 사람의 지문이 모두 다르듯이 말입니다. 그러니 쓸데없이 줄 세우지 마십시오. 가능한 한 일률적인 요소를 없애십시오. 난장판처럼 여겨져도 좋습니다. 규격과 틀을 과감히 깨야 합니다. 차이를 용인할 뿐만 아니라 차이를 즐기십시오. 리더는 그 차이를 즐기고 주도하는 인물이어야 합니다. 차이를 이끄십시오. 차이를 드러내십시오. 차이가 승부처고 새로운 가치의 창출처입니다. 그러니 남 따라 하지 말고 애써 시대를 좇지도 마십시오. 당신 자신이 곧 시대임을 잊지 않는 것이 더 중요합니다. 당신의 차이가 곧 당신의 시대를 만듭니다.

4. 느낌을 존중하라

조직의 회의에서는 맵핑 아이덜러지(mapping ideology)를 그만두십시오. 실컷 의견을 들은 다음 조직의 정책·방침 등을 들먹이며 참신한 의견의 알곡을 쭉정이와 함께 버려버리는 우를 더 이상 범하지 마십시오. 고정된 이데올로기로 자유로운 생각을 거세하지 마십시오. 또한 맵핑 머니(mapping money)도 피해야 합니다. 의견을 듣고 나서 "그렇게 하면 돈 돼냐?"는 식으로 핀잔 주지 마십시오. 돈이 될지 안 될지는 누구도 모릅니다. 디지털 조직의 회의에서는 맵핑 아이덜러지나 맵핑 머니가 아니라 맵핑 센스(mapping sense)를 해야 합니다. 새로운 차이를 드러내고 새로운 시장 돌파의 가능성이 있는 이야기라면 그것이 조직의 방침에 어긋나는 것일지라도 또 당장 돈 되기 어려워 보인다 해도 리더는 그것을 일단은 체크하고 저장할 수 있는 감각을 갖춰야 합니다. 맵핑 센스를 통해 새로운 가능성과 도전의 목록을 작성할 수 있어야 하는 것이죠. 그렇게 하면 조직 전체의 맵핑 체인지(mapping change)도 가능해집니다.

변화를 따라가는 조직이 아니라 변화를 창출하는 조직의 밑그림이 거기서 나옵니다. 그러니 사소한 느낌, 감각, 감성일지라도 그것을 존중하십시오. 느낌을 존중하는 조직이 결국 생존하고 이깁니다. 소프트뱅크의 손정의 회장과 전 소니 회장 오가 노리오의 대담집 제목이 『감성의 승리(感性の勝利)』였던 것은 우연이 아닙니다. 디지털 시대는 느낌, 감각, 감성의 시대입니다. 고감성, 하이터치가 고부가가치를 낳는 감성시장, 마음산업의 시대입니다. 그러니 느낌을 존중하십시오. "느낌, 감각, 감성이 결국 이깁니다."

5. 낯선 것과의 마주침을 즐겨라

스스로를 낯설게 하고 그 낯선 것과의 마주침을 즐겨야 우리 안의 느낌과 감성 그리고 감각의 돌기들이 되살아납니다. 그러니 그 나물의 그 반찬을 피하십시오. 다른 것 혹은 잡종들과 접하십시오. 익숙한 것, 친숙한 사람과의 만남이 자칫 나를 병들게 합니다. 나와 다른 것들의 만남이 나를 새롭게 하고 풍성하게 합니다. 사람은 만남으로 자랍니다. 낯선 이들을 만나고 낯선 곳을 여행하십시오. 낯선 것들이 문제를 던지게 하고 동시에 낯선 것들을 통해 문제의 해결책을 찾으십시오. 우리의 느낌, 감각, 감성들은 충분히 그럴 준비가 되어 있습니다.

6. 감각의 레퍼런스를 키워라

레퍼런스 두께가 곧 나의 두께입니다. 우리는 너나 할 것 없이 각자의 레퍼런스 두께만큼만 세상을 보고 느끼며 삽니다. 똑같은 영화를 보아도 받아들이는 것은 천차만별입니다. 마찬가지로 각자의 레퍼런스가 다르기 때문이죠. 똑같은 책을 봐도 느끼는 것은 다 다릅니다. 역시 각자의 레퍼런스가 다르기 때문입니다. 내가 영화를 보는 것이 아니라, 나의 레퍼런스가 영화를 보는 것이고, 내가 책을 읽는 것이 아니라 나의 레퍼런스가 책을 읽는 것이죠. 레퍼런스란 책 뒤의 참고문헌과 같은 것입니다. 모든 책은 그 참고문헌만큼만 책입니다.

와인도 마셔 버릇한 사람이 그 맛을 알고, 차도 타본 사람이 차이를 압니다. 경험해본 감각의 기억은 여간해서 사라지지 않습니다. 경험해본 감각의 기억들이 쌓이면 레퍼런스가 됩니다. 레퍼런스가 두툼해야 세상을 다양하게 다면적으로, 또 입체적으로 제대로 맛보고 느낄 수 있습니다.

그러니 느낌, 감성, 감각의 레퍼런스를 키워내십시오. 감각의 돌기를 모두 열고 날마다 자신의 레퍼런스를 새롭게 축적하십시오. 자기 삶의 레퍼런스를 키우려면 세 가지 방법이 있습니다. 첫째는 남들 사는 것을 잘 보는 것입니다. 둘째는 책 보고, 영화 보고, 음악 듣고, 공연 보듯 우리 삶 도처에 있는 텍스트로서의 환경을 잘 보고 듣고 느끼는 것입니다. 셋째는 여행하며 체험하는 것입니다. 물론 여행은 패키지여행이 아니라 스스로 낯선 것과 직접 마주하는 배낭여행, 자유여행 같은 것이어야 합니다.

남들 사는 것을 보기 위해서는 시장에 나가보십시오. 아니 지하철이라도 타보십시오. 그리고 그저 졸거나 책 읽거나 신문만 볼 것이 아니라 거기서 다른 사람들이 무엇에 시선을 두고 있는지 그들이 무슨 이야기를 나누는지 정작 그들의 욕망이 어디를 향하고 있는지 살펴보십시오. 지하철은 거대한 욕망의 통조림이니깐요. 그리고 많이 읽고 많이 보고 더 많이 세상을 느껴보십시오. 또 여행하며 직접 체험해보십시오. 그렇게 해서 만들어지는 레퍼런스 두께만큼 우리는 세상을 더 많이 만나고 사랑할 수 있습니다.

7. 감각의 놀이터에서 변화와 놀자

변화는 쫓을 대상이 아니라 함께 어울려 놀 대상입니다. 뱁새가 황새를 쫓아가는 것은 가랑이가 찢어져 피가 철철 흘러도 가능할 수 있지만, 변화를 쫓는 것은 마치 그림자를 쫓는 것과 같아서 피곤하고 괴롭기만 할 뿐 결코 그 변화를 따라잡을 수 없습니다. 변화는 그래서 함께 어울려 놀 때, 내 것이 됩니다. 변화와 놀려면 스스로 자기 삶에 감각의 놀이터를 만들어야 합니다. 술판 거나하게 놀아야 노는 게 아닙니다. 목청 돋워 노래를 불러야만 노는 게 아닙니다. 진짜 노는 것은 자기 감각에 솔직해지는 것입니다. 자기 오감을 옥죄지 않는 것입니다. 자기 느낌, 감각, 감성을 자유롭게 하는 것이죠. 결국 감각의 놀이터에서 변화와 함께 놀 수 있는 사람이 시장을 점령하고 미래를 이끕니다. 여러분이 아니 당신이 바로 그 사람입니다.

5

리더는 혼자
만들어지지 않는다

정약용

마리아 슈라이버

하인스 워드

루돌프 줄리아니

저우언라이

김석봉

김행균

조만식

전선애

마스이 사쿠라

가족은 나의 힘

사랑을 실어 보낸 아버지의 편지

다산 정약용(丁若鏞, 1762~1836)은 조선 후기 실학의 대가입니다. 하지만 그는 신유사옥에 연루되어 1801년부터 18년 동안 유배지에서 귀양살이를 했습니다. 나이 마흔에 귀양살이를 시작해 쉰일곱되던 해에야 다시 고향으로 돌아올 수 있었습니다. 그 유배생활을 통해 다산은 『경세유표』, 『목민심서』 등 500여 권의 책을 지었고 결과적으로는 조선 실학의 대계를 세웠습니다만, 개인적으로는 참으로 불행하고 안타까운 삶의 연속이 아닐 수 없었습니다. 그는 유배지에 묶여 있으면서 자식과 형제의 부음을 들어야 했고, 부인은 물론 어린 자식들과도 떨어져 지내야 했기 때문입니다.

정약용은 부인 홍씨에게서 모두 6남 3녀를 낳았지만 유배생활 이전과 초기에 네 아들과 딸 하나를 잃는 슬픔을 맛봐야 했습니다. 특히 유배 초기였던 1802년 겨울 넷째아들 농아가 죽었다는 소식을 접

하고는 아들의 무덤에 넣어 묻어줄 광지를 써보내기도 했는데 '농아
광지(農兒壙志)'가 바로 그것입니다. 그렇게라도 해서 자기보다 앞서
간 어린 아들을 마음에 묻은 것이었죠.

결국 살아남은 아이는 2남 1녀뿐이었습니다. 다산이 강진에 유배
될 때 큰 아들 학연은 18세였고 작은 아들 학유는 15세였습니다. 한
창 아버지를 필요로 할 나이에 아이들과 떨어져 있을 수밖에 없는 처
지였기에 다산은 더 각별한 마음으로 아이들에게 편지를 부쳤을 것
입니다.

정약용은 유배지에서 보낸 편지를 통해 자녀들이 힘써야 할 일과
삼가해야 할 일 등을 소상히 적어보내기도 했고, 자신이 읽은 책들에
대한 서평과 함께 자식들이 읽어야 할 책들에 대한 지침까지 소상히
적었습니다. 심지어 닭 치는 법, 술 마시는 법, 각종 채소와 과일의
재배법, 제상 차리는 법 등에 대해서조차 시시콜콜할 정도로 편지에
담아냈습니다.

1802년 12월에 유배지 강진에서 두 아들 학연과 학유에게 쓴 편지
에서 정약용은 "폐족으로서 잘 처신하는 방법은 오직 독서하는 한 가
지 방법밖에 없다"고 힘주어 말합니다. 아울러 옛사람들이 나라를 다
스리고 세상을 구했던 책들을 널리 읽으라고 권하고 있습니다.

1803년 정월 초하루에 쓴 편지에는 두 아들에 대한 이런 질타도
보입니다. "너희들은 집에 책이 없느냐? 몸에 재주가 없느냐? 아니
면 눈이나 귀에 총명이 없느냐? 어째서 스스로 포기하려 하느냐?"
직접 얼굴을 대면하고 하는 말이 아니라 비록 편지글이지만 아들들
을 대하는 아버지의 절박한 심정이 전해지지 않습니까?

1810년 9월에 두 아들에게 보낸 편지에서는 재물을 보존하는 방법에 대해서도 말하고 있는데 이런 구절이 눈에 띕니다. "꽉 쥐면 쥘수록 더욱 미끄러운 게 재물이니 재물이야말로 메기 같은 물고기라고나 할까?" 참으로 적절한 비유가 아닐 수 없다는 생각입니다. 1816년 5월 큰아들 학연에게 보낸 편지에서는 이런 말도 있습니다.

"세상에는 두 가지 큰 저울이 있다(天下有兩大衡). 하나는 옳은 것과 그른 것이라는 저울이며, 다른 하나는 이익과 손해라는 저울이다(一是非之衡 一利害之衡也). 이 두 개의 저울에서 네 가지 등급이 생겨난다(於此兩大衡 出生四大級). 최상은 옳은 것을 지키면서 이익도 얻는 것이다(凡守是而獲利者太上也). 다음은 옳은 것을 지키다가 해를 입는 것이고(其次守是而取害也), 그 다음은 그른 것을 추구하여 이익을 얻는 것이다(其次趨非而獲利也). 최하는 그른 것을 추구하다 해를 입는 것이다(最下者 趨非而取害也)." 평범한 듯하지만 깊이 새겨둘 마음의 기준이 아닐까 싶습니다.

유배생활 10년째 되던 어느 날, 부안 홍씨가 마음의 정표로 시집올 때 입고 왔던 연분홍 치마를 보내왔습니다. 비록 세월이 흘러서 빛바랜 치마였지만 정약용에게는 부인의 마음이 고스란히 전해졌습니다. 정약용은 그 빛바랜 치마를 잘라서 두 아들에게 경계의 말을 적은 책자의 표지를 배접하는 데 썼습니다. 그리고 남은 치마폭에는 윤창모에게 시집간 딸을 떠올리며 그 위에 매화와 새 그림을 그리고 가족의 화목을 희구하는 시를 적어 보냈습니다. 오랜 귀양살이로 제대로 아비 노릇을 하지 못한 것에 대한 미안함과 딸에 대한 애틋한 사랑이 고스란히 담긴 것이었습니다.

다산 정약용은 위대한 대사상가로 우리에게 기억됩니다. 하지만 그의 진정한 위대함은 18년간의 유배생활 속에서도 가족에 대한 사랑이 결코 식지 않았다는 사실에 바탕하고 있습니다.

유배지에서 끊임없이 자식에게 편지를 썼던 아버지. 아내에게 전해받은 빛바랜 치마폭 위에 시집간 딸에게 매화와 새 그림을 그려 보냈던 아버지. 그에게서 우리는 가족에 대한 절절한 애정을 지녔던 한 아버지의 모습을 새삼 발견하게 됩니다. 그런 아버지의 모습이야말로 그 어떤 위대함과 출중함보다도 소중하고 아름다운 것 아닐까요?

일과 가정을 조화롭게 꾸려라

다산 정약용은 유배지에서의 고통스러운 생활 속에서도 가족에 대한 사랑을 18년간 편지에 실어보냈지만, 사실 우리는 바쁜 생활 속에서 가족의 소중함조차 잊고 가족에게 소홀히 하는 경우가 많습니다. 하지만 가족보다 더한 힘은 없습니다.

케네디가 출신으로 CBS뉴스의 앵커우먼으로도 활약했던 마리아 슈라이버(Maria Schriver, 1955~)는 일이 바쁘지만 일과 가정의 조화를 중요하게 여기는 사람입니다.

그녀는 영화배우에서 캘리포니아 주지사가 된 아놀드 슈워제네거(Arnold Schwarzenegger)의 부인이기도 합니다. 몇 해 전 마리아 슈라이버가 메사추세츠 주 우스터에 있는 홀리 크로스 대학 졸업식장의 연사로 초대받은 적이 있었습니다. 졸업생들과 하객들을 앞에 놓고 연설을 시작하기에 앞서 그녀는 한 마디 조크를 던졌습니다. "저는 제 남편 '아놀드 슈워제네거'의 철자를 제대로 쓸 수 있게 된 다음부터는 공부에 흥미를 잃었습니다." 사실 슈워제네거의 스펠링을 틀리지 않고 쓰려면 꽤나 신경쓰고 공부 좀 해야 한다는 것을 코믹하게 이야기 한 것이죠.

마리아 슈라이버는 앵커우먼으로 맹활약하는 와중에도 가정이 일에 우선한다는 나름의 원칙을 고집스럽게 지켰던 인물이라는 점에서 주목해볼 필요가 있습니다. 언젠가 그녀가 쿠바의 피델 카스트로 대통령과 인터뷰하는 과정에서 일어났던 일입니다.

마리아 슈라이버는 여러 명의 프로듀서 및 촬영진과 함께 두 시간짜리 특별 인터뷰 프로그램을 제작하기 위해 쿠바로 날아갔습니다. 하지만 며칠이 지나도록 예정되었던 피델 카스트로와의 인터뷰는 성사되지 않았습니다. 피델 카스트로 측에서 건강상의 이유를 내세워 차일피일 인터뷰를 미루며 응하지 않았던 것입니다. 그러다가 주말이 다 되어서야 카스트로 측에서 일단 만나자는 연락이 왔습니다. 하지만 곧장 인터뷰는 곤란하고 우선 인터뷰에 앞서 예비 모임을 갖자는 것이었습니다. 마리아 슈라이버와 스텝진은 찬밥 더운밥 가릴 처지가 아니었기에 지체 없이 피델 카스트로를 만나러 대통령궁으로 갔습니다. 대통령 궁에 가보니 건강이 몹시 나쁘다던 피델 카스트로는 매우 건강해 보였고 간간이 능청스런 웃음까지 보일 정도였습니다. 피델 카스트로는 탐색전을 끝내고 마리아 슈라이버를 마음에 들어 한 듯 다음주 월요일에 인터뷰를 갖자며 악수를 건넸습니다.

그런데 이게 또 웬일입니까? 그토록 카스트로와의 인터뷰를 학수

고대해왔던 마리아 슈라이버가 이번엔 그날만은 곤란하다는 말을 하는 것이 아니겠습니까? 이 상황을 지켜보던 다른 스텝들은 그 앞에서 차마 말은 못했지만 경악할 노릇이 아닐 수 없었습니다. '아니 못하겠다니?' 모두 이런 표정을 속으로 애써 감추며 마리아 슈라이버에게 일제히 시선을 돌렸습니다. 그런데 그녀가 "월요일에 제 딸아이의 유치원 입학식이 있거든요"라며 태연하게 말하는 것이 아니겠습니까? 카스트로 역시 의외로 담담하게 "그래요? 그렇다면 다음 주 토요일에 합시다. 그럼 문제없겠죠?" 하는 것이었습니다. 결국 월요일에 유치원 입학식에 참석하고 나서 마리아 슈라이버는 다시 쿠바행 비행기에 몸을 실었습니다. 그리고 그 주 토요일에 피델 카스트로를 만나 인터뷰를 시작했습니다. 인터뷰에 응한 카스트로의 첫 마디가 뭐였는지 아십니까? "아이 입학식은 어땠소?"였답니다.

일도 중요하지만 그것에 우선하는 가족의 소중함을 일깨워주는 에피소드가 아닐 수 없습니다. 일과 가정의 조화. 그것이 화려한 스포트라이트를 받는 앵커우먼이면서 동시에 2남 2녀의 어머니이자 주지사의 내조자로서 오늘의 그녀를 있게 만든 숨은 비결이 아닐까 싶습니다. 마리아 슈라이버는 일과 가정을 조화롭게 꾸리며 일과 가정 모두에서 승리한 사람입니다.

어머니의 사랑이 '삶의 밥'이다

얼마 전 슈퍼볼 MVP의 영예를 안은 한국계 풋볼 스타 하인스 워드(Hines Ward, 1976~)는 어머니의 사랑이 '삶의 밥' 그 자체임을 여실히 보여줍니다.

슈퍼볼을 아십니까? 슈퍼볼이란 북미 프로 미식축구 리그 양대 컨
퍼런스인 내셔널 컨퍼런스와 아메리칸 컨퍼런스의 챔피언들이 맞붙
는 단판 승부의 왕중왕전을 말합니다. 아시다시피 미식축구는 미국
의 개척정신이 담겨 있어 미국인들이 가장 열광하는 국민 스포츠입
니다. 그래서 올해로 40회를 맞는 슈퍼볼은 "경기일정이 겹치면 대
통령 취임식도 연기한다"는 말이 있을 정도로 미국 최고, 최대의 국
가적인 스포츠 이벤트입니다.

그렇기 때문에 프로풋볼 선수는 슈퍼볼에 출전하는 것을 평생의
영예로 여길 정도입니다. 바로 그 평생에 한 번 설까 말까 하는 슈퍼
볼에서 최우수선수, 즉 MVP로 뽑힌다는 것은 스포츠 스타로서는 더
없는 영예와 부를 한꺼번에 거머쥐는 일입니다. 한국계 미식축구 스
타 하인스 워드가 바로 그 자리에 선 것입니다.

하인스 워드는 1976년 3월 8일 동두천에 주둔한 주한미군 보병 제
2사단에 근무하던 아버지 하인스 워드 시니어와 한국인 어머니 김영
희 사이에서 태어났습니다. 두 살 때 미국으로 건너갔지만 그의 부모
는 얼마 안 있어 이혼을 하였고 아버지에게 그의 양육권이 맡겨졌습
니다. 그리고 하인스 워드는 루이지애나에 있는 할아버지 집으로 보
내졌습니다. 그런데 어머니 김영희는 시간당 4달러 25센트짜리 허드
렛일을 하며 억척같이 돈을 모아 시부모를 찾아가서 아들을 되돌려
달라고 호소했습니다. 결국 하인스 워드가 여덟 살이 되던 해 어머니
김영희는 어렵사리 아들을 되찾게 되었고 온 정성을 다해 그 아들을
키웠습니다.

얼굴색도 다르고 말도 제대로 통하지 않는 이국 땅에서 오직 아들을 키우기 위해 김영희는 기내식 제조업체, 음식점, 호텔 등을 가리지 않고 토요일, 일요일도 없이 일했습니다. 그녀는 하루에 두세 가지 일을 하면서도 끼니 때마다 하인스 워드에게 따뜻한 밥을 차려주기 위해 일터와 집을 오갔습니다. 잠도 거의 못 자고 하루에 16~18시간씩 일하면서도 아들에게 따뜻한 밥과 깨끗한 옷을 입히기 위해 자신의 몸을 아끼지 않았던 것입니다. 더구나 그녀는 아들을 당당하게 키우기 위해 저소득층에게 주는 정부지원금조차 받지 않았다고 합니다.

이런 어머니의 눈물겨운 헌신에 힘입어 하인스 워드는 고등학교 시절 줄곧 우등상을 받으며 4년 전액 장학금을 받는 조건으로 조지아 대학 경영학과에 풋볼 장학생으로 진학했습니다. 하인스 워드는 183센티미터의 키에 97킬로그램의 거구지만 사실 미식축구 선수로는 그다지 큰 편이 아닙니다. 하지만 특유의 성실함으로 대학 풋볼에서 쿼터백, 와이드 리시버, 러닝백 등 3개 포지션을 모두 소화하는 유례없이 다재다능한 선수로 성장했습니다. 어쩌면 세 가지 포지션을 동시에 소화할 수 있었던 것은 아들을 위해 하루에 세 가지 일도 마다하지 않은 어머니의 열정을 빼닮은 것이었는지도 모릅니다.

그러나 하인스 워드는 대학 졸업 후 1998년 펜실베이니아 주 피츠버그를 연고지로 하는 스틸러스 팀에 3순위로 지명되어 뒤늦게 입단했습니다. 아무도 그를 주목하지 않았습니다. 하지만 그는 자신의 상황을 긍정하고 낙관했습니다. 결국 그는 2년 만에 와이드 리시버(wide receiver) 주전 자리를 꿰찼습니다.

그리고 마침내 디트로이트 포드필드에서 열린 제40회 슈퍼볼에서 4쿼터 승부를 결정짓는 터치다운을 성공시킨 것을 포함해 두 차례의 결정적인 리시브를 기록하며 피츠버그 스틸러스가 26년 만에 우승하는 견인차 역할을 했고 자신은 슈퍼볼의 MVP가 되었습니다.

슈퍼볼 MVP 영예를 안은 후 하인스 워드는 이렇게 말했습니다. "어머니의 헌신적인 사랑과 가르침이 없었다면 저는 이 자리에 서 있을 수 없었을 겁니다." 그는 "어머니로부터 절대로 포기하지 않는 근성과 집념, 승부욕, 노력, 성실함을 배웠다"고 입버릇처럼 말하며 눈시울을 붉힙니다. 그리고 "나는 뭘 하더라도 어머니가 베푼 은혜를 갚을 수 없다"고 고백합니다.

성공하는 사람 곁에는 언제나 그 사람을 지독히 사랑하는 사람이 있습니다. 특히 어머니의 사랑 없이는 그 무엇도 불가능합니다. 하인스 워드와 그의 어머니를 통해 우리는 사랑이야말로 사람을 키우고 성공으로 이끄는 진정한 동력이요 '삶의 밥'과 같은 것임을 새삼 깨닫게 됩니다.

아버지가 남긴 교훈

"뉴욕은 내일도 이 자리에 있을 겁니다." 몇 해 전 9·11 테러 당시 뉴욕시장이었던 루돌프 줄리아니(Rudolph Giuliani, 1944~)가 참사현장을 누비면서 한 말입니다. 줄리아니는 9·11 테러로 가히 공황상태에 빠진 뉴욕에서 리더십의 진가를 발휘했습니다.

2001년 9월 11일 아침, 줄리아니는 55번가에 위치한 페닌슐라 호텔에서 조찬회의를 하고 있었습니다. 회의를 마치고 나오던 오전 8시 45분경 보스턴 발 유나이티드 에어라인 비행기 한 대가 무역센터 북쪽 건물을 들이받았습니다. 9·11 테러가 터진 것입니다.

사태 발발 직후 그는 뉴욕시장으로서 자신이 할 일을 세 가지로 정했습니다. 첫째는 활용 가능한 모든 미디어를 동원해 시민들을 안심시키고 안전한 대피체계를 확립하는 일, 둘째는 부상자들과 사상자들을 위한 구조활동을 체계적으로 진행시키는 일, 셋째는 다음에 벌어질 상황에 대비해 테러리스트들의 심리를 미리 내다보며 탄저균 공포 등 후속적인 심리전에 대응하는 일이었습니다. 그는 냉정하게 대처하며 사태를 수습했습니다.

그가 발휘한 위기돌파의 리더십에 감동한 엘리자베스 영국 여왕은 그에게 기사 작위를 수여했고, 또 그해 〈타임〉은 줄리아니를 '올해의 인물'로 선정하기도 했습니다. 아울러 9·11 테러 이후 줄리아니의 인기는 더욱 치솟아 많은 시민들은 법을 고쳐서라도 세 번 연임하는 시장이 되어주길 바랄 정도였습니다.

그렇다면 9·11테러에서 뉴욕을 구한 줄리아니 리더십의 원천은 무엇일까요? 주목할 사실은 그의 리더십이 다름 아닌 자신의 아버지의 가르침에서 연유했다는 사실입니다. 줄리아니의 아버지는 무명의 복서였습니다. 그는 매 맞아 번 돈으로 줄리아니를 가르쳤습니다. 배운 것도 별반 없었지만 맞으며 끝까지 버텨내야 하는 자신의 고단한 삶에서 터득한 절절한 교훈 하나를 그의 아들 줄리아니에게 물려주었습니다. 그것은 다름 아니라 "얻어맞을수록 침착하라"는 것이었습니다.

사실 이 가르침이 줄리아니에게 가장 절실하게 다가왔던 때는 바로 9·11테러 당시였을 것입니다. 상상하기조차 힘든 테러로 인한 극한적 위기상황 아래서도 아버지의 이 한 마디를 잊지 않고 마음 깊이 새기곤 침착성을 잃지 않고 우선순위를 정해 사태를 조기에 장악해 수습할 수 있었습니다. 나아가 줄리아니의 침착하면서도 과단성 있는 위기대응 능력 덕분에 뉴욕 시민들은 보다 빨리 안정을 되찾을 수 있었습니다.

무명의 복서였던 아버지로부터 받은 줄리아니 리더십의 또 다른 원천은 "결혼식 참석은 선택이지만 장례식 참석은 필수"라는 말에 있습니다. 줄리아니의 아버지는 어린 아들을 데리고 장례식장을 자주 찾곤 했습니다. 그 과정을 통해 줄리아니는 자연스럽게 장례식의 의미를 깨닫게 되었고 그것이 사람들 사이의 관계를 어떻게 묶어내는지 알게 되었던 것입니다.

9·11 테러는 뉴욕시 전체를 장례식장으로 만들어버렸습니다. 줄리아니는 방송에 출연해서 뉴욕 시민들에게 주변의 장례식에 참석할 것을 호소하고 뉴욕시의 공식 웹사이트에 사람들의 장례식 스케줄을 상세하게 올렸습니다.

이 사소한 듯 보이는 조치 속에서 뉴욕 시민들은 하나가 되었습니다. 너무나 충격적인 참사 속에서 흐트러지기 쉬운 시민적 연대감이 장례식에 동참하는 가운데 자연스럽게 되살아났고, 이웃의 장례식을 통해 역설적으로 뉴욕 시민들 모두가 자신의 슬픔과 눈물을 삭히며 다시 일어설 용기를 갖게 된 것입니다.

이처럼 가장 진정하고 강력한 리더십의 원천은 바로 우리 아버지들의 사소한 듯 보이지만 진솔한 가르침 그 자체입니다. 그분의 직업이 무엇이었든지, 그분이 세상사에서 남들 눈에 성공한 것으로 비췄든지 실패한 것처럼 보였든지에 관계없이 진정한 리더십의 원천은 바로 거기에 잇닿아 있습니다.

리더는 혼자가 아니다

그녀 없이는 여기까지 올 수 없었다

'퍼스트 레이디'라는 말이 언제 어떻게 해서 생겨난 줄 아십니까? 1877년 미국의 19대 대통령인 러더포드 헤이스가 취임할 때 한 기자가 그의 부인을 '퍼스트 레이디'라고 부른 데서 연유했다고 합니다. 그럼 '퍼스트 레이디' 없이 대통령직에 오른 사람도 있었을까요? 예, 딱 한 사람이 있었습니다. 미국의 22대 대통령인 그로버 클리브랜드가 그 주인공입니다. 미혼으로 백악관에 입성한 그는 퍼스트 레이디의 자리에 자신의 누이이자 전직 교사였던 로즈 클리브랜드를 앉혔습니다. 하지만 취임 후 1년이 지난 1886년 그로버 클리브랜드는 그의 가장 절친한 친구의 딸인 프랜시스 폴섬과 결혼했습니다. 당시 클리브랜드는 49세였고, 폴섬은 21세였는데, 이 결혼식을 통해 '퍼스트 레이디'라는 말이 더 확고하게 자리잡게 되었다고 하는군요.

그나저나 최근 미국의 역대 '퍼스트 레이디'를 보면 그 유형이 아주 뚜렷하게 갈립니다. 먼저, 재클린 형이 있습니다. 31세에 퍼스트 레이디가 된 재클린 케네디는 백악관이란 무대에서 가장 화려하면서도 극적인 장면을 연출한 퍼스트 레이디로 기억되고 있습니다. 스물넷에 서른여섯의 케네디를 만나 결혼한 재클린은 "나는 상원에서 가장 가능성 있는 남자를 손에 넣었다"고 자신의 일기장에 적었을 만큼 일찌감치 퍼스트 레이디의 자리를 꿈꿨던 것 같습니다. 프랑스어 등 외국어에도 능통했고 예술과 문학에도 깊은 통찰력이 있었던 재클린은 후루시초프, 드골, 네루 등 당대의 세계 지도자들을 매료시키면서, 전설적인 아서왕의 궁전 '카멜롯(Camelot)'에 비유되는 천일 동안의 케네디 시대를 가장 화려하게 장식한 현대의 여왕이었습니다.

두 번째는 패트 형입니다. 케네디와 달리 닉슨은 그의 아내가 부각되는 것을 끔찍이 싫어했습니다. 닉슨 부부는 함께하는 활동이 거의 없었습니다. 닉슨은 아내와의 의사소통마저 보좌관을 통해 메모로 처리할 정도였습니다. 패트 역시 밤새 잠도 자지 않고 불을 켜놓은 채 테이프 레코더에 대고 말을 하거나 메모를 하는 닉슨과 한 방을 쓸 수 없었습니다. 닉슨 행정부 시절 국무장관으로 일했던 헨리 키신저는 닉슨이 자기 아내에 대해 이야기하는 것을 들어본 적이 없다고 말할 정도였습니다. 닉슨과 패트는 외교 의례상 꼭 필요할 때만 함께 있었습니다. 워터게이트 사건이라는 최악의 위기상황에서도 닉슨과 패트는 대화를 나누지 않았습니다. 닉슨의 대통령 하야 직전까지도 패트는 남편이 사임한다는 사실조차 알지 못했다고 합니다. 한마디로 패트는 남편으로부터 철저히 소외당하고 무시당한 '라스트 레이디'였던 셈입니다.

　세 번째는 낸시 형입니다. 낸시는 2류 배우에 불과했던 레이건을 미국 역사상 가장 뛰어난 대통령의 한 사람으로 만들어낸 백악관의 무대감독이었습니다. 낸시가 안주인으로 있던 백악관은 로널드 레이건이 그의 재능을 유감없이 발휘할 수 있었던 완벽한 극장이었던 셈입니다. 또 낸시는 정책결정 과정에서는 한발 물러서 있었지만 스스로를 '로니의 피뢰침(로니는 로널드 레이건의 애칭)'이라고 말할 정도로 레이건의 인사결정 과정에 아주 깊숙이 관여했습니다. 어쨌든 우리 시대의 그 어떤 사람도 낸시 같은 마술적인 파트너를 만난 적은 없었을 것입니다. 30세의 낸시가 41세의 이혼 경력이 있던 퇴물배우를 만나 그를 20세기 후반의 가장 영향력 있는 사람으로 바꾸어 놓았으니 말이죠.

　네 번째는 힐러리 형입니다. 힐러리는 '퍼스트 레이디'에 만족하지 않은 첫 번째 퍼스트 레이디였습니다. 그녀는 퍼스트 레이디들의 전통적인 생활영역인 백악관의 동관이 아닌, 오직 정책입안자들만 드나들 수 있었던 백악관의 서관에 자기 사무실을 차렸고 사실상 클린턴과 권력을 공유했습니다. 클린턴 행정부의 공보수석을 맡았던 데이비드 거겐은 세 개의 별도 명령 채널을 거쳐야 했다고 회고했습니다. 대통령, 부통령, 퍼스트 레이디가 그것이었습니다. 그녀는 남편의 외도마저 용서했지만 그것은 남편을 위해서라기보다는 함께 유지해온 대통령직을 고수하기 위한 최후의 방법이 아니었을까요? 이제 그녀는 퍼스트 레이디 출신으론 처음으로 상원의원이 되었고 머지않아 백악관의 새 주인이 되기 위한 도전도 서슴지 않을 것 같습니다.

여러분의 아내 역시 재클린일 수도 있고, 패트일 수도 있으며, 낸시일 수도 있습니다. 그런가 하면 힐러리일 수도 있습니다. 하지만 레이건의 말처럼 결국 "그녀 없이는 여기까지 올 수 없었다"는 사실만큼 움직일 수 없는 진실도 없을 것입니다. 그리고 앞으로도 나아가기 위해서는 바로 그녀가 있어야 합니다. 진정한 리더는 이 점을 잊지 않습니다.

리더보다 위대한 리더의 어머니들

대통령의 부인을 '퍼스트 레이디(first lady)'라고 부르듯이 대통령의 어머니를 가르켜 '퍼스트 마더(first mother)'라고 말합니다. 『대통령의 성격(The Presidential Character)』이란 책을 쓴 제임스 데이비드 바버는 대통령의 성격이 대체로 그의 어머니에 의해 형성된다는 사실을 강조했습니다.

실제로 대공황과 2차 세계대전 당시 미국을 이끌었던 프랭클린 루스벨트의 지칠 줄 모르는 자신감과 낙관은 당시 길을 잃고 두려움에 사로잡혔던 미국인들의 사기를 높여주었는데 그에게 그런 자신감과 낙관을 심어준 사람은 다름 아닌 그의 어머니 사라 딜레노 루스벨트였습니다.

2차 세계대전이 채 끝나기 전에 프랭클린 루스벨트의 급작스런 서거로 해리 트루먼이 대통령직에 오르게 되자, 트루먼의 어머니 마사영 트루먼은 아들에게 전화를 걸어 이렇게 말했습니다. "당장 전투복으로 갈아입고 네가 할 수 있는 모든 것을 해라." 마사 영 트루먼은 평생토록 그의 아들에게 "최선을 다해라", "불평하지 마라"는 상식적인 이야기만 반복했지만 바로 이것이 결국 트루먼으로 하여금 긴급한 상황 하에서 대통령으로서 일할 수 있도록 준비시켰던 것입니다. 사실 해리 트루먼은 대학을 다니지 못했습니다. 하지만 해리는 어머니 마사에게 물려받은 독서습관 덕분에 20세기의 미국 대통령 중 역사에 대해 가장 해박했던 인물이란 평가를 받고 있기도 합니다.

어머니 아이다 스토버 아이젠하워의 미소를 쏙 빼닮은 드와이트 아이젠하워는 2차 세계대전 당시 폭탄이 투하되고 전투가 격렬해지고 있을 때 바로 그 미소 덕분에 휘하 장병들과 세상 사람들을 안심시킬 수 있었습니다. 그리고 마침내 어머니에게 물려받은 그 미소는 대통령이 된 다음에는 전후 미국 사회를 안정화시키고 새로 펼쳐진 아메리칸 드림의 상징이 되었습니다. 또한 아이다는 아들 드와이트 아이젠하워를 성서적 원칙에 충실하게 키웠습니다. 드와이트가 성서의 『창세기』부터 『요한계시록』까지 모두 읽은 것에 대한 상으로 당시엔 귀했던 시계를 사주기도 했습니다. 아울러 기도를 할 때는 항상 세상의 가난하고 지치고 불행한 사람들을 위한 기도를 하도록 훈련시켰다고 합니다.

로즈 피츠제럴드는 보스턴의 막강한 시장 딸로 조지프 패트릭 케네디와 결혼한 뒤에도 자신의 처녀 때 성을 그대로 유지했습니다. 그리고 그녀는 아버지의 이름을 그대로 딴 큰아들 조지프 케네디 2세 대신 그녀의 자랑스러운 피츠제럴드 성을 이름으로 가진 둘째 아들 존 피츠제럴드 케네디가 대통령이 되는 모습을 지켜보았습니다. 아버지 조지프 케네디가 아이들에게 야망을 키워주고 스포츠에서든 정치에서든 반드시 이겨야 한다고 역설했던 반면에, 어머니 로즈 피츠제럴드는 그들에게 이기지 못한 사람들에게도 마음을 써줘야 함을 강조했습니다.

레베카 베인스 존슨은 아들 린든 존슨에게 항상 목표를 크고 높게 잡으라고 말했습니다. 그리고 린든 존슨에게 텍사스 주 크기만한 자신감을 심어주었습니다.

간호사로서 오랜 현역생활을 했던 릴리안 고디 카터는 68세의 나이도 아랑곳않고 평화봉사단원으로 인도의 벽지를 찾아가 2년간 봉사활동을 하기도 했습니다. 이처럼 보편적 인류애를 몸소 실천했던 릴리안은 아들 지미 카터에게 편견 없는 도덕 외교와 평화 애호 활동의 가치를 심어주었던 것입니다. 어쩌면 지미 카터가 대통령 자리에서 물러난 이후에도 왕성하게 활동하면서 노벨평화상까지 받을 수 있었던 것은 어머니 릴리안 고디 카터의 영향이 컸다고 해야 할 것 같습니다.

아버지 부시 대통령의 어머니이자 조지 W. 부시 현 미국 대통령의 할머니가 되는 도로시 워커 부시는 대통령인 아들에게 항상 이렇게 말했답니다. "자기 얘기를 너무 많이 하지 마라. 네가 한 일에 대해 잘난 척하지도 말아라." 만능 스포츠맨이기도 했던 도로시 여사는 아들인 부시 전 대통령은 물론 손자인 부시 현 대통령에게도 "규칙에 따라 최선을 다해 이긴다"는 스포츠맨십을 심어주었습니다. 사실 그 어느 대통령의 어머니도 아들을 대통령으로 만들기 위해 처음부터 의도해서 애쓴 사람은 없습니다. 그녀들은 단지 자신의 아들에게 자신감을 부여하고, 건전한 상식을 고취하며, 독서를 강조하고, 종교적으로 가르치길 고집하며, 도전적이고 진취적인 마음을 갖도록 했을 뿐이었습니다. 다만 그녀들의 아들들이 린든 존슨이 말한 것처럼 "우리의 삶 자체가 세상에서 가장 강력하고 중요한 힘인 어머니에 대한 살아 있는 찬사가 되도록 하자"는 내면의 요구에 부응해 최선을 다해 뭔가를 이뤄낸 것뿐이었습니다. 퍼스트 마더들은 이 세상에서 가장 강력하고 중요한 힘이 다름 아닌 어머니의 존재라는 사실을 다시 한번 확인해주었습니다.

2인자 없이는 1인자도 없다

1930년대의 대장정에서 1940년대의 항일전과 국공내전 그리고 1950년대의 대약진운동과 1960년대의 문화대혁명을 거쳐 1970년대의 대미수교에 이르기까지 저우언라이(周恩來, 1898~1976)가 걸어온 길은 곧 파란만장한 중국현대사 그 자체였습니다. 그런데 그 파란의 세월 속에서 저우언라이는 줄곧 2인자였습니다. 한 번쯤 1인자의 자리를 넘볼 만도 했는데 그는 그렇지 않았습니다. 생전에 파벌을 만들지도 않았고 누구처럼 선집(選集)을 출간하지도 않았습니다. 그 덕분인지 죽의 장막 중국에서 절대권력의 화신, 마오쩌둥을 제외하고는 류샤오치, 린뱌오, 장칭과 4인방, 그리고 작은 거인 덩샤오핑 등 숱한 인걸들이 부침을 거듭했지만 저우언라이만은 예외였습니다. 그는 부동의 2인자 자리를 고수했던 것입니다.

누구나 1인자는 부동의 2인자를 내켜 하지 않는 법입니다. 부동의

2인자가 언제 어느 순간에 돌아서서 자신에게 칼끝을 들이댈지 모를 일이기 때문이지요. 따라서 1인자는 끊임없이 2인자 그룹을 경쟁시키면서 계속 2인자를 갈아치우게 마련입니다. 그만큼 2인자의 자리는 위험하고 어려운 자리입니다. 그러나 저우언라이는 그 어렵고 위험한 자리를 40년 이상 지켜왔습니다. 그것도 단지 자신의 영달이 아니라 조국을 위해 헌신하며 말입니다. 어떻게 그것이 가능할 수 있었을까요?

1인자 마오쩌둥이 동물적인 정치 감각과 농민 출신 특유의 저돌성, 그리고 때론 광기로 돌변하는 유토피아적 상상력을 무기로 했다면 2인자 저우언라이는 치밀한 균형감각과 인텔리풍의 세련된 이미지, 그리고 나아갈 방향과 목표를 어떤 상황에서도 놓치지 않는 대단한 현실감각의 소유자였습니다. 대장정을 감행한 것은 마오쩌둥이었지만 그것을 완수할 수 있었던 것은 저우언라이 덕이었습니다. 또 마오쩌둥이 홍위병의 광기에 도취해 문화대혁명을 즐기고 있을 때에도 저우언라이가 있었기에 중국은 문화대혁명의 모험주의를 청산하고 뒤늦게나마 다시 자기 방향을 잡아갈 수 있었습니다. 한마디로 마오쩌둥은 크게 사고치는 스타일이었지만 그것을 뒷수습해서 일이 되는 방향으로 이끄는 것은 철저히 저우언라이의 몫이었습니다.

마오쩌둥은 저우언라이를 때로 시기하고 그에게 결코 전적인 신뢰와 지지를 보내지도 않았지만, 저우언라이가 아니고서는 그처럼 모든 일을 규모 있게 수습해줄 사람이 없다는 것을 너무나도 잘 알았기에 결국 그를 부동의 2인자 자리에 놓아두는 것 이외에 다른 선택의 여지가 없었습니다. 사회주의 중국이 이른바 '죽의 장막'을 걷어

내면서 국제 사회에 얼굴을 내밀 때도 그 전면에는 매순간 저우언라이가 있었습니다. 당시의 중국은 국민소득 100달러에도 못 미치는 피폐한 저개발국가에 불과했지만, 매우 세련되고 지적인 이미지를 풍기며 등장하는 저우언라이 덕분에 국민소득 1만 달러의 국가들과 어깨를 나란히 하면서 자존심을 잃지 않을 수 있었습니다. 그런 저우언라이 카드를 마오쩌둥은 결코 버릴 수 없었던 것이지요. 또한 마오쩌둥이 신(新) 자금성이라 불리기도 하는 중남해의 깊고 깊은 곳에 은거하다시피 하며 점점 더 신격화되었던 반면, 저우언라이는 천성적인 부지런함으로 끊임없이 인민대중들과 만나며 그들의 당면한 현실을 타개하는 현장지도에 최선을 다했습니다. 마오쩌둥은 어록에 붙은 사진에서나 볼 수 있었지만 저우언라이는 현장이 요구하면 어디에나 달려갔던 것입니다. 저우언라이에게는 비밀경찰의 지휘권도 군부의 절대적인 지지도 없었지만, 그는 인민대중의 지지라는 가장 확실한 버팀목을 지니고 있었기에 마오쩌둥은 그를 결코 외면할 수도 쳐낼 수도 없었던 것입니다.

저우언라이는 사실상 중국이라는 거대한 함선의 키를 쥐고 숱한 풍파를 넘어온 탁월한 조타수였습니다. 또 '포스트 마오', 즉 마오쩌둥 이후를 책임질 사람이 덩샤오핑임을 가장 먼저 간파하고 그의 후견인 역할을 죽을 때까지 했던 사람도 바로 다름 아닌 저우언라이였습니다. 사실상 저우언라이가 깔아놓은 길 위에서 덩샤오핑이 개혁·개방의 마차를 굴릴 수 있었던 것이지요. 때문에 저우언라이가 없었다면 오늘의 중국도 없다고 말해도 과언이 아닙니다.

마오쩌둥이 중국이라는 인류 최대 조직의 회장이었다면 저우언라이는 그 조직이 가장 힘들었던 시절의 참으로 탁월한 CEO였습니다. 마오쩌둥은 신적으로 군림했지만 저우언라이는 인민대중과 고락을 같이 하면서 그만의 향기를 짙게 남겼습니다. 『설원(說苑)』에 이르길 "화향천리행 인덕만년훈(花香千里行 人德萬年薰)"이라 하지 않았습니까? 말 그대로 "꽃향기는 천리를 가고 사람의 덕은 만년 동안 향기롭습니다." 저우언라이는 오늘도 중국민의 가슴속에 살아 있습니다. 싸늘하게 식어버린 딱딱한 동상의 모습이 아니라 짙은 눈썹과 온후한 미소를 머금은 대중의 벗으로 말입니다.

평범한 사람한테도 배운다

나는 기뻐, 나는 바빠, 나는 예뻐

때로는 그냥 지나쳤던 주변의 사람들이 우리에게 큰 감동을 안겨 주기기도 합니다. 무교동 길거리에서 '석봉토스트'라는 브랜드를 갖고 '마음이 담긴 토스트'를 만들어 팔아 연봉 1억 원을 이룬 김석봉 사장도 그 중 한 사람입니다.

매일 오전 7시부터 11시까지 무교동 코오롱 빌딩 옆 길가에서는 소형 트럭을 개조해서 만든 '석봉토스트' 가게를 만날 수 있습니다. 그곳 주인 김석봉 사장은 깔끔하게 차려입은 호텔조리사 복장에 단정하게 모자까지 쓰고 쉼 없이 토스트를 만듭니다.

비록 길거리에서 파는 토스트지만 재료는 물론 토스트를 싸는 냅킨까지도 최고급을 고집할 정도로, 마음과 정성이 듬뿍 담긴 토스트입니다. 하지만 가격은 단돈 1,000원입니다. 그래서 무교동 일대에서는 물론, 일본의 여행 가이드북에까지 올라 있는 소문난 토스트가 바로 '석봉토스트'입니다.

그런데 토스트를 만드는 김석봉은 손님들로부터 직접 돈을 받지 않습니다. 매장 앞에 마련된 돈 넣는 통에다 손님들이 직접 동전이면 동전, 지폐면 지폐를 가지런히 자진 수납하도록 되어 있습니다. 이유인즉 토스트 굽다가 돈 받다가 하다 보면 위생적이지 못하기 때문이라는 것이죠. 게다가 길거리에서 토스트를 구워 팔 망정, 이것도 일종의 '로드 비즈니스'임을 자부하는 그는 그 로드 비즈니스의 생명이 상호신뢰임을 특히 강조하기 때문입니다.

김석봉은 전북 정읍에서 빈농의 6남 2녀 중 여섯째로 태어나서 간신히 초등학교를 마친 후 공사판 막노동에서부터 용접공과 과일 행상에 이르기까지 안 해본 일이 없을 정도였습니다. 하지만 그는 검정고시로 고등학교 과정을 마치고 신학교에 진학해 졸업한 후, 하루 중 절반은 일하고 나머지 절반은 봉사활동을 할 수 있는 일거리를 알아보았습니다. 그래서 찾은 일이 오전에만 토스트를 만들어 파는 일이었습니다.

김석봉이 토스트를 팔기 위해 길거리에 나서게 된 때는 1997년입니다. 처음 트럭을 몰고나가 토스트를 팔기 시작한 곳은 서울 지하철 3호선 녹번역 근처였다고 합니다. 하지만 장사가 잘 안 돼자 다시 홍제역으로 옮겼고 결국 이곳에서도 파리만 날리다가 장사를 접어야만 했습니다.

처음엔 자리를 잘못 잡은 것이 원인이라고 생각했지만 진짜 원인은 따로 있었습니다. 제대로 장사할 마음을 갖지 못한 것이 문제였던 것입니다. 거리에 나가 토스트를 판다는 사실을 스스로 부끄럽게 생각해 벙거지 모자를 눌러쓰고 사람들 시선을 의식하며 일하다 보니 장사가 제대로 될 턱이 없었던 것이죠.

그래서 그는 초기 3개월의 실패를 교훈 삼아 지금의 무교동 코오롱 빌딩 근처에 다시 터를 잡고 본격적으로 '석봉토스트'를 만들어 팔기 시작했습니다. 그리고 매일 새벽 집을 나서기 직전에, 세면대 거울 앞에 서서 스스로에게 최면을 걸 듯 이렇게 말하곤 했답니다. "나는 기뻐, 나는 바빠, 나는 예뻐." 그리곤 파이팅을 외친 뒤 날마다 일터로 나섰습니다. 스스로를 격려하며 타인의 시선으로부터 자유롭고자 노력한 것이죠.

이처럼 기꺼이 기쁘게 일하고, 열정을 갖고 바쁘게 일하며, 자기 일과 자신에 대한 존중감을 갖게끔 스스로를 격려함으로써 그는 일개 길거리 토스트 가게 주인에서 '석봉토스트'라는 브랜드를 가진 명실상부한 로드 비즈니스의 선두주자가 될 수 있었습니다. 그러다 보니 자연히 '석봉토스트'의 판매도 눈에 띄게 늘어났고 단골손님들이 줄을 잇게 되었습니다. 이때부터 '석봉토스트'는 단지 아침식사를 거른 직장인들에게 땟거리를 제공하는 것에 그치지 않고 "나는 기뻐, 나는 바빠, 나는 예뻐"라고 외치는 김석봉 사장의 마음이 담겨 그 어느 누구도 흉내낼 수 없는 깊은 맛을 내게 된 것이 아닐까 싶습니다.

이제는 길거리가 아닌 대형 쇼핑몰에도 '석봉토스트' 매장을 열고 전국 곳곳에 100개가 넘는 '석봉토스트' 체인점도 갖게 되었습니다. 뿐만 아니라 중국 현지에 직영지점까지 낼 정도입니다. 하지만 지금도 그는 무교동 길거리에서 토스트를 구우며 아침을 엽니다. 또한

"나는 기뻐, 나는 바빠, 나는 예뻐"라는 자신의 이른바 '3뻐' 다짐처럼 사람들에게 기쁨과 열정 그리고 칭찬의 바이러스를 퍼뜨리고 있습니다.

외국인 관광객들에게도 입소문이 나서 적잖은 외국 관광객들이 꼭 들러가는 코스가 되기도 했다는 '석봉토스트'의 김석봉 사장. 그는 매일 오전에 장사를 끝낸 다음, 사직공원과 서소문공원을 찾아 노인들과 노숙자들에게 새로 정성껏 만든 토스트를 대접하고 다시 고아원, 양로원, 어린이집을 순회하면서 사랑의 토스트를 나누어줍니다. 김석봉 사장이야말로 삶에 대한 긍정과 지속되는 성실함이 희망을 일군다는 것을 온몸으로 실증해준 증인이기도 합니다.

아름다운 철도원

〈페이 잇 포워드(Pay It Forward)〉라는 영화를 기억하십니까? 몇 해전 국내에서도 〈아름다운 세상을 위하여〉라는 제목으로 개봉되었는데, 대략 이런 내용이었죠. 새로 담임을 맡게 된 시모넷 선생이 학생들에게 첫 수업시간에 "세상을 변화시킬 아이디어를 생각해 그것을 행동에 옮겨보라"는 매우 이색적인 숙제를 내줍니다.

열두 살 소년 트레버는 이 숙제를 어떻게 할까 하고 고민하다가 마침내 '페이 잇 포워드'라는 아이디어를 생각해냅니다. 즉 자신이 먼저 다른 사람에게 조건 없이 선행을 베풀면 다시 그 사람이 또 다른 사람에게 조건 없는 '선행의 릴레이'를 이어가 결국 세상을 변화시킬 수 있다는 아이디어였습니다.

비록 영화 속 이야기이지만 트레버는 자신의 목숨까지 바쳐가면서 그것을 실행에 옮깁니다. 그래서 사랑과 선행의 불씨를 퍼뜨립니다. 그런데 영화가 아니라 우리가 살고 있는 현실에서도 '페이 잇 포워드'를 보여준 사람이 있습니다. 바로 철도원 김행균의 경우입니다.

2003년 7월 25일 오전 9시경, 서울 영등포역 승강장에 부산행 새마을호 열차가 진입하려는 순간이었습니다. 어린아이 한 명이 무심코 안전선 안으로 걸어 들어가는 것을 본 김행균은 몸을 던져 아이를 안전선 밖으로 밀쳐냈습니다.

하지만 자신은 선로 위로 떨어지고 말았습니다. 곧이어 열차가 진입했고 그는 서둘러 몸을 돌려보았지만 그의 발 위로 육중한 쇠바퀴가 지나가는 것을 피할 수 없었습니다. 결국 왼쪽 발목이 잘려나갔고 오른쪽 발은 으깨졌습니다. 순식간의 일이었습니다.

두 발을 잃는 중상을 당해 병원응급실로 실려가 겨우 의식을 회복한 후에도 김행균은 자신의 몸 상태보다 "아이는 어떻게 됐나요?"라며 아이의 안위를 먼저 물었습니다. 더구나 자신의 몸을 던진 고귀한 희생에 대한 국민적 찬사에도 불구하고 그는 그저 자신의 임무를 다하려 했을 뿐이고 "누구라도 그 상황에서는 그렇게 했을 것"이라며 담담하고 겸손한 모습을 보여 사람들에게 더 큰 감동을 주었습니다.

심지어 아무 말 없이 사고 현장을 떠나버린 아이와 그 부모에 대해서도 원망하기는커녕 그들의 처지를 이해하고 두둔하기까지 했습니다. 저도 방송을 진행하면서 몇 차례 그와 인터뷰할 기회가 있었는데 "아, 정말 이런 사람이 있다니" 하는 생각마저 들 정도였습니다. 정말이지 이 가물고 척박한 세상에 한 줄기 단비요 생수 같은 삶의 모습을 그는 담담하게 몸으로 보여주었습니다. 그리고 아마도 그에게서 비롯된 그 아름다운 선행은 지금도 소리 없이 이어지고 있을지 모릅니다.

평안남도 순천에서 월남한 부모의 세 자녀 중 막내로 자란 김행균은 어려운 가정 형편 때문에 당시 전액 국비장학금을 주던 국립철도고등학교에 진학했습니다. 그리고 1978년 12월, 채 졸업도 하기 전에 부산진역 수송원에서 첫 근무를 시작했습니다.

사고 당시 그는 영등포역 열차운용팀장으로 정확히 25년째 철도청에서 일하고 있었습니다. 업무의 특성상 오전 9시부터 다음날 오전 9시까지 24시간 근무를 하고 나서도 오후 3~4시 이전에는 퇴근한 적이 없을 정도로 투철한 직업의식과 책임감을 갖고 일하는 사람이었습니다.

이런 김행균을 보노라면 아사다 지로의 소설 『철도원』에 나오는 오토마츠를 보는 듯합니다. 그 어떤 경우에도 자신의 자리를 비우지 않고 끝까지, 아니 죽을 때까지 묵묵히 책임을 다하는 바로 그 자세 말입니다.

두 발을 잘라내고 의족을 끼운 채 본인의 희망대로 다시 복직한 김행균은 철도청 서울지역본부 물류영업과 화물사령으로 일하게 되었습니다. 수도권의 모든 화물열차의 운행을 파악하고 운행지시를 내리는 역할을 하게 된 것입니다. 그런 그가 얼마 전에는 의족을 차고 단축마라톤 대회에 참가해서 또 한 번 사람들에게 잔잔한 감동을 뿌렸습니다. 그의 한 걸음 한 걸음은 희망의 걸음, 희망의 증거 그 자체였습니다. 그런가 하면 한국시리즈 8차전에서는 마운드에 올라 시구를 해 또다시 우리에게 적잖은 감동을 안겨주기도 했습니다.

사람들이 그의 한 걸음, 그의 한 동작에 감동받으며 박수를 보내는 이유는 결코 복잡한 데 있지 않습니다. 자기가 있어야 할 자리에서 자기가 해야 할 일이라는, 소박하지만 결연한 책임감을 갖고 그가 몸을 던져 아이를 구했기 때문입니다.

아름답고 진한 감동 창출의 원천, 철도원 김행균을 바라보면서 진정한 감동은 아낌없이 자신의 몸을 던질 수 있을 때 비로소 가능하다는 것을 새삼 깨닫게 됩니다.

자신의 몸을 던짐으로써 진정한 고객감동, 아니 국민감동을 창출해낸 아름다운 철도원 김행균. 그 때문에 세상은 아직 살 만한 것 같습니다.

두발(頭髮) 담긴 봉투

서울 동작동 현충원 앞을 지나게 되면 우리는 남다른 감회에 젖게 됩니다. 현충원에는 많은 애국지사들의 묘가 자리잡고 있는데, 그 중에는 고당 조만식(曺晩植, 1883~?)의 묘도 있습니다. 그런데 이 묘에는 다른 묘에서는 찾아보기 힘든 좀 특별한 것이 있습니다. 겉이 아니라 그 속입니다. 조만식의 묘 안에는 시신 대신 그분의 두발, 즉 머리카락 한 움큼이 들어 있기 때문입니다. 대체 어떤 사연이 있는 것일까요?

이 사연을 이야기하려면 세월을 좀 거슬러올라가야 합니다. 때는 1936년 가을이었습니다. 일 년 전 아내를 사별한 쉰셋의 조만식은 당시 서른셋의 전선애(田善愛, 1904~ 2000)를 주변 사람들의 소개로 만나게 됩니다.

당시 조만식은 오산학교 교장과 조선일보 사장을 역임한 존경받는 민족운동가였고, 전선애는 이화여전에서 피아노를 전공하고 배화여학교를 거쳐 자신의 모교였던 개성의 호수돈여학교 사감으로 일하면서 미국 유학을 준비하고 있던 신세대 여성이었습니다. 두 사람은 만난 지 3개월 후인 1937년 봄에 결혼식을 올렸습니다. 물론 주변 사람들의 만류도 없진 않았지만 전선애는 오로지 조만식의 인격 하나만을 보고 미국 유학까지 포기하면서 결혼을 감행했습니다. 그후 두 사람은 2남 1녀의 자녀를 낳고 10년 가까운 세월을 함께 살았습니다. 하지만 시대는 조만식을 가정 안에 머물도록 허락하지 않았습니다.

해방 직후 정치활동을 재개한 조만식은 얼마 지나지 않아 소련군과 김일성 일파에 의해 평양 고려호텔에 강제연금당하는 처지가 되고 말았습니다. 1946년 1월 5일의 일이었습니다. 조만식이 그들의 정권 장악에 최대 걸림돌이었기 때문이었죠. 그런 일이 있은 후, 전선애는 어린 자식들을 데리고 어렵사리 조만식이 감금되어 있던 고려호텔을 찾았습니다. 전선애를 마주한 조만식은 여사에게 자신이 즐겨 부르던 찬송가를 호텔에 놓여 있던 피아노로 연주해달라고 부탁한 뒤 찬송가가 연주되는 사이에 어린 자식들의 손을 잡고 방으로 먼저 들어갔습니다. 아마도 거기서 아이들을 한껏 안아주었을 것입니다. 눈물로 연주를 마친 그녀가 뒤따라 방으로 들어가자 조만식은 아무 말 없이 절반이 접혀 있는 누런 편지봉투 하나를 건네주었습니다. 거기에는 이렇게 적혀 있었습니다.

檀紀 4279年 3月 10日
西紀 1946年 3月 10日
頭髮

그 후 전선애는 두발이 담긴 봉투를 가슴에 안고 어린 삼남매의 손을 부여잡은 채 삼팔선을 넘어야 했습니다. 혼미에 혼미를 거듭하던 해방정국의 소용돌이 속에서, 그리고 6·25전쟁의 참화 속에서도, 또 전쟁 후에는 어린것들을 데리고 남에게 폐 끼치지 않고 살기 위해 삯바느질도 마다않으며 이리저리 쫓기듯 옮겨다닐 수밖에 없었습니다. 그런 궁색한 살림 속에서도 그녀가 가장 소중히 여기고 또 그녀로 하여금 그 모든 어려움을 이겨내게 만든 힘의 원천은 바로 다름 아닌 그 봉투에 담긴 두발이었습니다.

마침내 전선애는 근 반세기를 품어온 조만식의 두발을 지난 1991년 11월 5일 동작동 국립묘지 국가유공자 묘역에 손수 묻었습니다. 조만식 선생의 시신을 대신해서 안치시켰던 것입니다. 그 후 전선애 여사도 96세의 파란 많은 인생을 뒤로한 채 지난 2000년 3월 31일 세상을 떠났습니다. 그리고 그토록 그리던 조만식 선생의 두발이 안치된 국가유공자묘역에 함께 묻혔습니다.

여러분은 이 이야기를 읽으면서 무슨 생각을 떠올리셨습니까? 누구에게나 그 사람 혹은 그 조직을 움직이게 하는 '숨은 힘'이 있게 마련입니다. 불에 태우면 흔적도 없을 머리카락 한 움큼이라도 그것을 가슴에 품으면 놀라운 삶의 의지를 만들어낸다는 사실을 우리는 조만식 선생과 전선애 여사 이야기를 통해 새삼 깨닫게 됩니다. 지금 여러분들을 움직이는 '숨은 힘'은 무엇인지를 다시 한번 생각해보는 것이 어떨까요?

성공하는 사람은 따로 있다

마스이 사쿠라는 긴자의 '후타고야' 라는 회원제 클럽의 마담입니다. 마스이 사쿠라는 자신의 쌍둥이 언니와 함께 클럽을 운영하고 있습니다. 그래서 그녀가 운영하는 클럽 이름도 '쌍둥이 자매집' 이란 뜻에서 '후타고야' 라고 붙인 것 같습니다.

마스이 사쿠라의 아버지는 카나가와 현의 의원직을 내리 6선이나 지낸 정치인이었습니다. 그리고 마스이 사쿠라 자신도 타구쇼쿠 대학 외국어 학부를 거쳐 캐나다 벤쿠버에서 유학했으며 캐나다에서 직장생활 경험까지 갖고 있는 인텔리 여성입니다. 그녀는 마담 생활을 하면서 몇 권의 흥미로운 책을 내놓았는데, 그 중 『긴자 마담이 이야기하는 성공하는 남자, 성공 못하는 남자』라는 책이 있습니다. 이 책에서 그녀는 성공하는 남자와 성공 못하는 남자의 차이가 언뜻 사소하게 보이는 '감성적 태도와 감성적 이미지의 연출' 에서 연유한다는 사실을 체험적으로 이야기하고 있습니다. 이제 마스이 사쿠라의 사소한 듯하지만 결코 그냥 지나칠 수 없는 이야기에 귀를 기울여봅시다.

첫째, 술을 마시다가 겉옷을 벗을 때 내팽개치듯 벗지 않고 오히려 벗은 상의를 뒤집어서 반으로 개어두는 사람은 틀림없이 성공한 사람이라고 합니다. 옷을 소중히 다루는 사람은 물건만 소중히 여길 줄 아는 것이 아니라 사람도 소중히 여기기 때문이라는 것이지요.

둘째, 손님이 유명 브랜드 시계를 차고 있으면 호스티스들이 보여달라고 성화를 해 풀어서 보여주는 일이 종종 있습니다. 이때 금속으로 된 시계줄 뒷면이 땀 때로 더러워져 있거나 가죽줄이 땀에 차서 너덜거릴 정도면 속으로 비웃는다고 합니다. 그만한 시계를 찰 자격이 없다는 것이죠. 땀에 젖었을 때 조금만 신경 써서 닦아만 줘도 훨씬 더 깨끗하게 쓸 수 있는 것이 시계줄입니다. 마스이 사쿠라는 손님이 차고 있는 시계를 볼 때 제품의 브랜드보다 시계줄의 청결상태를 먼저 살핀다고 합니다. 물론 시계줄이 깨끗한 사람들 중에 성공하는 사람들이 훨씬 많음은 두말할 필요도 없구요.

셋째, 구두를 벗었을 때 옆을 지나던 종업원이 코를 틀어막을 정도로 발냄새를 풍기는 손님이 더러 있다고 합니다. 마치 신발에 썩은 우유를 붓고 다니는 것 같은 냄새 말입니다. 구두의 겉만 반짝반짝 윤을 내는 것이 아니라 신발 안도 청결하게 유지할 줄 아는 사람이 성공한다는 것이 마스이 사쿠라의 생각입니다. 구두는 남자의 또 다른 얼굴이기 때문이지요.

넷째, 셔츠에서 넥타이, 구두까지 모두 이탈리아제 '베르사체'를 두르고 있으면서도 정작 자기 얼굴 한복판에서 삐져나온 코털에 무신경한 사람은 결단코 성공하기 어렵다고 마스이 사쿠라는 말합니다. 설사 지금은 성공한 듯 보여도 곧 무성하게 삐져나오는 코털처럼 언제 자신의 사업에서 잡초가 필지 모를 사람이라는 것이죠.

다섯째, 장례식에 갈 때 시장에서 허겁지겁 산 듯한, 표면이 꺼칠한 싸구려 검정색 넥타이를 매는 사람치고 성공하는 사람이 없다고 합니다. 상복도 마찬가지입니다. 자주 입거나 걸칠 일이 없다는 이유로 싸구려로 대충 때우려고 하지 말고 일 년에 한 번일지라도 비장하고 엄숙한 분위기를 잘 표현할 수 있는 상복을 선택하는 사람이 성공한다는 것입니다. 오늘날은 프레젠테이션을 잘해야 성공하는 시대입니다. 회사에서 회의할 때만 프레젠테이션을 하는 것이 아니라, 의상으로도 자기 자신을 잘 프레젠테이션할 수 있어야 합니다. 옷을 통해 자신을 TPO, 즉 시간(Time), 장소(Place), 경우(Occasion)에 맞게 잘 표현하고 처신할 줄 알아야 성공하는 것입니다.

여섯째, 긴자의 클럽에서는 자신의 술병을 보관해두고 마시는 것이 기본입니다. 그런데 때때로 독한 버번 같은 것을 맡겨두는 사람들이 있습니다. 사실 버번은 너무 독해서 마시기 힘들어하는 호스티스들이 아주 많습니다. 이럴 때 자신은 독한 버번을 즐기더라도 옆에 있는 호스티스용으로 브랜디 같은 약한 것을 따로 보관해두는 손님들이 있는데, 그런 손님들은 열 명이면 열 명 모두 반드시 성공하는 사람들이라고 합니다. 남을 배려할 줄 아는 사람이기 때문이죠.

일곱째, 성공하는 남자는 술을 마시기에 앞서 돌아갈 때 타고 갈 택시를 미리 예약해놓는다고 합니다. 계산을 끝내고 나서야 허둥대며 돌아갈 차편을 찾아 헤매지 않는다는 것이지요. 미리 앞을 내다보고 계획하며 행동하는 습관이 몸에 배어 있는 사람만이 가능한 일입니다. 그런 사람이 성공하는 것은 당연한 일 아닐까요.

오늘도 마스이 사쿠라는 후타고야 클럽에서 손님들을 맞을 것입니다. 그리고 거기서 성공할 사람과 성공 못할 사람을 마음속으로 가늠하고 있을지 모릅니다.

성공하는 화술도 따로 있다

입 '구(口)'자 세 개가 모이면 뭐가 되는 줄 아십니까? 다름 아닌 '품(品)' 자가 되지요. 품위(品位), 품격(品格)이라고 말할 때의 바로 그 '품(品)' 자 말입니다. 한 마디로 사람의 품격은 입에서 나온다고 해도 과언이 아 닙니다. 그만큼 사람은 말 씀씀이가 중요합니다.

아무리 차려입어도 입에서 나오는 말이 거칠고 뒤죽박죽이면 당연히 품 위와 품격이 없어 보이게 마련이지요. 품위 있고 품격 있는 사람이 되려면 입을 열었을 때 단 한마디에서도 그만의 독특한 향취가 풍겨나와야 합니 다. 자기만의 향취가 담긴 말을 할 수 있는 것이 성공하는 화술입니다.

마스이 사쿠라는 최근 자신의 독특한 '물장사' 경험을 통해 체득한 성 공 화술을 이야기해 또다시 화제가 되고 있습니다. 그 중 몇 가지만 살펴 보겠습니다.

첫째, 대화 상대와 말할 때 'one of them'이 아니라 'only one'으로 대하라는 것입니다. 누구나 특별하게 대접받기를 원합니다. 특별하게 대 접받는다는 것은 결국 남들과 구별되는 느낌을 받고 싶다는 욕망인 것이 죠. 그러니 사람들이 '여럿 중의 하나'로 취급되기보다는 '오직 당신뿐' 이라는 느낌으로 대해지길 원하는 것은 당연하지 않겠습니까?

둘째, '기분은 직구로, 협상은 변화구로' 던지라는 것입니다. 자신의 현재 기분을 빙빙 돌려서 표현하는 것은 자칫 상대방에게 오해를 불러일으키기 쉽습니다. 그러니 기분은 숨기지 말고 솔직담백하면서도 심플하게, 야구에서 직구를 던지듯 표현해야 합니다. 물론 대화 전체에서는 여러 가지 변화구를 던져야 하겠지요. 이것은 특히 중요한 협상이 걸려 있을 때 더욱 유효할 듯싶습니다.

셋째, 상대가 불평불만을 쏟아놓을 때는 대화 속도를 늦춰야 합니다. 보통 대화 중에 상대방이 불평불만을 늘어놓을 때는 상호 간에 말이 빨라지면서 서로 흥분하게 마련입니다. 더구나 이때 그 속도를 그대로 내버려두거나 편승하면 불평불만이 더욱 증폭됩니다. 마찬가지로 상대가 불평불만을 늘어놓는다고 해서 곧장 말을 제지하거나 끊으려고 하면 불평불만은 더 크게 폭발하기 쉽습니다. 그러니 이때는 대화의 전체적인 속도를 늦춰가면서 상대방의 흥분을 가라앉히는 것이 상책입니다.

넷째, 상대가 관심을 보일 때는 한 걸음 물러서는 것이 좋습니다. 상대가 관심을 보인다고 곧장 응대하면 상대의 관심은 곧 시들기 십상입니다. 상대의 관심을 지속시키려면 곧장 반응하지 말고 다소 무관심한 표정을 짓는 것도 방법입니다. 연애할 때도 쫓아가면 달아나고 무관심한 듯 보이면 오히려 상대방에서 달려오지 않던가요? 비즈니스에서도 마찬가지입니다.

끝으로, 대화의 마지막은 희망으로 매듭짓는 것이 좋습니다. 대화의 마지막을 비관이나 비탄으로 끝내는 것보다 희망으로 매듭지으면 상대방 마음 깊은 곳에 자신을 각인하기가 훨씬 쉽습니다.

아울러 대화에서 가장 경계할 사항이 있습니다. 그것은 바로 상대를 설득하려고 애쓰지 말라는 것입니다. 대화의 목적이 설득이라고 생각하시는 분들은 도대체 무슨 이야기냐고 반문하실지도 모르겠습니다. 하지만 사람은 여간해서 설득당하지 않습니다. 사실 대부분의 대화에서 설득당한 것처럼 보이는 경우는 어쩔 수 없이 그렇게 보이지 않으면 안 되는 지배-피지배의 관계에 놓여 있는 경우가 대부분입니다.

사람과 사람의 커뮤니케이션은 누가 누구를 설득하고 지배하는 것이기보다는 상호 간에 공감하는 것이 진정한 의미가 아닐까요? 대화의 진정한 힘은 결국 공감의 폭과 깊이를 넓히는 능력입니다. 공감은 미사여구를 늘어놓는다고 이뤄지는 것이 아니라 마음의 파동이 만나서 서로에게 조응하는 것입니다. 한마디로 마음의 파동이 서로에게 다가가는 것이라고나 할까요?

6

나만의 리더십을
디자인하라

앤드류 카네기

유방

도널드 트럼프

강희제

옹정제

건륭제

마쓰시타 고노스케

오다 노부나가

알렉산드르 A. 류비셰프

윈스턴 처칠

드와이트 아이젠하워

제임스 스톡데일

조엘 오스틴

박태준

해럴드 무어

성철

토머스 제퍼슨

지미 카터

잭 웰치

우체부 프레드

첫째도 둘째도 사람이다

자기보다 나은 사람을 쓸 줄 알았던 사람

몇 해 전 이건희 회장이 아들 이재용의 상무보 취임을 기념해서 선물을 하나 건네주었다고 합니다. 다름 아닌 삼고초려도(三顧草廬圖)였습니다. 유비가 제갈량을 영입하기 위해 세 번 몸을 굽혀 찾아갔던 것처럼 인재를 등용하는 데 노력을 아끼지 말라는 당부가 담긴 선물이었던 것입니다. 이재용은 이것을 자신의 집무실에 걸어두고 날마다 그 뜻을 되새긴다고 합니다.

그만큼 모든 일에 있어서 인재가 우선입니다. 강철왕 앤드류 카네기(Andrew Carnegie, 1835~1919)는 자기보다 나은 사람을 쓸 줄 알았기에 성공했던 사람이었습니다.

그는 영국 스코틀랜드 출신으로 13세에 가족과 함께 미국 펜실베이니아 주로 이주해 방적공, 기관조수, 전보배달원, 전신기사 등 온갖 직종을 전전하다 마침내 당대 제일의 제철소를 일구어 '강철왕'

이란 별칭과 함께 세계 최고 갑부의 반열에 올랐던 입지전적인 인물입니다.

하지만 인생 후반부에는 경영일선에서 은퇴하여 카네기멜론 대학의 전신인 카네기 공과대학을 세우고 3,000여 곳이 넘는 공공도서관을 세우는 등 부의 사회적 환원에 누구보다 앞장섰던 인물이기도 합니다. 그는 사업과 인생 모두에서 놀라운 성공을 보여준 사람으로 우리에게 기억되고 있습니다.

그런데 앤드류 카네기가 죽은 후 그의 묘비에 뭐라고 적혔는지 아십니까? 그의 입지전적인 인생 행적이 연보처럼 길게 적혀 있을까요? 아니면 그가 즐겨 암송했던 성경 구절이 적혀 있을까요? 그 모두 아닙니다. 강철왕 카네기의 묘비에는 그가 생전에 미리 준비해둔 이 한 마디가 적혀 있습니다. "여기, 자기보다 나은 사람을 쓸 줄 알았던 사람, 카네기 잠들다."

이 말은, 유산은커녕 변변한 교육도 받지 못했고 어려서 직공일에서 시작해서 온갖 힘든 일을 마다않고 자수성가해 세계 최고의 부호 반열에 올랐던 카네기가 그처럼 성공할 수 있었던 이유를 가장 압축적으로, 가장 정확히 대변해준 말이 아닐 수 없습니다. 그러나 자기보다 나은 사람을 쓰기란 쉽지 않은 일입니다. 시기하는 마음, 경계하는 마음, 의심하는 마음이 자꾸 들게 되기 때문입니다.

리더에는 세 가지 유형이 있습니다. 첫째는 자기 재주에만 의지하는 리더, 둘째는 자기보다 못한 사람들만 등용하는 리더, 셋째는 자기보다 나은 사람을 쓸 줄 아는 리더입니다.

자기 재주에만 의지하는 리더는 어느 한계 이상으론 성장할 수 없습니다. 세를 불리기 어려운 것이죠. 또 자기보다 못한 사람들만 등용하는 리더는 결국 멸망의 화를 자초해 신세를 망칩니다. 그러나 자기보다 나은 사람을 쓸 줄 아는 리더는 결국 성공합니다.

유방(劉邦)과 항우(項羽)의 이야기를 다들 알고 계실 것입니다. 별볼 일 없는 집안에서 태어나 촌의 말단관리로 있으며 나이 사십이 넘도록 변변히 내세울 게 없었던 유방이 당대의 명문가 출신으로 이미 이십 대의 나이에 중원을 호령했던 항우를 누르고 천하를 거머쥘 수 있었던 까닭 역시, 자기 재주만 의지하며 자기보다 나은 사람들을 쳐냈던 항우와 달리 유방은 장량(張良)과 소하(蕭何)와 한신(韓信) 등 자기보다 나은 사람들을 쓸 줄 알았기 때문입니다.

자기보다 나은 사람을 쓰기 위해선 다음 세 가지를 유념해야 합니다. 첫째는 일단 등용하면 의심해서는 안 됩니다. "의심불용 용인불의(疑心不用 用人不疑)"라는 말이 있습니다. 의심이 가면 쓰지를 말고, 일단 쓰면 의심하지 말라는 뜻입니다. 자기 휘하를 의심하는 사람 밑에 오래 배겨낼 장사는 없습니다. 의심은 자기 주변을 황폐하게 만드는 가장 빠른 길입니다.

둘째는 일단 일을 맡겼으면 간섭하지 말아야 합니다. 일을 시켜놓고서 직접적이든 간접적이든 콩 놔라 팥 놔라 하는 식의 간섭을 하면 결국은 일도 망치고 사람도 잃습니다.

셋째는 일을 맡김에 있어 중요감을 배가해서 부여해야 합니다. 존 듀이의 말처럼 중요감을 부여받은 사람은 자기 능력 이상을 발휘합니다. 사람은 자신이 중요하다는 생각이 들 때 최선을 다하기 때문입니다.

『타고난 보스(The Gifted Boss)』의 저자 데일 도튼은 자기보다 나은 점이 있는 위대한 직원을 발견해서 활용하는 것이 성공의 요체임을 강조합니다. 강철왕 카네기도, 천하를 거머쥔 한고조 유방도 모두 자기보다 나은 사람들을 발견해서 쓸 줄 알았던 타고난 보스였던 셈입니다.

사람 귀한 줄 알아야 한다

미국의 부동산재벌 도널드 트럼프(Donald J. Trump, 1946~)는 1980년대 말 미국 부동산 시장이 크게 동요하면서 100억 달러에 달하는 채무에 허덕이게 되었습니다. 그러던 그가 화려하게 재기할 수 있었던 이유 중 하나는 사람을 귀하게 여기고 사람을 키워서 쓸 줄 아는 그의 태도 때문이었습니다.

그는 좋은 사람은 곧 좋은 경영이고, 좋은 경영은 곧 좋은 사람이라고 말할 만큼 사람을 중시합니다. 그 역시 최고의 인재를 고집합니다. 하지만 그가 말하는 최고의 인재란 학벌, 출신, 경력이 좋은 사람이라기보다 자신의 비즈니스 스타일에 가장 적합한 사람을 뜻합니다. 그래서 그는 사람을 채용할 때는 일에 대한 능력보다도 일을 대하는 태도를 먼저 보라고 말합니다.

그래서일까요? 도널드 트럼프 주위에는 수십 년간을 함께해온 측근들이 즐비합니다. 그들은 한결같이 말단에서 성장해온 사람들입니다. 경비원에서 출발해 고위직 임원이 된 전무이사 매튜 칼라마리, 보디가드에서 부사장이 된 비니 스텔리오, 예약 담당자로 시작해서 모델 에이전시 사장이 된 존 터틀로, 23년간 하루도 빠짐없이 호흡을 맞춰 일해온 부사장급 비서 노마 포어더러가 바로 그들입니다. 도널드 트럼프가 마이더스의 손이 될 수 있었던 것은 이처럼 별 볼 일 없어 보이던 사람조차도 귀하게 여기고 키워서 쓸 줄 알았던 그의 남다른 자세 때문이 아닐까요?

인재가 중요하다는 사실은 옛사람들도 아주 뼈저리게 느끼고 있었습니다. 청 왕조의 전성기를 이끌었던 중국의 황제들도 인재를 찾는 데 온 힘을 쏟았습니다.

강희-옹정-건륭으로 이어지는 3대에 걸친 130여 년 동안 청 왕조는 역사상 유례없는 찬란한 전성기를 구가했습니다. 청 왕조의 시조 누루하치의 증손자인 강희제가 60년 넘게 융성하는 청 왕조로 나아가는 초석을 깔았다면, 옹정제는 그 융성하는 청 왕조의 바탕을 더욱 다져 아들 건륭제의 60년 황금치세가 가능하도록 견고한 수성의 방파제를 쌓은 인물이라고 할 수 있습니다. 그런데 이들 세 명의 황제는 인재의 낭비가 천하에서 가장 큰 낭비라고 생각할 만큼 인재를 아꼈습니다. 그리고 모두 나름의 방식으로 사람을 제대로 쓸 줄 알았습니다.

강희제(1654~1722, 재위 1661~1722)는 평생 "의심스런 사람은 쓰지 않고 쓴 사람은 의심하지 않는다"는 인간관리의 신조를 철저히 견지했습니다. 아울러 그는 한족과 만주족을 구분하지 않고 널리 인재를 구했습니다. 특히 한족 출신 관리와 만주족 출신 관리가 제대로 융화하지 못하자, 이를 극복하기 위해 만한전석(滿漢全席)을 열기도 했습니다. '만한전석'이란 강희제가 만주족과 한족 관리 간의 화합을 다지기 위해 중국 전역에서 공모해서 선발한 108가지의 진귀한 음식으로 차린 황실 대연회를 말합니다. 사실 만주족과 한족 간에는 먹는 것이 사뭇 달랐습니다. 그리고 만주족과 한족 관리 간에는 먹거리 차이만큼이나 갈등과 불화도 적지않았습니다.

그래서 강희제는 만주족과 한족 관리 간의 갈등과 불화를 씻기 위해 만식과 한식을 한데 모아 '만한전석'을 선보였던 것입니다. 한마디로 음식을 통한 인재통합이라고나 할까요? 결국 강희제의 이런 센스 있는 노력 덕택에 소수민족이었던 만주족이 세운 청 왕조가 한족의 거대한 바다 위에서 268년간이나 돛을 펼칠 수 있었던 것이 아닐까요?

강희제의 넷째 아들로 태어난 옹정제(1678~1735, 재위 1722~1735)는 인생의 쓴맛 단맛을 다 맛본 후에 마흔다섯이 되어서야 비로소 황제가 되었습니다. 그는 궁중 정치의 음모와 갈등을 속속들이 파악하고 있었기 때문에 등극하자마자 사정없이 환부를 도려내고 새 피를 수혈하는, 즉 인재를 널리 구하는 작업에 착수했습니다.

옹정제는 "인재를 찾는 것이 제왕의 제일 가는 고충"이라고 말하며 인재 확보에 혼신의 노력을 기울였습니다. 그는 황제가 되기 이전에 이미 기존 과거제의 고질적인 병폐를 꿰뚫고 있었습니다. 그것은 시험관과 응시자가 과거를 통해 연결되어 붕당을 만들게 되는 오랜 병폐였습니다. 그래서 옹정제는 과거를 거친 정답형 수재보다는 과거를 통과할 만한 문장 실력은 없더라도 현장과 실무에 밝은 사람을 선호했습니다. 아울러 옹정제는 '치법(治法)보다는 치인(治人)'이었습니다. 결국 진정한 다스림은 인재를 얻을 때 비로소 가능한 것이지

법에만 매달려서는 안 된다는 것을 잘 알고 있었기에 인재를 귀히 여기고 널리 구하며 또 아꼈습니다. 한마디로 옹정제는 '사람을 쓸 줄 아는 리더'였습니다.

옹정제에 이어 청나라의 최고 전성기를 이뤘던 건륭제(1711~1799, 재위 1735~1796) 역시 인재에 모든 것이 달려 있다고 본 황제였습니다. 중국 역대 황제들을 봐도 한 고조 유방에게는 장량, 소하, 한신과 같은 인재들이 있었고, 촉의 유비에게는 제갈공명, 관우, 장비가 있었습니다. 그리고 당 태종 이세민에게는 위징, 방현령, 이정 등이 있어 그들의 도움을 얻어 천하대업을 성취할 수 있었습니다.

이런 역사적 선례를 누구보다도 잘 알고 있었던 건륭제는 늘 인재를 찾는 데 고심했습니다. 목마른 사슴이 물을 찾는 심정으로 인재를 갈구했고 독특한 안목으로 인재를 구별해냈습니다. 건륭제 치하의 "문으로 나라를 다스리고 무로써 나라를 편안하게 한다"는 빛나는 '문치무공(文治武功)'의 시대 역시 인재를 골라 쓸 줄 알았기에 가능했던 것입니다. 사람을 정확히 보고 제대로 쓴다면 이미 절반은 성공한 것이나 다름없는 일입니다.

첫째도 둘째도 셋째도 사람이다

그렇다면 인재 경영은 어떻게 해야 할까요? 이에 대한 답은 '경영의 신'이라고까지 불렸던 고(故) 마쓰시타 고노스케(松下幸之助, 1894~1989) 회장의 인재경영에 관한 이야기로 대신하겠습니다.

여기, 마쓰시타 고노스케의 인재경영원칙을 한 마디로 압축해주는 말이 있습니다. "외부 사람으로부터 마쓰시타 전기는 무엇을 만들고 있는 회사인가라는 질문을 받으면 마쓰시타 전기는 '사람을 만드는 회사' 라고 대답하라."

사실 마쓰시타는 변변한 교육을 받지 못했습니다. 하지만 마쓰시타는 젊은 시절 하루 근무를 마친 후 집에 돌아와 다치카와에서 발행한 문고본 야담집을 즐겨 읽었고 거기서 인생의 지혜를 발견하곤 했습니다.

마쓰시타의 인재경영을 가능하게 만든 인재발견 방법도 실은 그 야담집을 읽으면서 터득한 것이었습니다. 마쓰시타는 인재발견 방법을 이야기할 때면 으레 일본전국시대를 배경으로 한 야담집에서 읽었던 히데요시와 미쓰히데의 이야기를 즐겨하곤 했습니다.

히데요시는 일자무식의 떠돌이 짚신장수 출신이었지만 사람을 볼 때 장점을 보는 습관이 있었고, 반면에 미쓰히데는 문무를 겸비한 출중한 무사 출신이었지만 성격상 타인의 결점을 먼저 보는 습관이 있었습니다.

어느 모로 보나 미쓰히데가 히데요시를 앞섰지만 결국은 히데요시가 노부나가의 뒤를 이어 일본전국시대의 패자가 되었습니다. 그렇게 될 수 있었던 것은 결국 사람의 장점을 보는 히데요시에게 사람들이 몰렸기 때문입니다. 사람의 단점보다는 장점을 먼저 보고 거기서 인재를 발견하려고 애쓴 마쓰시타는 결국 히데요시를 본받은 셈입니다.

한편 마쓰시타가 1946년에 설립한 PHP연구소에서 40년간 근무해 마쓰시타의 수제자라 불리는 에구치 가쓰히코는 '마쓰시타 고노스케의 인재경영 4원칙'을 이렇게 정리하고 있습니다.

첫째, 부하의 말을 잘 들어줘라. 잘 듣는 것, 즉 경청이야말로 모든 관계의 초석입니다. 일에 쫓기는 대부분의 윗사람들은 어지간한 사항이 아니면 아랫사람의 이야기를 듣는 것을 귀찮아하기 쉽습니다. 하지만 아랫사람의 입장에서는 자기 이야기를 진지하게 들어주지 않는 것 자체가 섭섭함과 동시에 일할 의욕을 잃게 만드는 요인이 된다는 사실을 새삼 되새길 필요가 있을 것 같습니다.

둘째, 방침을 명확히 해줘라. 윗사람의 방침이 애매하든지, 전달이 충분치 않으면 혼란이 생깁니다. 방침제시와 방향제시가 분명할 때 인재들이 제대로 실력발휘를 할 수 있습니다. 예컨대 여기 큰 돌이 있다고 합시다. 이 돌을 다룰 때 서툰 사람은 먼저 망치부터 집어 듭니다. 하지만 노련한 석공은 우선 돌의 결부터 살핍니다. 결을 찾아 정을 대고 망치를 내려쳐야 단박에 돌을 쪼갤 수 있기 때문이지요. 방침을 제시한다는 것은 바로 이 결을 찾아내 제대로 정을 대도록 하는 것과 다를 바 없는 것입니다.

셋째, 권한을 대담하게 위임하라. 사업의 구체적 사안에 대해서 일일이 간섭하고 지시하기보다는 대담하게 권한을 위임하여 CEO 1인이 아니라 시스템이 작동하게 해야 합니다. 어떤 사안에 대해 당장 답을 주기보다는 그 답을 찾아가도록 권한을 부여하고 기다려줌으로써 인재는 키워집니다. 인재는 현실 속에서의 시행착오를 포함한 온갖 체험을 통해 양성되는 것이기 때문입니다.

넷째, 감동을 주어라. 감동 없이 인재는 양성될 수 없다는 것이 마쓰시타 고노스케의 철학입니다. 상대를 칭찬하든 나무라든 어느 때나 감동을 수반할 수 있어야 합니다. 마쓰시타는 사람과 사람 사이의 감동을 중시했습니다. 그는 복잡하면 감동이 없다고 했습니다. 그만큼 감동이란 단순 소박함과 순수함의 산물이라는 것이죠.

요즘 대기업들에는 고학력 인재들이 넘쳐납니다. MBA 출신도 많고 석박사도 많습니다. 그러나 진정한 인재경영은 가방끈 긴 사람만 모은다고 되는 것이 아니라 감동을 주고받을 수 있는 사람을 기르고 모으는 일입니다. 회사의 품격은 그 회사의 인재들이 얼마만큼 감동을 생산할 수 있는가에 달려 있다고 해도 과언이 아닙니다.

첫째도 둘째도 셋째도 사람입니다. 사람을 귀하게 얻어 제대로 쓸 줄 아는 용인(用人)과 인치(人治)의 리더가 되십시오.

좋은 습관이
성공을 부른다

아침을 경영하라

일본전국시대의 맹주 오다 노부나가(織田信長, 1534~1582)의 하루는 매일 새벽 4시에 일어나 가장 빠른 말을 타고 달리는 것으로 시작되었다고 합니다. 그는 매일 이른 아침에 늘 정해진 곳까지 왕복 40리(약 16킬로미터)를 말 타고 달리면서 가는 길에는 전략을 짜고 돌아오는 길에는 결단을 내렸다고 합니다. 그 덕분에 오다 노부나가는 결단력 있는 리더로 정평이 나게 되었던 것입니다. 이른 아침에 생각을 정리하고 결단의 사항을 분명히 해서 그것을 실행에 옮겼던 것이죠. 결국 결단력의 리더 오다 노부나가를 그답게 만든 것은 다름 아닌 그의 아침이었던 것입니다. 이처럼 오다 노부나가는 늘 자신만의 이른 아침시간을 확보하고 이를 통해 사색하면서 결정적인 고비마다 단호하게 결단해온 전형적인 아침형 리더였습니다.

새벽 4시에 어김없이 일어나 말을 타고 내달리며 구상하고 결단했던 '아침형 리더'는 하루를 4등분해서 산 셈이었습니다. 일반적으로는 하루를 '아침-낮-밤'으로 3등분해 사는 경우가 대부분이지만, 남들보다 아침을 일찍 시작하는 아침형 리더 오다 노부나가는 하루를 '이른아침-아침-낮-밤'으로 4등분해서 살았습니다. 그만큼 남들보다 시간 활용면에서 앞섰을 뿐만 아니라 매사에 한발 앞선 선제공격이 가능했던 것입니다.

생전에 그를 가장 존경하는 인물로 꼽았던 고(故) 정주영 회장도 노부나가의 이런 면을 본받아서인지 새벽출근, 새벽회의, 한발 앞선 공격적인 선도경영을 고집했습니다. 사실 예나 지금이나 대부분의 리더들은 한결같이 아침형 리더입니다. 아침에 강한 사람이 결국 성공합니다.

옛날 중국의 황제들은 동이 트는 이른 시간에 업무를 시작해서 점심 무렵이면 모든 일을 마쳤다고 합니다. '아침형 인간' 연구의 선구자인 사이쇼 히로시에 따르면 오전 6시부터 8시까지는 두뇌가 가장 명석해지는 시간이고, 이때의 집중력과 판단력은 낮 시간의 세 배에 달한다고 합니다. 그러니 아침을 어떻게 쓰느냐에 따라서 승패가 좌우된다고 해도 과언이 아닙니다.

누구나 일찍 일어나 활동하는 아침형 인간이 되면 세 가지를 얻을 수 있습니다. 건강해지고, 부유해지고, 현명해집니다. 건강한 사람들 가운데 야행성 인간은 찾아보기 어렵습니다. 아침형 인간이 건강하고 에너지가 넘친다는 것은 공인된 사실입니다.

또한 아침형 인간은 부자이거나, 혹은 부자가 될 가능성이 아주 높습니다. 하다못해 요즘 아파트 단지에서 보더라도 아침 일찍 나가는 차들은 대부분 비싸고 좋은 차들입니다. 부지런한 아침형 인간이 결국 경제적으로도 성공할 가능성이 그만큼 높다는 반증이죠.

그리고 아침형 인간은 사려가 깊게 마련입니다. 혹시 전날 밤늦게 써놓은 편지를 아침에 깨어나 읽어본 후 찢어버린 경험이 있지 않으십니까? 그만큼 밤의 판단은 다음날 아침이면 후회를 불러올 만큼 불안정한 반면에 아침의 판단은 밤의 번민을 일거에 해치울 만큼 분명한 결단력이 있습니다.

결국 성공하는 사람은 아침을 소중히 여기는 사람입니다. 아침을 나의 것으로 만들 수 있느냐 없느냐가 성패의 갈림길입니다. 이른 아침을 소중히 여기고 그것을 통해 자신을 재충전시킴은 물론 그 아침을 통해 분명한 결단과 함께 새로운 비전을 펼쳐보십시오. 자신의 아침을 제대로 경영하는 사람만이 한 시대를 호령할 수 있습니다.

삶의 애정을 카운트하라

시간 관리에 대한 중요성은 아무리 강조해도 지나치지 않습니다. 벤자민 프랭클린은 50년 이상 자신의 수첩에 시간 관리와 열세 가지 덕목(절제, 침묵, 질서, 결단, 검약, 근면, 성실, 정의, 중용, 청결, 평정, 순결, 겸손)을 항상 기록하고 매일 이 항목들을 실행했는지 여부를 체크했다고 합니다. 게다가 일주일마다 열세 가지 덕목 중 한 가지씩을 집중적으로 실천하려고 노력했습니다. 그는 자신이 이 수첩 덕분에 성공할 수 있었다고 고백합니다. 이것이 바로 오늘날 많은 사람들이 애용하는 '프랭클린 플래너'의 원형입니다.

그런가 하면 끊임없이 시계를 보는 고역을 감수하며 60년 가까운 세월 동안 시간일기를 써온 사람도 있습니다. '시간을 지배한 사나이' 알렉산드르 A. 류비셰프(Aleksandr Aleksandrovich Lyubishev, 1890~1972)입니다.

우리에게 다소 생소한 이름인 류비셰프는 구 소련의 저명한 곤충생물학자입니다. 그는 1972년 82세를 일기로 세상을 뜰 때까지 철저한 시간관리로 일관한 사람이었습니다.

1916년 1월 1일, 류비셰프는 시간에 대해 매우 비상한 결심을 합니다. 그날 이후 자신의 모든 시간을 철저히 기록하고 통계를 내고 평가하였습니다. 이른바 '시간통계법'을 활용해 1972년에 사망할 때까지 56년간을 시간효율의 극대화를 위해 살았습니다. 그는 매일 자신이 한 일들을 분 단위까지 꼼꼼하게 체크해서 일기 식으로 적어 놓고 이것들에 대한 통계를 냈습니다. 예를 들어 회의 참석이나 업무에 걸린 시간은 물론, 신문 보는 데 소요된 시간까지 분단위로 계산했던 것이죠.

그 덕분에 그는 생물학, 곤충학, 과학사 등 자신의 전공에 정통하게 되었음은 물론이고 철학, 문학, 역사 분야에서도 전문가를 능가하는 경지에 이를 수 있게 되었습니다. 그 결과 류비셰프는 70여 권에 달하는 전문 저서와 타자원고 12,500여 장에 이르는 엄청난 양의 논문을 남길 수 있었습니다. 또 13,000여 마리에 달하는 원조충 표본을 수집하였고 이 중 5,000여 마리의 원조충을 감정, 측정, 해부하여 박편 표본으로 만들기도 했습니다. 이 모든 것들을 가능하게 했던 것은 시간일기를 통한 그만의 독특한 시간관리 덕분이었습니다.

누군가 진실로 행복한 사람은 시계를 보지 않는 법이라고 했습니다. 그러나 류비셰프는 끊임없이 시계를 보아야 하는 고역(?)을 자진하면서 시간일기 쓰기를 평생토록 지속했습니다. 외형적으로는 그가 시간을 지배한 것인지 아니면 시간의 노예가 된 것이었는지에 대해 선뜻 판단하기 어렵습니다.

하지만 그는 기꺼운 마음으로 시간일기를 썼습니다. 그리고 시간일기를 쓰는 습관은 그로 하여금 자신이 해야 할 일에 얼마만큼의 시간이 소요될지를 사전에 시 단위, 분 단위까지 정확히 알 수 있도록 만들어주었습니다. 그래서 그는 어떤 일을 하든지 정확한 시간계획을 갖고 임할 수 있었습니다.

60년 가까운 세월 동안 시간일기를 적은 류비셰프에게는 시간에 대한 일종의 특수한 감각이 형성되었습니다. 실제로 그는 자신의 작업시간을 시계를 보지 않고서도 정확하게 가늠하곤 했다고 합니다. 하루도 거르지 않은 시간일기 습관 덕분에 사람의 몸속 깊숙한 곳에서 똑딱거리며 움직이는 생물시계가 그의 몸에서 이미 감각기관화되었을 테지요.

이런 바탕 위에서 류비셰프는 자신에게 주어진 시간을 최대한 활용한 삶의 디자인을 짜나갔습니다. 삶을 디자인함에 있어서 가장 우선적으로 고려해야 할 것은 시간의 문제입니다. 무엇보다도 시간은 한정된 재화이고 우리는 주어진 시간 안에서만 움직일 수 있기 때문입니다. 따라서 자신의 삶을 제대로 디자인하고자 한다면 시간을 다룰 줄 알아야 합니다. 그런 의미에서 시간일기 쓰기는 삶을 제대로 디자인하는 데 필수적인 일이 아닐 수 없습니다.

264

사실 류비셰프의 시간일기는 단순히 시간만 계산한 것이 아니라 자신의 삶에 대한 애정을 카운트하는 것이었습니다. 흔히 '시(時)테크'라는 말을 하지만, 시간관리는 단순한 테크닉이 아닙니다. 대부분의 사람들이 시간관리에서 실패하는 이유는 그들이 이른바 시테크를 몰라서가 아니라, 자신의 삶에 대한 진지한 애정 부족 때문이지 않을까요? 자신의 삶에 대한 진지한 애정 없이 시간관리를 한다는 것은 자기 자신을 애써 시간의 노예로 만드는 것과 마찬가지입니다.

자기 삶에 대한 애정을 진지하게 카운트하듯 시간일기를 썼던 류비셰프는 자신에게 주어진 시간 동안, 시간의 노예가 아니라 주인으로 살고자 애썼던 사람이었습니다.

여러분들도 자신의 시간일기를 적어보면 어떨까요. 거기에 자신이 가진 목표를 적고 어떻게 관리가 되고 있는지 적어나간다면 더욱 좋을 것입니다. 그러다 보면 숨어 있던 시간들이 다시 살아나고 보다 효율적이고 풍요로운 나만의 시간을 재발견할 수 있게 될 뿐만 아니라 보다 나은 삶의 디자인도 가능하지 않을까요?

자기에게 맞는 습관을 길러라

앞서 아침 활용하기, 시간 관리하기에 대해 말씀드렸습니다만, 정작 자신은 저녁형 인간인데 스스로에게 무조건 일찍 일어나는 것을 강요한다면, 그것이 과연 좋은 습관으로 자리잡을 수 있을까요?

윈스턴 처칠(Winston S. Churchill, 1874~1965)에게는 낮잠 자는 습관이 있었습니다.

"왜 낮잠?" 하고 고개를 갸우뚱하실 분들이 적지않겠지만, 처칠에게 있어 '낮잠'은 그의 지칠 줄 모르는 열정과 관록을 지탱한 비밀의 열쇠라고 해도 과언이 아닙니다.

처칠은 31세였던 1905년에 식민성 차관을 시작으로 해서 1908년 상무성 장관으로 입각한 후 내무성, 해군성, 육군성, 군수성, 재무성 등 무려 일곱 부처의 장관직을 두루 섭렵하고 1940년 65세에 수상 자리에 올랐습니다.

그리고 1955년 81세에 두 번째 수상직에서 물러날 때까지 그는 영국 역사상 최연소 장관이라는 기록과 가장 나이 많은 수상이라는 기록을 동시에 지닌 비범한 관록의 인물입니다. 그 관록의 반세기 동안 그는 영국을 위해 싸우고 영국을 구하고 영국을 이끌었습니다. 그런데 이 모든 것이 가능했던 것은 다름 아니라 하루를 이틀로 분할해 쓰는 처칠만의 묘수 덕분이었습니다. 그것이 바로 '처칠의 낮잠'입니다.

처칠 연구의 권위자인 스티븐 헤이워드는 자신의 저서 『처칠 리더십(Churchill on Leadership)』에서 다음과 같은 일화를 소개하고 있습니다.

2차 세계대전 중 영국과 미국 간의 군사협력 문제를 협의하기 위해 영국을 방문한 미국의 국무장관이 처칠에게 자신은 매일 아침 8시부터 오후 5시 30분까지 쉬지 않고 일한다고 너스레를 떨며 이야기하자, 처칠이 이렇게 대꾸했습니다.

"맙소사, 그건 수명을 단축시키는 비법으로 여태까지 내가 들어본 것 중에 가장 훌륭한 방법이오." 그러면서 처칠은 이렇게 말했습니다.

"나는 반드시 낮잠을 잡니다. 낮에 잠깐 잠을 잔다고 해서 일을 적게 한다고 생각하면 오산이지요. 오히려 잠깐 낮잠을 자고 나서 새로운 기분으로 일을 다시 시작하면 하루를 이틀처럼 쓰는 셈이 되지요. 오직 그 방법만이 내가 하루를 더 벌어 내 임무를 다할 수 있는 길입니다."

처칠의 낮잠은 젊은 시절부터 시작된 오래된 습관이었습니다. 그런데 독일의 런던 폭격이 맹렬했던 시기에도 과연 그 습관을 유지할 수 있었을까요? 놀라운 사실은 그때도 처칠은 어김없이 낮잠을 잤다는 사실입니다. 대단한 배짱이죠?

하지만 이건 단지 배짱이라기보다는 하루를 둘로 쪼개 써야 할 만큼 불철주야 움직여야 했던 처칠에게 꼭 필요했던 습관의 철저함이었습니다. 그 철저했던 낮잠 습관 덕택에 처칠은 적의 공습이 끝나면 어김없이 방공호 밖으로 나와서 혼자 아침을 맞은 사람처럼 '쌩쌩한' 모습으로 사람들에게 다가가 "절망하는 것은 범죄다"라고 외치며 밤늦도록 공습현장을 누빌 수 있었습니다. 그것은 영국인들과 나치에 저항하는 모든 사람들에게 "영국이 건재하다"는 가장 확실한 메시지였던 것이죠. 결국 처칠의 낮잠은 그의 리더십이 최고조로 발현되는 데 없어선 안 될 요소였던 셈입니다.

『성공의 생태학(The Biology of Success)』의 저자 로버트 아놋 박사가 강조하듯이 "자기 몸이 언제 일하고 언제 쉬어야 할지를 아는 것은 매우 중요합니다." 한마디로 성공하는 리더의 기본은 자기 몸 안의 '생물학적 시계'를 잘 관리하는 데서 출발하고, 그러기 위해서는 자기에게 맞는 '습관'을 만들어 지속해야 합니다.

처칠을 통해 우리가 확인할 수 있는 것은 "진짜 리더는 자신의 생물학적 시계에 부합하는 자기만의 습관을 계발해 지속할 줄 알아야 한다"는 것입니다. 물론 그 습관이 모든 사람에게 잘 맞아야 할 이유는 없습니다. 관건은 자기에게 맞느냐는 것이죠.

독특하지만 자신에게 유용한 '습관'을 갖는 것은 리더가 되는 중요한 조건입니다. 자기 안의 생물학적 시계를 바깥 조건에 일률적으로 맞추기보다는 자기만의 생체리듬에 맞게 조율해서 '습관화'할 줄 아는 지혜가 필요합니다. 아울러 조직의 리더는 조직 내 구성원들의 생물학적 시계를 존중하면서 조직 전체의 생물학적 시계와 조화를 이룰 수 있도록 세심한 배려를 할 필요가 있습니다.

세상을 이끄는 리더가 되기 위한 첫 번째 걸음인 좋은 습관 만들기, 여러분도 당장 시작해보시죠.

단순하게 살아라

단순한 것에 힘이 있다

고(故) 정주영 회장은 수가 만수(萬數)였습니다. 비록 많이 배우진 못했지만 문제를 던지고 또 문제를 풀어내는 수가 만 가지가 넘을 만큼 무궁무진했다는 이야기입니다. 그런데 정주영 회장과 함께 오랜 세월 동고동락했던 이명박 당시 사장(현 서울시장)이 정주영 회장 밑에서 나름대로 버티고 또 이런저런 우여곡절을 겪으면서도 살아남는 것을 보고 주변 사람들이 말하길 "이 사장도 족히 구천수(九千數)는 되는 것 같다"고 말했습니다.

그런데 정작 이명박은 이런 말에 손사레를 치며 이렇게 말했답니다. "난 구천수가 아니다. 구천수로는 만수를 감당 못한다. 내가 만수를 감당할 수 있었던 것은 구천수가 아니라 단수였기 때문이다." 그렇습니다. 만수를 감당할 수 있는 것은 구천수가 아니라 단수입니다. 단순한 것, 심플한 것이 복잡한 것을 견디고 이기며 결국 살아남습니다. 사실 제아무리 구천수 아니 구천구백구십구수라 해도 만수 앞에서는 어쩔 도리가 없습니다. 하지만 단수는 다릅니다. 단수는 만수와 때론 맞설 수도 있고 또 그 만수를 거스르지 않으면서 일을 감당해낼 수도 있습니다. 그래서 만수 못지않은 것이 단수입니다. 단순한 것에는 힘이 있습니다.

"아마추어는 문제를 복잡하게 만들고 프로페셔널은 문제를 단순화시킨다." 곤두박질치던 닛산을 되살려 일본 헤이세이(平成) 시대 최고의 경영자로 꼽히는 카를로스 곤 회장의 말입니다. 문제를 해결하려면 항상 사안을 단순화시켜야 합니다. 문제를 복잡하게 끌어가는 사람과 조직은 결국 망합니다. 아마추어와 프로페셔널의 결정적 차이는 바로 단순화 능력에 있습니다.

단순화 능력이란 복잡하게 얽힌 실타래를 풀고 뒤엉킨 뗏목더미를 다시 흘러가게 하는 능력이기도 합니다. 볼링을 칠 때, 삼각형 모양으로 서 있는 볼링핀 10개를 모두 쓰러뜨려 스트라이크를 얻으려면 반드시 맨앞에 서 있는 1번 핀을 쓰러뜨려야 합니다. 그 1번 핀을 가리켜 '킹핀'이라고도 합니다.

그런데 킹핀의 원리가 정확히 적용되는 사례가 있습니다. 밀림에서 벌목한 나무들을 뗏목으로 만들어 강에 띄워 운반하다 보면 항상 어느 굽이에선가 나무들이 서로 뒤엉켜 더 이상 진행이 어려운 지경에 빠지는 경우가 있습니다. 이때 문제를 해결하려면 뒤엉킨 나무들 사이에서 서로를 엉키게 만든 나무, 즉 킹핀을 빼내면 됩니다. 그러면 다시 물길을 따라 벌목한 나무들이 순조롭게 이동할 수 있습니다. 바로 그 결정적인 나무 하나, 즉 킹핀을 볼 줄 알고 그것을 뽑아낼 수 있는 사람이 진정한 프로페셔널입니다.

아이젠하워의 단순화 원칙

지금부터 60여 년 전인 1944년 6월 지상최대의 작전으로 불리는 노르망디 상륙작전을 성공시켰던 드와이트 아이젠하워(Dwight D. Eisenhower, 1890~1969)는 '단순화의 달인'이었습니다. 아이젠하워는 자신만의 단순화 원칙을 통해 그 복잡다단했던 노르망디 상륙작전을 성공시킬 수 있었습니다. 노르망디 상륙작전은 육해공의 입체적이고 복합적인 병참지원 전략은 물론 지형과 조수, 기후 등의 변수까지 치밀하게 고려하지 않으면 안 되는 말 그대로 지상 최대의 작전이었습니다. 아마도 아이젠하워의 '단순화 원칙'이 없었더라면 1944년 6월 6일의 D데이는 영영 잡히지 않고 작전도 실패했을지 모릅니다.

그렇다면 아이젠하워의 단순화 원칙이란 무엇일까요? 그 또한 단순합니다. 아이젠하워는 자신의 책상을 늘 4등분해 놓았다고 합니다. 그리고 그 각각에 버릴 것, 지시할 것, 도움받을 것, 지금 당장 실행할 것의 네 가지 사안만을 두도록 했습니다. 그래서 일이 끝나면 정작 자신의 책상 위는 아무것도 없이 말끔히 치워놓은 상태가 되는 것이 '아이젠하워 원칙'의 전부입니다.

아무리 복잡한 일도 단순하게 처리하는 능력이 탁월했던 아이젠하워는 대통령이 된 후에도 단순화 능력을 발휘했던 것이 틀림없습니다. 미국 프린스턴 대학의 우드로 윌슨 스쿨 대통령학 권위자였던 프레드 그린슈타인은 『위대한 대통령은 무엇이 다른가(The Presidential Difference)』라는 저서에서 아이젠하워가 탁월한 '정서적 집중력'을 지녔다고 말했습니다.

물론 이 정서적 집중력은 아무리 복잡한 상황일지라도 단순화시킬 수 있었던 그의 능력에서 기인합니다. '단순화 능력'과 '정서적 집중력' 간에는 밀접한 상관관계가 있는 것이죠.

실제로 아이젠하워는 8년간의 대통령 재임시절 동안 '단순화 원칙'에 충실했습니다. 그는 복잡하게 얽힌 일을 혼자 끌어안지 않았습니다. 아이젠하워는 '단순화 원칙'대로 자신의 일에서 버려야 할 것은 버리고, 참모들에게 맡기거나 그들의 협조를 얻을 것, 자신이 지금 당장 처리해야 하는 것, 그리고 여타의 연락과 중재업무를 정확히 구분해서 처리했습니다. 백악관에 비서실장제와 국가안보 보좌관제가 만들어진 것도 아이젠하워 대통령 시절입니다. 그래서 그는 지금도 참모조직을 가장 잘 활용한 '대통령다운 대통령'으로 기억되고 있습니다.

아이젠하워는 미국 역사상 가장 힘들이지 않고 대통령직을 수행한 사람처럼 보입니다. 그러나 그가 이끈 8년 동안 미국은 전후 최고의 호황을 누렸습니다. 단순한 것에 힘이 있었던 것입니다.

긍정과 낙관을 퍼뜨려라

불확실한 미래와 싸워 이기는 법

베트남전쟁 당시 전쟁포로로 8년을 견뎌내며 불확실한 미래와 싸워 이겼던 미 해군의 제임스 스톡데일(James Stockdale, 1923~) 장군을 아십니까?

제임스 스톡데일 장군은 베트남전이 한창이던 1965년부터 1973년까지 8년간 하노이 힐턴 전쟁포로수용소에 갇혔던 미군 중 최고위 신분이었습니다. 그는 전쟁포로로서의 권리도 제대로 보장받지 못한 채 4년간이나 독방 신세를 졌고, 20여 차례의 고문을 견뎌내야만 했습니다. 하지만 그에게 독방이나 고문보다 더 큰 고통은 자신이 언제 풀려날지 모른다는 '불확실한 미래' 그 자체였을 것입니다.

사실 불확실성만큼 무서운 것도 없습니다. 언제 어떻게 될지 알 수 없는 불확실한 상황에서 사람들은 너나없이 불안해지다 못해 스스로를 통제할 힘조차 잃어버리고 마침내는 바깥의 상황변화와는 무관하게 자기 안에서부터 무너져내리기 쉽습니다. 하지만 스톡데일은 가장 무서운 적인 '불확실한 미래'와 싸워 이겼습니다. 아울러 그는 자기 한 몸 추스르기도 쉽지 않은 상황에서 포로수용소 내의 미군 포로들을 계급으로서가 아니라 정신적인 우위에서 통솔했고, 포로들을 선전선동에 악용하려는 월맹군의 시도에 결연히 맞서서 끝까지 조국의 이익을 도모했습니다.

스톡데일은 자신이 '훌륭한 대우를 받는 포로'의 사례로 비디오테이프에 찍히는 것을 피하기 위해서 의자로 자신을 내려치고 면도날로 자해를 하는 등 극한 투쟁도 불사했습니다. 그리고 다른 포로들에게 고문에 견딜 수 있는 방법을 일러주는가 하면, 포로들 상호 간의 고립감을 줄이기 위해 '톡톡은 a', '톡 쉬고 톡톡은 b' 하는 식의 이른바 '톡톡부호'를 사용해서 자신들만의 의사소통을 하기도 했습니다. 한번은 포로들이 일제히 톡톡부호에 따라 박자를 맞춰 두드리는 통신부호소리가 수용소 내의 운동장에 울려 퍼지기도 했는데 그것은 스톡데일에게 보내는 "우린 당신을 사랑해요"라는 메시지였습니다.

스톡데일은 미군 포로들이 조국과 가정으로 정상적인 귀환을 할수 있도록 불확실한 미래와의 싸움에서 패배하지 않도록 돕는 데 최선을 다했습니다. 그런 노력의 결과, 많은 미군 포로들이 끝까지 버텨낼 수 있었습니다. 그는 석방된 후, 미 해군 사상 조종사 기장과 의회 명예훈장을 함께 단 최초의 3성 장군이 되었습니다. 그의 한쪽 다리는 오랜 고문의 후유증으로 절뚝발이가 되었지만 말입니다.

그렇다면 스톡데일은 과연 어떻게 포로수용소 생활에서 확실한 리더십을 발휘하며 많은 미군 포로들과 함께 조국과 가정으로 돌아올 수 있었을까요? 그것은 그가 '낙관하되 냉철하게 현실을 직시하는 눈'을 지니고 있었기 때문입니다. 다시 말해 낙관주의와 현실주의를 절묘하게 결합해냈던 것이죠.

사실 황량하다 못해 처절하기까지 했던 포로수용소 생활을 가장 견뎌내지 못했던 사람들은 대책 없는 '낙관주의자'였습니다. 이번 크리스마스 때까지는 이 지긋지긋한 포로수용소에서 나갈 수 있을 것이라고 믿었다가 크리스마스가 지나면 다시 부활절에는 나갈 수 있을 거라고 믿고 이도 안 되면 다시 추수감사절에는 …… 하고 잔뜩 기대만 가졌던 낙관주의자들은 결국 상심하다 제풀에 죽고 말았다고 합니다.

잘 풀릴 것이라는 믿음 자체는 당연히 필요한 것이지만 그것만으론 안 됩니다. 낙관적인 믿음을 잃지 않으면서도 당장의 어려운 현실을 냉철하게 직시해 돌파해내려는 현실주의자의 마음가짐이 무엇보다도 중요합니다.

『좋은 기업을 넘어… 위대한 기업으로(Good to Great)』의 저자 짐 콜린스는 스톡데일 장군의 경험담을 토대로 '스톡데일 패러독스'라는 이야기를 합니다. 아무리 어려워도 결국에는 성공할 것이라는 낙관적인 믿음을 잃지 않으면서, 동시에 그것이 무엇이든 눈앞에 닥친 현실 속의 가장 냉혹한 사실들을 직시하는 철저한 현실주의 노선이 개인이든 기업이든 불확실한 시장에서 살아남을 수 있는 근본적인 사고방식이라는 것이죠.

정치적으로 경제적으로 한 치 앞을 내다보기 힘들 정도로 불확실한 시대입니다. 오늘 우리들은 너나없이 스톡데일 장군의 처지에 놓여 있다고 해도 과언이 아닙니다. 하지만 스톡데일 장군이 그랬듯이 우리도 낙관하되 현실을 직시하며 이 불확실한 위기의 시대를 이겨내야 하지 않을까요?

긍정을 선택하라

우리나라 사람들은 자고로 '탓'을 많이 합니다. 남 탓, 세상 탓, 조상 탓, 하다못해 날씨 탓도 숱하게 합니다. 특히 문제가 복잡하게 꼬이기 시작하면 '탓'도 기하급수적으로 늘어납니다. 한때는 하도 남 탓하는 경우가 많다 보니 이것을 뒤집어서 '내 탓이오' 하는 운동까지 생겨났습니다. 하지만 남 탓이건 내 탓이건 뭔가를 탓하는 것은 긍정이 아니라 부정의 심리에 바탕한 것이란 점에선 모두 동류항입니다.

일본 재계의 신으로까지 불렸던 고(故) 마쓰시타 고노스케 회장은 어린 시절 아주 가난했습니다. 하지만 그는 가난 '때문에'라고 탓하지 않았습니다. 오히려 가난 '덕분에' 평생 근검절약할 줄 알아 부자가 되었다고 힘주어 말했습니다. 또 그는 소학교(초등학교)도 제대로 졸업하지 못했습니다. 하지만 배우지 못한 '때문에'라고 탓하지 않았습니다. 오히려 배우지 못한 '덕분에' 평생 공부에 남들보다 더 많이 관심 갖고 한 자라도 더 배우려고 배움에 온 열정을 쏟았으며 말년에는 '마쓰시타 정경숙'이라는 배움터까지 세웠습니다. 마쓰시타 고노스케는 몸이 약했습니다. 하지만 몸이 약한 '때문에'라고 핑계대지 않았습니다. 오히려 몸이 약했던 '덕분에' 더 조심하고 삼가면서 건강을 챙겨 95세가 넘도록 장수할 수 있었습니다. 이렇게 보면 마쓰시타 고노스케의 삶을 대하는 자세의 특징은 '때문에' 라며 탓하는 것이 아니라 '덕분에' 라고 말할 줄 아는 철저한 '긍정의 철학' 입니다.

"긍정을 선택하라. 그러면 당신의 삶은 최선이 되리라!" 미국에서 최고의 인기를 누리고 있다는 조엘 오스틴(Joel Osteen)이라는 젊은 목회자가 한 말입니다. 그렇습니다. 긍정하는 마음을 선택하기만 해도 우리 삶은 성공의 길로 들어섭니다. 조엘 오스틴은 '웃는 목사(the Smiling Preacher)' 라는 별명으로도 유명할 만큼 핸섬하고 활짝 웃는 모습이 일품이지만, 텍사스의 한 지방 대학을 1년 만에 중퇴했으며 한 번도 신학을 정식으로 공부해본 적이 없습니다. 단지 18세부터 17년간 아버지 존 오스틴 목사의 목회를 방송하는 프로듀서 역할만 했을 뿐입니다.

다섯 형제 중 넷째였던 조엘 오스틴은 그의 아버지 존 오스틴 목사가 세상을 떠나기 직전에 부탁한 대로 아버지가 이끌던 레이크우드 교회에서 설교를 시작했습니다. 정식으로 목사 훈련을 받지 않은 조엘 오스틴이 설교할 수 있었던 것은 레이크우드 교회가 어떤 교단에도 속하지 않은 무교파 교회였기에 가능했습니다. 그런데 이 젊은 청년의 말이 사람들의 마음을 움직이기 시작했습니다. 배우 같은 수려한 용모에, 늘 상큼한 웃음과 함께 특유의 달콤한 남부 사투리를 적절히 구사하며 자칫 어렵고 딱딱하기 쉬운 성경 교리보다는 실생활에 곧장 적용가능한 설교를 하니, 사람들이 모여들기 시작한 것은 당연했는지 모릅니다.

결국 조엘 오스틴은 레이크우드 교회를 아버지가 이끌 때보다 네 배 이상으로 키워냈습니다. 6,000명 모이던 교회가 3만 명 이상이 모이는 초대형 교회가 된 것입니다. 급기야 프로농구팀 휴스턴 로키츠의 홈구장을 장기 임차해 교회로 개조해서 써야 할 만큼 많은 사람들이 그의 말을 듣기 위해 운집했습니다. 그뿐이 아닙니다. 조엘 오스틴은 미국 전역에서 방송을 타, 그가 출연하는 텔레비전 설교 프로그램은 미국 안방의 95%를 점령하고 전 세계 150여 개 나라에 파급되고 있습니다. 최근 닐슨 미디어 리서치는 지역별 평균 시청률에 근거해, 조엘 오스틴의 설교 프로그램을 '미국에서 가장 영향력 높은 방송'으로 선정하기도 했습니다.

도대체 조엘 오스틴에게 무엇이 있기에 이런 일이 가능했던 것일까요? 그는 사람들에게 "최고의 일주일을 선물하겠다"고 말했습니다. 그리고 다시 사람들에게 자신의 시각이 바뀌고, 자기 안에서 새로운 비전이 자라며, 인생이 100% 변하는 마술 같은 힘을 드리겠다고 말했습니다. 그러면서 일주일 동안 하루에 하나씩, 스스로에게 다음과 같이 선포하도록 권했습니다.

첫째 날, "나는 비전을 키우는 사람이다." 마음에 품지 않은 것은 절대 현실로 나타나지 않습니다. 그래서 마음에 꿈을 품고 비전을 키우는 것은 절대적으로 중요합니다.

둘째 날, "나는 건강한 자아상을 일군다." 자신을 내면 깊숙이 긍정하고 자신을 행복한 승자로 여기는 사람만이 인생의 거친 파도를 이겨낼 수 있기 때문입니다.

셋째 날, "나는 날마다 생각의 힘과 말의 힘을 새롭게 발견한다." 말과 생각에는 엄청난 창조의 힘이 있습니다. 내가 어떤 말을 하고 내가 무슨 생각을 하느냐에 따라 내 삶은 완전히 달라질 수 있습니다.

넷째 날, "나는 과거의 미련에서 벗어날 것이다." 복잡하게 얽히고 설킨 마음의 실타래를 풀어내고 과거의 미련에서 벗어나지 않으면 행복은 결코 찾아오지 않습니다.

다섯째 날, "나는 역경을 통해 강점을 찾는다." 역경은 그 사람을 강하게 할 뿐만 아니라 스스로의 강점을 다시 발견하게 만듭니다. 그래서 우리는 선한 싸움을 하면서 점점 더 강해지는 것이죠.

여섯째 날, "나는 베푸는 삶을 살 것이다." 베푸는 행위는 하늘의 은혜를 삶에 저장해놓는 것입니다. 베푸는 삶의 즐거움을 누릴 수 있을 때 비로소 우리의 삶은 가치 있게 변화합니다.

일곱째 날, "나는 언제나 행복하기를 선택했다." 자신의 눈과 가슴과 얼굴에 열정을 가득 품고 살면 행복은 이미 나의 것입니다. 이렇게 스스로에게 선포하는 것을 통해서 사람들은 최고의 삶을 살기 위한 소중한 선물을 얻게 되고 자기 안의 잠재력을 극대화할 수 있게 됩니다.

그래서일까요. 과학과 이성을 신격화하는 이 시대에 '마음의 파워와 긍정의 힘'을 주장하는 조엘 오스틴이 쓴 책 『Your Best Life Now』는 미국에서만 250만 부가 넘게 팔려나갔고 국내 번역본 『긍정의 힘』도 이미 35쇄 이상을 찍었다고 합니다. 조엘 오스틴은 반복해서 말합니다. "비전을 키워라. 건강한 자아상을 일궈라. 생각과 말의 힘을 발견하라. 과거의 미련에서 벗어나라. 역경을 통해 강점을 찾아라. 베푸는 삶을 살라. 진정한 행복을 선택하라."

흔히 사람들은 긍정보다 부정을 선택하곤 합니다. 바로 거기서 모든 것은 꼬이기 시작합니다. 하지만 반대로 긍정을 택할 수 있을 때, 거기서부터 모든 삶의 실마리가 풀려나갑니다. 그러니 여러분도 긍정을 선택하십시오. 그리고 긍정의 바이러스를 퍼뜨리십시오. 조엘 오스틴이 사람들을 매료시킬 수 있었던 것은 그가 끊임없이 긍정의 바이러스를 퍼뜨렸기 때문입니다. 그만큼 사람들은 긍정의 가치, 긍정의 힘에 굶주려 있습니다. 긍정을 선택하고 긍정을 나누십시다. 긍정의 바이러스에 감염될수록 우리의 삶은 윤기가 흐를 것입니다.

긍정의 파동을 일으켜라

혹시 '물의 결정사진'을 보신 적이 있으십니까? '눈(雪)의 결정사진'은 보았지만 물의 결정사진이라니…… 하실지 모르겠습니다만, 에모토 마사루라는 일본인이 물의 결정사진을 찍었답니다. 그런데 흥미로운 사실은 물이 어떤 메시지에 노출되느냐에 따라 물의 결정사진이 각기 다른 모양을 나타내더라는 것이죠.

먼저 물에게 '사랑과 감사'라는 글을 종이에 써서 보여준 뒤 물의 결정사진을 찍은 것과 '악마'라고 써서 보여준 뒤 찍은 것은 아주 판이했습니다. '사랑과 감사'라는 메시지를 받은 물의 결정사진은 아름다운 광채를 띤 육각형이었지만 '악마'라는 메시지를 받은 물의 결정사진은 정말이지 악마의 눈동자 같은 모양이었습니다.

그뿐만이 아니었습니다. 비틀스의 〈예스터데이〉를 들려주고 나서 찍은 결정사진은 단아하면서도 아름다운 육각형을 나타냈지만 소음에 가까운 헤비메탈 음악을 들려주고나서 찍은 결정사진은 결정 자체를 이루지 못한 채 겉도는 모양이었습니다.

그런가 하면, 물을 향해 기도를 한 후 찍은 결정사진은 아주 찬연하게 광채 나는 육각형을 이루었던 반면에 그렇지 않은 물은 결정 자체가 맺히지 않았습니다. 어쩌면 옛날 우리 어머니들이 새벽마다 '정한수' 한 그릇을 떠놓고 기도를 드린 것이 나름의 효험을 가질 수 있던 것도 이와 어떤 연관성이 있지 않을까 싶기도 합니다.

그런데 사람의 몸은 70퍼센트가 물이며, 특히 사람으로 만들어지는 최초의 시기인 수정란 때는 99퍼센트가 물이라고 합니다. 그리고 사람이 막 태어났을 때는 90퍼센트, 완전히 성장하면 70퍼센트, 죽음에 다다르면 약 50퍼센트가 물입니다. 이렇게 보면 사람은 살아있는 동안 그 구성면에서 거의 '물' 인 셈입니다.

그렇다면 물의 결정사진에서 확인했듯이 구성비의 70퍼센트가 물인 사람 역시 좋은 말에는 감동하여 아름다운 결정을 맺고 나쁜 말에는 화를 내듯 결정이 깨질 수 있는 것 아닐까요? 마찬가지로 좋은 음악을 들으면 마음이 안정되듯 광채 나는 결정을 맺고 소음 속에서는 마음의 안정도 물의 결정이 깨지듯 깨지고 마는 것이겠죠.

결국 건강하고 행복한 삶을 살려면 우리 몸의 70퍼센트를 차지하고 있는 물이 좋은 메시지, 긍정적인 메시지, 아름다운 메시지에 감응할 수 있도록 해야 합니다. 메시지에 따라 물도 감정을 드러냈듯이 물로 구성되었다 해도 과언이 아닌 사람 역시 긍정적인 메시지에 좋게 반응하고 부정적인 메시지에 나쁘게 반응하는 것이 인지상정일 것입니다.

  메시지에 따라 다르게 반응하는 물의 결정사진을 찍은 에모토 마사루는 이른바 '파동이론' 전문가입니다. 그는 파동이론을 알기 쉽게 설명하기 위해 물의 결정사진을 찍었습니다. 그에 따르면 모든 존재는 진동이라고 합니다. 삼라만상이 진동하고 있고 제각기 고유한 주파수를 발하며 독특한 파동을 지니고 있다는 말입니다. 특히 물은 그 파동의 변화를 가장 예민하게 포착하여 그 파동에 담긴 정보를 가장 잘 전달해주는 물질이라는 것이죠.

  이 세계는 파동의 세계입니다. 무엇인가가 끊임없이 흐르고 출렁이며 퍼져나가는 세계죠. 아울러 이 세계는 공명의 세계입니다. 그 파동이 공감을 일으켜 메아리를 울리듯 더 큰 물결로 번져나가는 세계입니다. 결국 파동과 공명의 세계 속에서는 모든 것이 전염되듯 퍼져나갑니다. 긍정의 파동을 퍼뜨리면 긍정의 세계가 열리고 긍정의 소리가 공명합니다. 반면에 부정의 파동을 퍼뜨리면 부정의 세계가 열리고 부정의 소리가 공명하게 됩니다. 따라서 긍정을 선택할 것인가, 부정을 선택할 것인가? 그 선택의 몫이 우리 삶을 좌우하게 되는 것입니다.

오로지 한마음으로
승부하라

결연한 우향우정신

2001년 9월 11일 뉴욕의 쌍둥이 건물이 무너져 내리던 순간, 철의
사나이 박태준(朴泰俊, 1927~) 포스코 명예회장은 뉴욕의 한 아파트
에 머물고 있었습니다. 두 달 전 왼쪽 폐 밑에 생긴 3.2킬로그램의
물혹을 제거하는 대수술을 받고 요양 중이었는데, 그는 문병 온 지인
들에게 이렇게 말했습니다. "제철소 지으면서 마신 모래들, 정치 한
다고 돌아다니면서 마신 먼지들, 그게 다 그 물혹 속에 들어 있었던
거요. 이제 그놈을 해치웠으니 홀가분하오." 철의 사나이 박태준다
운 면모가 아닐 수 없습니다.

1927년 경남 양산에서 태어난 박태준은 부모를 따라 6세 때 일본
으로 건너가 와세다 대학 기계공학과를 다니다가 해방 후 귀국해 육
군사관학교의 전신인 조선경비사관학교에 들어갔습니다. 훗날 육사
6기가 된 박태준은 그곳에서 박정희 교관과 운명적인 만남을 갖게

됩니다. 당시 박정희 교관은 사관학교 내에서 묵묵히 일을 처리하는 능력과 깊이 있는 분석능력 때문에 생도들로부터 대단한 존경을 받고 있었다고 합니다. 그런데 박태준 역시 사관생도들 중에서 특히 분석적 능력과 수리적 능력이 남달리 뛰어나 박정희 교관의 눈에 띄었습니다.

한번은 박정희 교관의 수업을 받던 어느 날, 해석기하학과 미분방정식을 잘 이해해야만 풀 수 있는 탄도의 궤적을 측정하는 문제가 주어졌습니다. 어느 누구도 선뜻 그 문제를 풀겠다고 나서지 못한 채 눈치만 보고 있었는데 박태준이 칠판 앞으로 나아가 그 문제를 정확하게 풀어냈습니다. 박정희 교관은 박태준의 수학적인 능력과 분석적인 사고에 점수를 주었지만, 무엇보다도 박태준의 진지한 태도와 엄한 자기규율을 높이 평가했다고 합니다. 그래서 그 후 한국전쟁의 한복판에서 동료 중대장 12명 중 10명이 사망하는 가운데에서도 억세게 운 좋게 살아남은 박태준은 5·16 거사에는 참여하지 않았지만 실제로는 가장 확실한 '혁명주체'였습니다. 당시 박정희는 쿠데타에 실패할 경우를 대비해, 군을 이끌어갈 인물을 남기고 동시에 자신의 가족을 부탁하기 위해서 박태준을 정작 거사 멤버에서는 제외시켰던 것입니다. 그래서 지금도 박태준 회장은 고인이 된 박정희 전 대통령을 대신해서 아들 박지만 씨의 후견인 역할을 하고 있는 것이기도 합니다.

포항제철, 즉 지금의 포스코를 건설할 당시 박태준 회장이 한 말이 있습니다. "우리 조상의 혈세로 짓는 제철소입니다. 실패하면 조상에게 죄를 짓는 것이니, 목숨 걸고 일해야 합니다. 실패란 있을 수 없습니다. 실패하면 우리 모두 '우향우' 해서 영일만 바다에 빠져죽어야 합니다. 기필코 제철소를 성공시켜 나라와 조상의 은혜에 보답합시다. 제철보국! 이제부터 이 말은 우리의 확고한 생활신조요 인생철학이 되어야 합니다." 그는 이처럼 죽을 각오를 하고 제철소를 세웠습니다. 그리고 바로 이 결연한 '우향우' 정신이 오늘의 초일류기업 포스코를 일궈냈습니다.

그래서일까요? 중국의 덩샤오핑이 개혁·개방을 추진하면서 가장 '수입' 하고 싶어 한 인물이 박태준이었다고 합니다. 그만큼 박태준의 경제개발시대의 역할은 지대한 것이었습니다. 하지만 환갑을 맞은 1981년 자신이 일군 제철산업의 울타리가 되어주겠다는 생각으로, 민정당 비례대표가 되어 그토록 거리를 두려 했던 정치에 발을 담그고 말았습니다. 그 후 당 대표를 지내기도 했지만 김영삼 대통령과의 갈등으로 결국 평생을 공들인 포항제철에서 쫓겨나다시피 하게 되어 정처 없는 해외 유랑길에 오르게 되었습니다.

그런데 김영삼 대통령 시절, 박태준이 도쿄의 13평짜리 아파트에 머무는 동안 권력은 박태준 주변의 부정한 돈을 찾기 위해 이 잡듯이 샅샅이 파헤쳤지만 결과는 허무할 정도로 아무런 단서도 나오지 않았습니다. 그만큼 깨끗했던 것입니다. 그 후 다시 돌아온 박태준은 이른바 DJP연합으로 총리 자리에도 올랐지만 그것이 그의 명예를 회복시켜주기엔 역부족이었습니다. 역시 그에게 어울리는 곳은 정치판이 아니라 제철소였던 것이죠.

박태준이 영일만과 광양만에서 이뤄낸 신화는 오늘의 한국을 있게 만든 원동력이었습니다. 그는 또한 포항공대라는 한국의 MIT를 만들었습니다. 박태준이 손을 대면 어느 분야든지 최고가 된다는 이야기를 실증한 것입니다. 그래서 고 이병철 회장도 박태준을 가리켜 후세의 경영자들을 위한 살아 있는 교과서라고 했는지 모릅니다. 박태준은 최고 권력자의 깊은 신뢰를 받았지만 그 앞에서조차 결코 비굴하지 않았습니다. 또한 그는 권력을 과시하지 않았고 돈 욕심도 부리지 않았습니다. 온갖 풍상에 녹은 슬지언정 결코 부패할 수 없는 철의 사나이였습니다.

그에게는 네 가지 좌우명이 있습니다. 무엇이든 세계 최고가 되자, 절대적 절망은 없다, 짧은 인생을 영원히 조국에, 10년 후의 자기 모습을 설계하라가 그것입니다. 그는 이 네 가지 화두를 붙잡고 식민지시대와 전쟁, 혁명과 포스코 건설, 그리고 거친 정치판을 헤쳐 왔습니다.

이미 고인이 된 미테랑 전 프랑스 대통령이 1990년 프랑스가 외국인에게 주는 최고훈장인 레종 도뇌르를 박태준에게 수여할 때, 이런 헌사를 했다고 합니다. "한국이 군대를 필요로 했을 때 귀하께서는 장교로 투신했습니다. 한국이 경제발전을 위해 기업인을 찾았을 때 귀하께서는 기업인이 되었습니다. 한국이 미래의 비전을 필요로 할 때 귀하께서는 정치인이 되었습니다. 한국에 봉사하고 또 봉사하는 것, 그것이 귀하의 삶에는 끊임없는 지상명령이었습니다." 그렇습니다. 박태준 회장은 평생토록 조국을 위해 봉사하고 또 봉사하라는 그 지상명령에 충실했습니다. 그는 대한민국의 진정한 서번트 리더였던 것입니다. 우리가 박태준 회장을 흠모하는 까닭이 바로 여기에 있지 않을까요?

리더의 약속이 리더십이다

베트남전쟁 초기에 미 제7기갑부대 제1대대장으로 아이 드랑 전투를 치른 해럴드 무어(Harold G. Moore) 중령은 켄터키 주 출신으로 웨스트포인트를 졸업하고 하버드 대학에서 국제관계학으로 석사학위를 얻은 학구파입니다. 그러나 그는 한국전쟁에 소대장으로 참전한 후 1977년 퇴역할 때까지 32년간 야전에서만 근무한 진짜 군인입니다.

무어 중령은 1965년 미국이 베트남전쟁의 수렁에 빠져들기 시작할 무렵 제7기갑부대 제1대대장으로 부임합니다. 제7기갑부대는 서부개척시대에 인디언 토벌로 명성을 얻었던 카스터 중령이 이끌던 그 유명한 제7기병대의 후신입니다.

카스터 중령과 그가 이끄는 약 750여 명의 제7기병대는 1876년 6월 25일 리틀빅혼 전투에서 시팅 불이 이끄는 3,500여 명에 달하는 수우족 인디언들에게 포위되어 몰살당합니다. 전사한 카스터 중령은 사후 장군으로 승진되어 사람들은 그를 카스터 장군이라고 부릅니다.

그런데 부대원과 함께 몰살당한 카스터 중령의 원혼이 서린 것일까요? 공교롭게도 근 한 세기 뒤인 1965년 11월 15일, 이번에는 무어 중령이 이끄는 제7기갑부대 제1대대 부대원 450여 명이 베트남의 아이 드랑 계곡에서 2,000여 명의 월맹군에 포위당하고 맙니다.

베트콩 잔당을 수색해 섬멸하라는 명령을 받고 아이 드랑 계곡에 헬기로 고공침투를 감행했던 무어 중령과 그의 부대원들이 마주한 것은 베트콩 잔당이 아니라 월맹 정규군의 사단병력이었던 것입니다.

실로 제7기갑부대는 전멸당할 위기였습니다. 그러나 무어 중령과 그의 부대원들은 놀랍게도 월맹 정규군 1,800여 명을 섬멸하는 혁혁한 전과를 올립니다. 물론 무어 중령의 부대는 항공지원과 강력한 포병의 엄호를 받았습니다. 하지만 이것이 완전히 고립된 지형에서 네 배가 넘는 적과 싸워 승리할 수 있었던 충분조건은 아니었습니다. 진정으로 승리를 담보해낸 것은 다름 아닌 무어 중령의 '약속'과 그것이 지켜지리라는 부대원들의 '믿음'이었습니다.

무어 중령은 미국을 떠나 베트남으로 오기 전에 전 부대원들을 모아놓고 이렇게 약속했습니다. "귀관들 모두를 무사히 살려서 다시 데려올 수는 없겠지만, 죽음의 계곡으로 들어서기 전에 한 가지는 약속한다. 전투에 투입되면 내가 제일 먼저 적진을 밟을 것이고 가장 마지막에 적진에서 나올 것이다. 단 한 명도 내 뒤에 남겨두지 않겠다. 우린 살아서든 죽어서든 모두 함께 고국으로 돌아올 것이다."

베트남전쟁은 초기부터 미국의 어두운 그늘이었습니다. 전장에 내몰린 젊은이들에게는 조국이 떠드는 세계전략도 이념적 가치도 아무런 의미가 없었습니다. 오직 살아서 고향으로 돌아가는 것만이 그들의 진정한 가치이자 목적이었습니다. 무어 중령은 가장 절실한 목적에 대해 자신이 할 수 있는 역량을 다해 '약속'했고 그것을 지킬 것을 다짐했던 것입니다.

부대원들은 이 약속을 믿었고 그는 지켰습니다. 부대원들은 완전 고립되어 몰살당할 것이 뻔해 보이는 극한 상황에서도 "우리는 함께 살아서 돌아갈 것이다"는 무어 중령의 외침을 믿었습니다. 그 믿음 때문에 부대원들은 숱한 사상자를 내면서도 결코 포기하지 않고 적을 향해 방아쇠를 당겼으며 칠흑 같은 어둠 속에서의 백병전도 마다하지 않았던 것입니다.

무어 중령 역시 헬기를 타고 먼저 부대로 복귀하라는 상부의 명령에 불복한 채 부대원들을 격려하며 그들과 함께 끝까지 싸웠습니다. 그리고 마침내 적을 섬멸한 후 귀환할 때도 약속한 대로 단 한 명의 병사도 자기 뒤에 남기지 않고 가장 마지막까지 적진에 남아 있었습니다. 그는 약속을 지켰던 것입니다.

결국 리더십이란 '리더의 약속'이며, 그것을 지켰을 때 확보되는 '리더에 대한 신뢰' 이외에 다른 것이 아닙니다. 그리고 진정한 감성 리더는 그 약속이 곧 생명임을 압니다. 해롤드 무어 중령은 부대원들에게 한 약속을 지켰을 뿐만 아니라 그 약속의 무게가 곧 생명의 무게임을 우리에게 일깨워주고 있습니다.

자신을 속이지 마라

여러분은 생전에 성철 스님의 밥상이 어땠는지 아십니까? 30여 년 동안 성철 스님을 시봉했던 원택 스님에 따르면, 성철 스님의 밥상은 아주 소박했답니다. 먼저, 무염식으로 간이 없는 음식을 드셨다고 하는군요. 드시는 반찬이라곤 쑥갓 대여섯 줄기, 2~3밀리미터 두께로 얇게 썬 당근 대여섯 조각, 검은 콩자반 한 숟가락 반, 그리고 감자와 당근을 채 썰어 끓인 국과 작은 공기밥 한 그릇이 성철 스님 한 끼 공양의 전부였습니다. 더구나 아침공양은 밥 대신 흰죽 반 그릇으로 대신했다고 합니다.

불쑥, 성철 스님 밥상 이야기를 꺼낸 까닭은 다름 아니라 생전에 성철 스님이 선방에서 참선하는 수좌들에게 지키라고 주신 다섯 가지 계율 중 첫 번째가 "많이 먹지 마라"는 것이었기 때문입니다. 이른바 '수좌오계(首座五戒)'라 불리는 이 계율의 나머지는 "돌아다니지 마라", "많이 말하지 마라", "잠 적게 자라", "문자에 빠지지 마라"입니다.

그런데 이 수좌오계는 오늘의 우리들에게도 적용될 만한 이야기가 아닌가 생각되는군요. 음식탐 내지 말고 소식(小食)하라는 것, 이곳저곳에 얼굴 내미느라 쓸데없이 시간낭비하며 돌아다니지 말라는 것, 아랫사람에게든 주변에든 시시콜콜 말하지 말라는 것, 숙면하되 짧게 자라는 것, 그리고 책은 읽되 관념엔 빠지지 말라는 것으로 다시 해석될 수 있기 때문입니다.

그나저나 여러분, '동정일여(動靜一如)', '몽중일여(夢中一如)'라는 말을 들어보셨습니까? 혹은 '병중일여(病中一如)'라는 말은요? 이 모두 선가(禪家)에서 참선할 때 쓰는 말들인데, 바쁠 때나 한가할 때나 한결같이 화두가 머리 속을 떠나지 않는 것을 '동정일여'라 하고, 꿈속에서도 화두가 살아 있는 것을 '몽중일여'라고 합니다. 심지어 병이 위중해 때때로 죽음의 경계를 드나드는 지경에 이르렀을 때도 화두를 놓치 않는 것을 '병중일여'라고 합니다.

그런데 성철 스님은 이처럼 용맹정진하는 데 장애가 되는 세 가지 몹쓸 병이 있다고 말했습니다. 돈의 노예가 되는 '재물병'과 색에 빠지는 '여자병' 그리고 이름을 드러내려 안달하는 '이름병'이 그것입니다. 재물병과 여자병에 걸리면 주위에서 대놓고 흉을 봐서 경계한다지만, 이름병에 걸리면 욕하기보다는 오히려 겉으론 더 칭찬해주어 결국 고질병이 되고 만다는 것이죠. 그래서 세 가지 몹쓸 병 중 가장 무서운 것이 '이름병'이라는 것입니다.

저명한 컨설턴트인 패트릭 렌시오니는 CEO가 빠지기 쉬운 유혹 중 으뜸이 바로 회사의 실적보다 자신의 이름 드러내기에 집착하는 것이라고 했습니다. 내실보다는 허명을 좇는 것이 가장 큰 문제라는 것이죠. CEO가 이름병에 걸리면 그 기업은 반짝할 순 있어도 결국 망하고 맙니다. 성철 스님이 우리에게 "물거품을 보지 말고 넓은 바다를 보아야 한다"고 말한 뜻을 새삼 다시 생각할 필요가 있지 않을까 싶습니다.

성철 스님은 또한 생전에 "이 뭐꼬?"라는 화두를 즐겨했습니다. 매사 "이 뭐꼬?"라고 스스로에게 끊임없이 물으면 자기를 비추는 거울 같은 '본래 마음'을 얻을 수 있다는 것입니다. 결국 "이 뭐꼬?"라는 화두는 쉼 없이 자기 마음거울 위의 먼지를 닦아내 자기를 성찰하는 자기 점검이고, 끝내 자기 마음에 비추어 부끄럽지 않으려는 자기 정직성의 몸부림인 셈입니다.

남을 속이는 것이 좀도둑이라면 자기를 속이는 것은 큰도둑입니다. 그러니 '불기자심(不欺自心)', 즉 자기를 속이지 않는 자세를 견지해야 합니다.

결국 몽중일여하듯 분명한 목표에 한결같은 자세로 집중하고, 자신의 이름을 드러내기보다는 내실을 기하며, "이 뭐꼬?"라고 스스로에게 끊임없이 물으며 자신을 속이지 않도록 채찍질한다면 우리는 모두 성철 스님의 가르침을 따르는 셈이 됩니다.

업(業)의 사람이 되자

직(職)의 사람이 아니라 업(業)의 사람이 되자

"미합중국의 독립선언서를 초안했고, 종교의 자유를 보장한 버지니아주 헌법을 만들었으며, 버지니아 대학을 세운 토머스 제퍼슨, 여기에 잠들다."

미국 버지니아 주 몬티첼리에 있는 미국의 3, 4대 대통령을 지낸 토머스 제퍼슨(Thomas Jefferson, 1743~1826)의 묘비에 새겨진 글귀입니다. 미국의 대통령이었음에도 불구하고 자신의 묘비에 대통령직에 있었다는 것을 빼고 대신 독립선언서를 초안하고, 버지니아 주 헌법을 만들고, 버지니아 대학을 세운 일을 밝힌 점이 눈길을 끕니다. 남들 같았으면 대통령직에 있었다는 것을 내세웠을 텐데 말입니다.

하지만 이 묘비의 글귀는 토머스 제퍼슨이 생전에 직접 작성해 일점일획도 고치지 말라고 유언까지 한 내용이었습니다. 세상에는 두 종류의 사람이 있습니다. 하나는 자리에 목숨 거는 사람, 즉 직(職)의 사람이고 다른 하나는 일에 목숨 거는 사람, 즉 업(業)의 사람입니다. 토머스 제퍼슨은 자리, 즉 직에 매달린 사람이 아니라 자신의 할 일, 즉 업에 집중했던 사람입니다. 그는 말 그대로 직의 사람이 아니라 업의 사람이었던 것입니다. 흔히 직업(職業)이라고 할 때, 직만 좇으면 반드시 업을 잃습니다. 실업자가 되는 것입니다. 하지만 업을 추구하면 직은 따라옵니다.

사실 토머스 제퍼슨만큼 많이 인용되는 이름도 드뭅니다. 빌 클린턴 대통령과 조지 부시 대통령은 각각 퇴임연설과 취임연설에서 토머스 제퍼슨의 이름을 거론했습니다. 후임 대통령들이 토머스 제퍼슨의 이름을 끊임없이 거론하는 것은 제퍼슨이 단지 자리 차고 앉아 있었던 사람이 아니라 분명하고도 뚜렷하게 일과 업을 추구한 사람이었기 때문입니다.

그래서 미국 의회도서관장을 역임했던 저명한 역사학자 대니얼 부어스틴은, 조지 워싱턴이 기념비적인 인물이고, 벤자민 프랭클린이 교훈적인 인물이라면 토머스 제퍼슨은 위기 때마다 거론되는 실제적이고 실천적인 인물이라고 말했습니다.

토머스 제퍼슨은 1743년 4월 13일 피터 제퍼슨과 제인 제퍼슨의 셋째 아들로 당시 영국령이었던 버지니아 주에서 태어났습니다. 토머스 제퍼슨의 아버지는 일찍 세상을 떴지만 대신 그에게 막대한 유산을 남겼고, 이것을 바탕으로 그는 사업가로 정치가로 자신의 탄탄한 기반을 마련할 수 있었습니다. 1760년 윌리엄 앤 메리 대학에 입학한 그는 그곳에서 그리스어로 플라톤을, 라틴어로 키케로를, 스페인어로 세르반테스를, 그리고 프랑스어로 몽테스키외를 읽었습니다. 그 외에도 셰익스피어, 밀턴, 단테 등의 수많은 고전과 베이컨, 뉴턴, 로크 등의 작품을 모두 읽었습니다. 한마디로 토머스 제퍼슨은 대학에서 그리스 로마의 고전에서 당대의 계몽철학까지를 원서 그대로 폭넓게 읽은 독서광이었습니다.

대학 졸업 후, 1767년 변호사가 된 그는 상당한 부를 축적했습니다. 또한 그는 건축설계에도 재능을 보여서 자신의 몬티첼로 저택을 직접 설계해 건축하기도 했습니다. 하지만 그 무엇보다도 그의 삶에서 가장 중심이 되었던 일은 그의 나이 서른세 살에 '자유'에 관한 가장 위대한 선언서라고 할 미국독립선언서를 기초한 일이었습니다. 이 일로 제퍼슨은 미국 건국의 아버지로 기억되고 있습니다.

미국독립선언서를 초안했던 제퍼슨은 1779년 버지니아 주지사를 지낸 후 1781년 정계를 떠났습니다. 그는 자리에 대한 미련 없이 몬티첼로의 저택에 칩거해 전원적인 삶을 추구하며 문학에 대한 탐구에 열중했습니다. 하지만 신생 미국은 그 누구보다도 제퍼슨을 필요로 하고 있었습니다. 결국 토머스 제퍼슨은 1784년 프랑스 주재 미국대사로 정계에 돌아옵니다. 그는 신생독립국 미국의 입장을 유럽에 알리는 데 혼신의 노력을 기울였습니다. 그 후 제퍼슨은 1790년부터 조지 워싱턴 정부에서 초대 국무장관으로 일했고, 존 애덤스 정부 시절이었던 1797년에는 부통령으로 일했습니다. 특히 그는 존 애덤스와 평생 라이벌 관계였지만 자리에 연연하지 않고 자신의 할 일에 충실했습니다. 토머스 제퍼슨은 직의 사람이 아니라 업의 사람이었기 때문입니다.

마침내 1801년 토머스 제퍼슨은 미국의 3대 대통령이 되었고 다시 1804년 재선에 성공해서 1809년까지 대통령 자리에 있었습니다. 그는 대통령으로 일하면서 역사상 가장 훌륭한 부동산 거래를 성사시켰습니다. 당시 미국의 두 배 크기였던 루이지애나를 프랑스로부터 사들여 미국 영토에 편입시켰던 것입니다. 대통령직에서 물러난 후에는 대학 설립에 온 힘을 쏟아부었습니다. 그것이 자신의 할 일이라고 확신했기 때문입니다. 그 결과 1825년에 그는 마침내 버지니아 대학을 세웠습니다. 토머스 제퍼슨은 직접 버지니아 대학의 도서관을 설계했고 자신이 세운 대학에 온 삶의 열정을 다 쏟았습니다.

토머스 제퍼슨은 자신이 초안했던 독립선언서에 서명한 지 정확히 50년이 되던 해인 1826년 7월 4일, 바로 미국독립기념일에 시계가 정오를 지나는 순간 세상을 떠났습니다. 어쩌면 그는 자신이 한 일 가운데 백미인 독립선언서의 서명일을 기억하고 그 시간에 자신의 운명 시간을 맞추었는지도 모르겠습니다. 그만큼 그는 죽는 그 순간까지 자신의 일에 충직했던 업의 사람이었던 것입니다.

진정한 리더는 자리로 만들어지지 않습니다. 진정한 리더는 그 사람이 한 일로 만들어지고 평가됩니다. 그래서 진정한 리더는 직의 사람이 아니라 업의 사람입니다. 토머스 제퍼슨. 그는 자신의 묘비에 서조차도 대통령이라는 자리를 내세우기보다는 독립선언서를 기초했고 버지니아 대학을 세웠다는 자신의 일, 즉 업을 끝까지 견지한 사람이었습니다. 그런 점에서 그는 직의 사람이 아니라 철저하게 업의 사람이었습니다. 오늘 우리가 토머스 제퍼슨을 진정한 리더로 흠모하는 까닭도 바로 여기에 있지 않을까요?

인생 100 시대, 삶을 다시 디자인하라

1981년 2월 재선에 실패한 지미 카터(Jimmy Carter, 1924~)가 그의 의지와 상관없이 백악관을 떠나야 했을 때 그의 나이 겨우 쉰여섯이었습니다. 정치인으로는 완숙한 나이였고 신체적인 건강도를 감안하더라도 은퇴하기에는 너무 이른 나이였습니다. 그러나 카터는 백악관 문을 채 나서기도 전에 전미(全美)은퇴자협회로부터 회원으로 가입할 수 있는 충분한 자격(?)을 갖추었다는 연락을 받아야 했습니다. 한마디로 퇴물이 되었다는 통보를 받은 셈이죠.

설상가상으로 그의 절친한 친구 외사가 자신의 신체건강상 기대수명이 여든 살 이상이 될 것이라고 귀띔해주었을 때 카터는 뭐라 말할 수 없는 복잡한 심정을 느껴야 했습니다. 도대체 남은 25년 아니 그 이상의 세월 동안 무엇을 하며 어떻게 살란 말인가 하는 생각이 들지 않을 수 없었을 것입니다. 대통령까지 지낸 마당에 과연 무엇을 더 할 수 있을지 자신도 알 수 없었습니다.

사실 그는 백악관을 떠나 고향인 조지아 주 플레인스의 땅콩농장에 있는 자기 집으로 돌아가는 것을 내켜 하지 않았습니다. 모든 것과 단절되는 느낌을 떨칠 수 없었던 것이죠. 솔직히 카터에게 대통령직에서의 퇴임이란 무덤 앞에 선 것과 다를 바 없는 느낌이었을 것입니다. 하지만 바로 이 지점에서 카터는 스스로에게 이렇게 말했습니다. "인생이란 점점 확대되는 것이지 결코 축소되는 것이 아니다."

사실 카터의 '대통령 성적표'는 그리 좋은 편이 못 되었습니다. 윌리엄 라이딩스 2세와 스튜어트 매기버가 미국과 캐나다의 미국학 및 미국사 전공자 719명을 대상으로 조사한 『역대 미국 대통령들에 대한 평가서(Rating the Presidents)』에 따르면, 카터는 지도력 면에서 28위, 업적 및 위기관리능력에서 22위, 정치력에서 32위, 인사에서 14위, 그리고 성격 및 도덕성에서 5위를 차지해 조사대상인 41명의 미국 대통령 중 전체 순위로는 19위에 그쳤을 뿐입니다. 그는 성적표상으로는 그저 중간 정도 되는 대통령이었던 셈입니다.

그러나 대통령직에서 물러난 후 지난 사반세기의 세월 속에서 카터는 아무런 보수나 명예도 없이 니카라과, 북한, 쿠바, 동티모르 등지를 찾아가서 화해와 협상의 메신저 역할을 해냈습니다. 정작 대통령 시절에는 실패했던 '도덕적 이상주의'의 깃발이 퇴임 후에 오히려 빛을 발한 셈이었습니다.

또한 그는 웅변이나 거창한 연설이 아니라 손수 망치와 톱을 들고 집 없는 사람들을 위해 집을 지어주는 '해비타트(Habitat)' 운동 같은 소박한 일상 속의 실천활동을 통해 우리 앞에 한 사람의 평범한 일꾼의 모습으로 서 있으면서도 진정한 당당함과 위대함이 무엇인지를 보여주었습니다.

그런 지미 카터에게 스웨덴 한림원은 2002년도 노벨평화상을 수여했습니다. 그것도 대통령 자리에서 물러난 지 22년 만에 말입니다. 22년이라는 세월은 참으로 긴 세월입니다. '자리'에서 물러나 두 달만 지나도 잊혀지는 우리 세태에서 보자면 더욱 그렇습니다. 하지만 엄밀히 말해 그는 '퇴임 후 성공'한 것이라기보다는 여전히 아름답고 위대한, '영원한 현역'이었던 것입니다.

영원한 현역, 지미 카터는 『나이 드는 것의 미덕(The Virtues of Aging)』이란 자신의 책 마지막 구절에서 이렇게 말합니다. "후회가 꿈을 대신하는 순간부터 우리는 늙기 시작한다." 그렇습니다. 우리는 단지 나이를 먹어가면서 늙는 것이 아닙니다. 후회가 꿈을 대신하고, 절망이 희망을 대신하면서 늙기 시작하는 것입니다.

카터가 진정으로 위대한 까닭은 그가 퇴임 후 나이가 들어감에도 불구하고 자신의 일상을 '후회'가 아니라 '꿈'으로 채워갔다는 점입니다. 그래서 그는 지금 여든을 훌쩍 넘긴 나이지만 결코 늙지 않았습니다. 그는 여전히 '현역'입니다.

진정한 리더는 퇴임 후에도 살아 있습니다. 오히려 퇴임 후에 그 진가가 더 많이 드러나기도 합니다. 그리고 '자리가 부여하는 권력'이 아니라 '사람이 주는 감화력'을 통해 자신이 살아 있음을 입증합니다.

대통령의 자리에 있는 사람이든 그저 평범한 샐러리맨이든 언젠가는 모두 자리를 떠납니다. 하지만 그것이 끝은 결코 아닙니다. 카터처럼 거기서 다시 시작할 수 있는 사람들에게는 저마다의 '인생의 노벨상'이 주어집니다.

이미 평생직장이란 말이 사라진 지 오래입니다. 40세만 지나도 직장 내에서의 수명이 턱밑까지 차오르는 경우가 부지기수입니다. 50대의 나이는 원로대접을 받든지 퇴출 0순위가 되든지 하는 기로에 서기 십상입니다. 60대 이후는 아예 염두에조차 두지 않는 분위기입니다. 심지어 요즘에는 30대에 무슨 수로든 승부를 내지 않으면 미래가 보장되지 못하는 초단기 사이클의 직업세계도 적지 않습니다. 그런데 문제는 정작 우리가 '인생 60'이 아니라 '인생 80' 아니 '인생 100'의 시대로 내닫고 있다는 점입니다.

그럼에도 여전히 우리 사회는 '인생 60'이라는 전제하에 디자인된 삶의 틀에서 벗어나지 못하고 있습니다. 교육체계가 그렇고 조직에서의 업무 분장과 승진체계가 그렇고 결혼 관습과 사회적 정년의 개념이 그렇습니다. 하다못해 사주를 봐도 50대 이후에 대운이 있다는 말을 들어본 적이 별로 없습니다. 인생이 60으로 끝인 시절에 맞춰 사주풀이를 해놓았기 때문이라고도 합니다.

이처럼 '인생 60'에 맞춰 디자인되어 있는 사회 안에서 '인생 80' 아니 '인생 100'의 사람들이 살아가려고 하니 힘겨울 수밖에 없습니다. 그렇다고 굳이 '고령화 사회'라는 식상한 이유를 들먹일 필요는 없습니다. '고령화 사회'는 왠지 뒤처리나 잘하라는 식으로 들리기 때문입니다. 노인대접받기는 죽기만큼이나 싫은 것이 사람 심리입니다. 더구나 '인생 100'의 시대는 뒤처리 정도로는 어림도 없습니다.

정녕 '인생 100'의 시대를 열어가려면 우리 사회 전체가 다시 디자인되어야 합니다. 개개인들 역시 자기 삶의 디자인을 다시 짜야 합니다. 사회 전체적으로는 '인생 100'의 시대에 걸맞게 지속적인 재교육·평생교육체계를 활짝 열어야 합니다. 1인 1직업이 아닌 1인 다(多)직업의 복선·중층화된 고용체계도 만들어가야 합니다. 아울러 사별하거나 이혼한 사람들의 재혼이 배려되고 적극 권장되어야 합니다.

그래서 '인생 100'의 시대를 살려면 이렇게 살아야 한다고 권고하고 싶습니다. 첫째, 시간 쓰는 법을 새로 배워라. 둘째, 일과 여가를 조화롭게 배치하라. 셋째, 한 우물만 파지 말고 할 수만 있다면 여러 우물을 파라. 넷째, 끊임없이 새로 친구를 만들어라. 다섯째, 두 번 결혼할 각오를 해라. 여섯째, 항상 자신이 서 있는 지점이 새로운 출발점이 될 수 있음을 긍정하라. 일곱째, 인생이란 점점 확대되는 것이지 결코 축소되는 것이 아님을 잊지 마라.

결코 잊지 마십시오, 인생이란 점점 확대되는 것이지 축소되는 것이 아니라는 점을. 그리고 또 기억하십시오, 우리는 후회가 꿈을 덮는 순간부터 늙기 시작한다는 것을. 그러니 꿈이 후회를 뒤덮게 하십시오. 그러면 우리의 삶은 늘 새롭게 시작될 수 있습니다.

정작 나는 무슨 꽃을 피우고 있는가?

"천지 간에 꽃이지만 꽃구경만 하지 말고 나 자신은 어떤 꽃을 피우고 있는지 스스로 물어보아야 한다." 언젠가 법정 스님이 길상사 봄 법회에서 행한 법문 중 일부입니다. 그런데 정작 우리는 무슨 꽃을 피우고 있습니까?

꽃을 피운다는 것은 꽃의 생식을 위해 반드시 필요한 과정입니다. 꽃을 피움으로써 식물은 자기 생명의 지속성을 보장할 수 있습니다. 꽃은 화려해 보이지만 실상은 생존을 위한 몸부림의 소산입니다. 꽃이 피어야 그 안에 있는 암술과 수술의 수정이 가능하고 씨라는 자손을 남길 수 있기 때문입니다.

결국 꽃을 피우느냐 못 피우느냐는 곧 살아남느냐 죽느냐의 절박한 문제인 셈입니다. 그러니 "나는 지금 무슨 꽃을 피우고 있는가?"라는 물음은 단지 화려한 수식으로 '폼' 한번 잡아볼 수 있느냐가 아니라, 내가 제대로 살고 있느냐는 물음과 직결된 아주 절박한 삶의 문제인 것이죠.

꽃을 피운다는 것은 곧 전성기를 의미합니다. 꽃은 아름답고 화려합니다. 그 아름답고 화려함은 겨우내 혹독한 추위 속에서도 뿌리가 생명을 부둥켜안고 지켜낸 결과입니다. 그런 점에서 모든 꽃은 인고의 산물입니다. 하지만 그 인고의 산물인 꽃의 아름다움과 화려함은 안타깝게도 결코 오래가지 않습니다. 어찌 보면 허망하리 만큼 짧습니다.

사람의 삶도 이와 크게 다르지 않습니다. 인생을 60분에 비유한다면 진짜 행복한 시간은 고작 5분 남짓한 시간일 뿐이라고 세상을 먼저 산 선배들은 말합니다. 어쩌면 그 5분을 위해 고단한 인생을 참고 견디며 살아가는 것인지도 모릅니다. 우리는 그 60분 중 5분 남짓한 시간을 가리켜 '전성기'라고 부르기도 합니다. 그리고 어쩌면 우리네 인생은 바로 그 5분의 전성기를 위해 전력질주하도록 프로그래밍되어 있는지도 모릅니다.

박정희 대통령 시절 청와대 대변인과 문화공보부 장관을 지낸 김성진은 〈중앙일보〉 지면을 빌려 '남기고 싶은 이야기'를 연재하는 첫머리에서 '박 대통령의 입'으로 산 9년이 자기 인생의 핵심이었다고 말했습니다. 다시 말해 70년 넘게 살아온 세월 중에서 그 9년 남짓한 시간이 자기 인생의 전성기였다는 말입니다.

그런가 하면, 전설적인 앵커맨 봉두완 역시 자신이 기자로, 정치인으로, 교수로도 살아보았지만 그래도 내 인생의 절정은 마이크 잡고 떠들 때였다고 호방하게 웃으며, 자신의 전성기는 바로 TBC에서 앵커맨으로 날릴 때였다고 말합니다. 이미 칠순이 넘은 그에게 채 10

년도 되지 않았던 TBC에서의 앵커맨 시절은 인생 60분 중 5분에 불과했지만 바로 그 시간이 그의 전성기였던 것이죠.

하지만 대부분의 사람들은 자신의 전성기가 언제였는지조차 모르겠다고 말합니다. 아니 전성기는 내 삶에 없었다고 폄하하듯 단언하고 아예 스스로 삶의 뚜껑을 덮어버리는 경우도 허다합니다. 그러나 분명한 것은 누구에게나 자기만의 전성기는 있게 마련입니다. 단지 우리가 그것을 모르고 지났을 뿐입니다.

어쩌면 바로 지금 이 순간이 내 인생의 전성기일지도 모릅니다. 그러니 지금, 이 순간을 하찮게 여기며 지나치듯 흘려보내면 안 됩니다. 설령 그것이 내 인생 60분의 단 5분짜리 단막극일지라도 그 전성기를 포기해서는 안 될 일이지 않겠습니까?

꽃을 피우기 위해 뿌리는 겨우내 언 땅을 견뎌냈고 잎은 눈 속에서도 살아남았던 것입니다. 마찬가지로 우리 삶이 피워내는 꽃 역시 인내와 인고의 세월을 견뎌낸 결과임에 틀림없습니다.

물론 만개한 꽃은 시들게 마련입니다. 꽃이 활짝 필 때는 영원할 것 같지만 실상 그렇지 못합니다. 삶도 이와 다르지 않습니다. 사실 꽃은 피기만 하면 끝이 아닙니다. 진정 꽃이 꽃다우려면 아름답게 피어나는 꽃봉오리만큼이나 시들어가는 꽃의 아픔도 함께 껴안을 수 있어야 합니다. 활짝 피는 것은 시들게 되어 있습니다. 하지만 그 시듦을 통해 아니 그 시듦을 견뎌내면서 꽃은 진정한 성숙을 배우게 되는 것입니다.

사람도 마찬가지입니다. 나이를 먹으면서 아름다움과 건강함이 늘 예전만 하길 기대하긴 어렵습니다. 예전만큼 아름답지 못하고 건강할 수 없다는 그 사실 자체를 인정하며 견뎌낼 수 없다면 성숙할 수 없습니다.

꽃이 피면 지듯이 삶도 결국은 피고 지는 것입니다. 하지만 그럼에도 불구하고 우리의 삶은 꽃을 피우기 위해 애를 써야 합니다. "한 송이의 국화꽃을 피우기 위해/ 봄부터 소쩍새는/ 그렇게 울었나보다" 하는 미당 서정주 선생의 시처럼 우리 삶도 꽃을 피우기 위해 몸부림칩니다. 그리고 겸손히 아니 겸허히 삶의 꽃이 지는 과정을 받아들이면서 진정으로 성숙한 사람이 되어가는 것이 아닐까 싶습니다.

꽃은 향기가 있게 마련입니다. 향기 없는 꽃은 더 이상 꽃이 아닙니다. 그런데 힘들고 어려운 곳에 피는 꽃일수록 더욱 향기가 짙다고 합니다. 아무도 찾지 않는 높고 험한 곳일수록 꽃은 자신의 존재를 알리기 위해 눈물겨운 향기를 발하고 있습니다. 그래야 벌과 나비와 같은 곤충들이 다가와 수분을 가능하게 하고 생명을 퍼뜨릴 수 있게 만들어주기 때문입니다.

꽃과 마찬가지로 사람의 삶도 이와 다르지 않습니다. 어려운 상황에서 살아남기 위해 몸부림쳐 삶이 치열하고 열정적일수록 삶의 꽃이 자아내는 향기는 짙게 마련입니다. 결국 삶이 피워내는 꽃의 향기는 열심히 일해 흘린 땀과 열정이 빚어낸 삶과 닮은꼴일 수밖에 없습니다.

당신 자신이 돼라

미국의 격주간 경제전문지인 〈포춘〉 창간 75주년 특집호에 재미난 기사가 실린 적이 있습니다. 재계와 언론계의 유명인사 25인에게 "오늘 당신을 있게 한 인생 최고의 조언이 무엇이었느냐?"는 물음과 함께 그에 대한 대답을 실은 것입니다. 그 중에서도 가장 눈에 띈 것은 제너럴 일렉트릭(GE)의 전 회장 겸 CEO였던 잭 웰치(Jack Welch, 1935~)의 이야기였습니다.

잭 웰치는 1980년 당시 폴 오스틴 코카콜라 회장에게서 이런 조언을 들었다고 합니다. "당신 자신이 돼라." 그리고 그 이듬해 잭 웰치는 제너럴 일렉트릭의 최연소 CEO 자리에 올랐습니다. 그 후 잭 웰치는 '그다운 그 자신'이 되었고 모든 CEO의 전설이 되었습니다.

잭 웰치는 CEO 자리에 오른 뒤, 시장점유율 1, 2위 사업 외에는 모두 처분하면서 각 사업부를 대상으로 "고쳐라, 매각하라, 아니면 폐쇄하라"는 전략을 통해 71개 사업부서를 정리했습니다. 그리고 무려 11만 2,000여 명을 감원하며 '중성자탄 잭'이라는 별명과 함께 '미국의 10대 무자비한 경영자' 리스트에 오르는 냉혹한 경영자로 인식되기도 했습니다.

하지만 그런 혹독한 구조조정이 있었기에 세계에서 가장 복잡하고 비대한 조직이었던 제너럴 일렉트릭을 가장 단순하고 민첩한 조직으로 거듭나게 만들었고, 시장 가치가 120억 달러에 불과했던 제너럴 일렉트릭을 4,500억 달러 규모의 기업으로 발전시킬 수 있었습니다. 그뿐만 아니라 다운사이징, 벽 없는 조직, 글로벌화, e-비즈니스 그리고 식스 시그마에 이르기까지 지난 사반세기 동안 제너럴 일렉트릭은 지속적인 자기 혁신을 통해 세계 초우량 기업으로 발전할 수 있었습니다.

그런데 이 모든 것을 가능하게 했던 핵심동력은 제너럴 일렉트릭의 CEO 잭 웰치가 "당신 자신이 돼라"는 말에 충실해 '그다운 그 자신'이 되었기 때문임을 주목할 필요가 있습니다. CEO가 먼저 '그다운 그 자신'이 되지 않고 남의 흉내나 내어서는 결코 될 수 없는 일이기 때문입니다.

사실 "당신 자신이 돼라"는 말 만큼 강력한 에너지가 함축된 말도 드뭅니다. 바꿔 말해서 '나다운 나 자신'이 되면 그것처럼 강한 것이 없다는 말이죠. 그 덕분에 잭 웰치는 20만 명이 넘는 사원을 한 방향으로 달리게 하는 정열과 에너지, 그리고 집중력을 발휘할 수 있었습니다. 무엇보다도 CEO 자신이 '나다운 나 자신'이 되지 않고선 불가능한 일이었습니다.

1935년 매사추세츠 주 피바디에서 아일랜드계 열차승무원의 아들로 태어난 잭 웰치는 일리노이 대학에서 화공학 박사 학위를 받고 1960년에 제너럴 일렉트릭에 입사하여 2001년 9월에 퇴사할 때까지 그곳에서만 40여 년을 일했습니다. 그리고 레그 존스 회장에 의해 45세라는 최연소 나이에 CEO로 발탁되어 1981년부터 20년 동안 제너럴 일렉트릭을 위해 헌신했습니다. 그 사이 제너럴 일렉트릭의 기업가치는 40배나 성장했습니다.

그런 그가 제너럴 일렉트릭에 입사한 지 1년 만에 사표를 던진 적이 있었습니다. 다른 사람보다 아무리 열심히 일해도 똑같은 월급을 받는 경직된 임금구조가 불만이었기 때문입니다. 결국 제너럴 일렉트릭은 잭 웰치의 반란에 무릎을 꿇고 합당한 보상을 약속하며 그를 붙잡았습니다. 그리고 그렇게 다시 일하게 된 잭 웰치를 통해 제너럴 일렉트릭의 역사는 다시 씌어졌습니다.

그런데 제너럴 일렉트릭의 CEO 자리에서 물러난 후 잭 웰치 역시 자신의 퍼스널 히스토리를 새로 썼습니다. 잭 웰치는 작년 4월, 〈하버드 비즈니스 리뷰〉의 편집장을 지냈던 수지 웨틀로퍼와 세 번째 결혼을 했습니다. 두 사람은 잭 웰치가 CEO 자리에서 물러난 직후인 2001년 10월 〈하버드 비즈니스 리뷰〉 인터뷰 때 처음 만났습니다.

그 후 잭 웰치는 두 번째 부인 제인 비슬리와 이혼해야 했고 수지 웨틀로퍼는 〈하버드 비즈니스 리뷰〉 편집장을 그만둬야 했습니다. 그리고 각각 네 자녀를 거느린 잭 웰치와 수지 웨틀로퍼는 당시 예순여덟 살과 마흔네 살이라는 24년의 시간차를 뛰어넘어 인생의 한 배를 탔습니다. 결혼식 직후 100여 명의 하객 앞에서 잭 웰치는 "이보다 더 좋은 날이 없을 것 같다"고 말했고, 수지 웨틀로퍼 역시 "내 생애 최고의 날"이라며 기쁨을 감추지 않았다고 합니다.

잭 웰치와 수지 웨틀로퍼는 『잭 웰치, 위대한 승리(Winning)』란 책을 함께 펴냈습니다. 그 책에는 '좋은 리더가 되는 법 8가지'가 담겨 있습니다.

첫째, 집요하게 질문을 던지고 의문은 반드시 행동을 통해 풀리게 하라.

둘째, 리더의 긍정적인 에너지와 낙관적인 생각이 전 직원의 피부 속까지 침투하도록 하라.

셋째, 자신의 비전을 부하들이 보고 체감하고 호흡하게 하라.

넷째, 인기 없는 결정을 내리는 용기와 배짱 있는 결단력을 가져라.

다섯째, 위험을 감수하고 그것을 통해 배워라.

여섯째, 끊임없이 평가 지도하고, 자신감을 쌓게 하라.

일곱째, 솔직함과 투명함, 신용을 통해 신뢰를 확립하라.

여덟째, 삶을 축하하라.

이 중에서도 마지막의 '삶을 축하하라'는 말은 리더의 승리를 완성하는 의미가 담겨 있습니다. 그것은 "당신 자신이 돼라"는 말을 온 삶에 새겨 결국 '그다운 그 자신', '나다운 나 자신'이 된 사람만이 할 수 있는 말이기 때문입니다. "이제 진정으로 당신 자신이 되십시오." 그리고 여러분 "자신의 삶을 축하하십시오." 당신 자신이 됨으로써 얻는 강력한 에너지와 열정을 통해 일에서 승리하고 자신의 삶을 진정으로 축하하십시오.

내 안의 금맥을 캐라

사람은 누구나 자신만의 금맥(金脈)을 갖고 있습니다. 하지만 대부분의 사람들은 금맥의 존재 자체도 의식하지 못하는 경우가 허다합니다. "내 안에 금맥이 있다니?" 금시초문이라는 표정들이 대부분일 것입니다. 설사 내 안에 금맥이 있는 것을 알아도 굳이 그것을 애써 찾아 캐려 하지도 않습니다. 그냥 묻어둡니다.

그런데 정작 내 안의 있는 금맥을 찾아 캐내는 일, 바로 그것이 나다워지고 내가 되는 것이 아닐까요? 그렇다면 내 안의 금맥을 찾기 위해선 무엇을 어떻게 해야 할까요? 맨 땅에 침튀겨 금맥을 찾긴 어렵습니다. 아무데나 파들어간다고 금맥이 찾아지는 것도 아닙니다.

자기 안의 숨겨진 금맥을 제대로 짚어내려면 먼저 자기 내면의 지도를 제대로 그려야 합니다.

사람들은 의외로 자기 안에 뭐가 있는지를 잘 모릅니다. 남 쳐다보기에 바빠서 그럴지도 모릅니다. 남의 것에는 지나치다 싶을 정도로 세밀하게 샅샅이 들여다보면서도 정작 자기에게는 제대로 눈길조차 두지 않는 경우가 허다합니다. 항상 남의 떡이 커보이고 남의 일에 관심이 많습니다. 그래서 더더욱 자기를 모릅니다. 남이 자기에 대해 이렇게 저렇게 이야기해주면 그제서야 그런가 보다 할 정도입니다.

더구나 사람은 누구나 장점과 단점이 있게 마련입니다. 그런데 우리는 자기 단점을 보는 데 너무 익숙해져 있습니다. 돌이켜보면 늘 반성문 쓰듯이 삶을 살지 않았나요? 언제 내가 잘한 일에 관해 스스로 칭찬해본 일이 있었던가요? 그렇다고 남 앞에서 자기 잘났다고 떠벌이라는 말이 아닙니다. 자기 스스로에게 진정으로 애정 어린 칭찬과 격려를 스스로 해봤냐는 말입니다.

자기 내면의 지도를 제대로 그리려면 자기 비판도 있어야겠지만 더불어 반드시 자기 존중과 자기 긍정의 표식을 그려야 합니다. 없는 것을 억지로 그리라는 것이 아닙니다. 분명히 있습니다. 그것을 감추지 말고 그리라는 것입니다.

자기 내면에 늠름하게 우뚝 솟은 봉우리가 왜 없겠습니까? 자기 안에 유장하게 흐르는 깊고 푸른 강이 왜 없겠습니까? 있습니다. 반드시 있습니다. 있는 것을 자기 내면의 지도 위에 가감 없이 그려야 합니다. 그리지 않는 것은 겸양이 아니라 오히려 자기 기만일 뿐입니다.

자기 내면의 지도에 자기 내면의 푸른 강과 깊은 산을 그리다 보면 어느새 자기만의 금맥도 드러나게 마련입니다. 대개 자기만의 숨겨진 금맥은 내 안의 푸른 강과 깊은 산이 마주하는 곳에 있습니다. 거기서 나만의 금맥을 찾아보십시요. 나만의 금맥, 남과 나를 구별지워줄 '나만의 차이'라는 이름의 금맥을 발견하라는 말입니다.

'나만의 차이'라는 이름의 금맥을 발견하는 순간 자신의 내면에 숨겨져 있던 위대함을 깨우는 맥박소리가 들리지 않습니까? 그 맥을 느껴보십시요. 자기를 존중하고 긍정하면 할수록 그 맥박소리는 더 크게 들려오고 더 웅장한 느낌으로 다가옵니다.

그렇다면 나만의 금맥을 찾아 캐들어가기 위해선 무엇을 어떻게 해야 할까요? 일단 삽질을 해야 합니다. 나만의 금맥을 찾아 캐들어가는 최상의 삽질은 날마다 "오늘 나는 어떤 차이를 만들어낼 것인가?"를 생각하고 실행하는 것입니다. 그러니 날마다 차이를 만들어내십시요. 그러면 얼마 안 가서 노다지가 나올 것입니다.

날마다 나만의 차이를 만들어내는 삽질을 하며 나만의 금맥을 찾아 캐들어가 마주하는 노다지는 결코 다른 사람의 금맥에서는 찾아볼 수 없는, '나만의 노다지'입니다. 그게 과연 무엇일까요? 이름 하여 '온리 원(only one)'입니다. 누구도 흉내낼 수 없는 나만의 그 무엇, 나만의 노다지, 나를 남들과 구별 짓고 차이나게 만들어 나만의 부가가치를 극대화시키는, 바로 그것이 나의 노다지입니다.

그런 의미에서 최고(the Best)가 되는 것도 중요하지만 오직 하나(only one)가 되는 것은 더 중요합니다. 베스트는 여럿일 수 있지만 온리 원은 오직 하나이기 때문입니다. 과거에는 '베스트'가 세상을 지배했지만 오늘과 내일엔 '온리 원'이 세상을 지배합니다. 그래서 최고의 것, 즉 베스트가 골드라면 오직 하나인 온리 원은 플래티넘입니다.

자, 그러니 매일매일 조금씩이라도 나만의 차이를 만들어보십시오. 그래서 날마다 내 안의 숨겨진 금맥을 캐내십시오. 그러면 머지않아 온리 원의 플래티넘 노다지가 쏟아질 것입니다.

날마다 차이를 만들어라

프레드(Fred)는 미국 우정공사에서 일하는 우체부입니다. 다른 우체부들처럼 그도 우편물을 배달합니다. 하지만 프레드는 단순히 우편물만 기계적으로 전달하는 우체부가 아닙니다. 다른 우체부들이 우편물을 우편함까지 운반하는 것으로 자신의 임무를 다했다고 생각하는 것과는 달리, 프레드는 그 우편물이 수취인에게 제대로 전달되는지까지도 요모조모 살핍니다.

프레드는 우편함에 잔뜩 쌓인 우편물이 지나가는 도둑을 부르는 신호나 마찬가지라고 생각하고, 집에 사람이 없을 때는 자신이 우편물을 따로 분류해 모아두었다가 집주인이 돌아온 것을 확인한 후 전해줍니다. 심지어 택배회사 직원이 실수로 다른 집에 잘못 배달해놓은 소포를 본래 주인에게 다시 전달하기도 합니다.

어찌 보면 프레드의 이런 행동은 할 일 없어 보이고 때로 미련해 보이며 자칫 오해를 불러일으킬지도 모릅니다. 하지만 프레드는 고집스럽게 그렇게 했습니다. 남들이 어찌 보건 자신의 일에 대해 의미를 발견했고 스스로 자신의 일에 대한 깊은 자부심을 갖고 그것을 극대화했던 것입니다.

그래서 미국에는 '프레드 상'이란 게 있습니다. 말 그대로 프레드 같은 사람에게 주는 상입니다. 큰 포상금이 있는 상도 아니지만 미국 기업의 직원들은 프레드 상을 아주 자랑스럽게 여깁니다. 심지어 프레드 상 받기 열풍까지 일어난다고 합니다.

사람이 진정으로 아름다운 것은 그 사람의 외모가 아니라 그 사람의 사는 방식이라는 말이 있습니다. 우체부 프레드는 그 사는 방식이 남다른 사람입니다. 그 남다름이 곧 그의 아름다움입니다. 작은 일, 하찮게 여겨지는 일을 열심히 적극적으로 하면서 자기만의 아름다운 향기를 자아내는 사람의 전형이 바로 우체부 프레드입니다. 프레드는 그 작은 차이를 통해 우리에게 더 큰 감동을 주는 기쁨의 연금술사입니다.

그런데 우체부 프레드가 하루도 빠짐없이 하는 생각이 있습니다. 바로 "오늘 나는 어떤 차이를 만들었나?" 하는 것입니다. 매일매일 작지만 차이를 만들겠다는 것 자체가 대단한 결심입니다. 더구나 그것을 실천한다는 것은 이미 하나의 경지입니다.

그래서 저도 생각해봅니다. "오늘 나는 어떤 차이를 만들었는가?" 오늘 내가 만들어내는 차이만큼 나의 오늘은 살아서 숨쉬는 것이 아닐까요? 결국 내가 나의 일상에서 발견하고 만들어내는 작은 차이가 나의 삶을 살아 있게 만드는 것입니다.

인생 레이스의 7가지 원칙

20여 년 전 저 역시 수많은 학부 졸업생 가운데 하나였습니다. 두려움과 설렘을 졸업가운 두르듯 걸치고 캠퍼스를 서성이던 그날의 광경이 아직도 눈에 선합니다. 수많은 동기 졸업생들이 캠퍼스 곳곳에서 친구, 가족들과 어우러져 사진 찍기에 바빴던 그날, 우리는 이미 새로운 인생 레이스의 출발선에 서 있었습니다. 하지만 그날 그것을 의식한 사람이 얼마나 되었을까요?

예나 지금이나 졸업식이 너무 소란스럽고 산만해서 새로운 인생 레이스의 출발을 알리는 총소리가 제대로 들렸을 리 만무하지만 분명 그날은 새로운 인생 레이스의 출발점이었습니다. 저 역시 그날로부터 꼬박 20년을 넘게 달렸습니다. 그리고 다행인지는 모르겠지만 지금도 달리고 있습니다.

때로는 제법 폼 나게 질주할 때도 있었지만 그보다는 훨씬 더 많이 넘어졌고, 때로는 진창에 빠지기도 했습니다. 뛰기에 더없이 좋은 맑은 날도 있었지만 비 오고 바람 불며 궂은 날도 많았습니다. 하지만 정작 도저히 뛰지 못할 만큼 날씨가 나쁘진 않았습니다. 오히려 제대로 뛰지 못할 정도로 스스로의 발목을 잡은 것은 바깥 날씨와 환경이 아니라 내 안의 혼란, 두려움, 번민, 나약함, 그리고 무엇보다도 때로는 뛰어야 할 이유를 상실할 정도로 무너진 내 마음이었습니다.

1. 자기 페이스를 잃지 마라

대학을 졸업한 후 20년을 넘게 달려 보니 누구나 인생 레이스에 임하는 나름의 주법(走法)이 있다는 걸 알게 되었습니다. 어떤 이는 보폭을 크게 하며 초반부터 전력질주를 합니다. 옆에 있던 사람들도 덩달아 속도를 냅니다. 하지만 그 중 80퍼센트는 중도에서 주저앉더군요. 자기 페이스를 잃었기 때문입니다. 주법은 사람마다 다를 수 있습니다. 하지만 어떤 주법이든 최고의 인생 레이스를 펼치기 위해서 가장 중요한 것은 '자기 페이스를 잃지 않는 것'입니다.

자기 페이스를 잃지 않는다는 것은 오버 페이스를 하지 않는 것이죠. 그런데 정작 대부분의 주자들은 자기 페이스가 뭔지조차 모르고 인생 레이스에 임합니다. 자기 강점이 뭔지, 자신의 최고속도는 얼마인지, 자신의 지구력은 어느 정도인지 알지 못한 채 말입니다. 그런 가운데 옆에서 보폭을 넓혀 빨리 달려나가면 엉겁결에 뒤처지지 않기 위해 죽기 살기로 달려갑니다. 그리곤 이내 탈진해 풀썩 주저앉기 일쑤입니다. 그러니 인생 레이스를 제대로 하려거든 무엇보다도 첫째로 자기 페이스를 잃지 마십시오.

2. 구간 기록을 체크하라

인생 레이스는 깁니다. 결코 짧지 않습니다. 한숨에 달려갈 길이 결코 아닙니다. 레이스 전체를 머리 속에 큰 그림으로 그릴 필요는 있지만 정작 뛸 때는 전체 구간을 토막내서 한 구간 한 구간씩 차근차근 달린다는 기분으로 해야 끝까지 달릴 수 있습니다. 그렇지 않으면 끝이 보이지 않는 막막함 속에 지레 주눅 들고 힘겨워하며 또다시 포기하고 싶은 심정에 풀썩 주저앉기 십상입니다.

그래서 인생 레이스엔 스스로 구간을 설정할 필요가 있습니다. 대략 5년 단위로 인생 레이스의 구간을 나누면 되지 않을까 싶습니다. 아울러 그 구간에서 펼친 레이스의 기록을 꼼꼼히 체크해야 합니다. 그 기록에는 성취와 성공만이 아니라 실수와 실패도 담겨 있게 마련입니다. 성취와 성공의 기록은 뿌듯한 것이지만 정작 인생 레이스의 다음 구간을 뛰는 데 도움이 되는 것은 성공적인 레이스를 펼친 기억이 아니라 실수하고 실패했던 레이스의 아픈 교훈들입니다. 그러니 인생 레이스를 제대로 뛰려거든 지나온 구간 기록을 반드시 체크하십시오.

3. 이미 지난 레이스에 집착하지 마라

인생 레이스를 뛰는 사람들이 한결같이 경험하는 것이 있습니다. 이미 지난 구간 레이스에 집착하면 지금 뛰는 레이스를 망친다는 사실입니다. 지나간 것은 지나간 것입니다. 지금부터가 중요합니다. 시선은 앞을 보면서 정작 생각은 발뒤꿈치에 잡혀 있다면 결코 제대로 뛸 수 없습니다.

앞서 달린 구간 기록을 체크하라는 것은 과거에 연연하기 위해서가 아닙니다. 오늘 그리고 미래에 더 잘 뛰기 위해서입니다. 그러니 이미 지난 레이스에 집착하지 말고 지금 뛰고 있는 레이스에 집중해야 합니다. 그래야 이길 수 있습니다.

4. 길가의 시선을 의식하지 마라

인생 레이스를 뛰다 보면 길가에 선 사람들의 시선을 벗어나기 어렵습니다. 때론 그들의 박수와 환호 그리고 미소가 힘이 되기도 합니다. 하지만 자칫 길가의 시선을 너무 의식하다 보면 오버 페이스를 하거나 아예 발이 꼬여 넘어지기 십상입니다. 그러니 길가의 시선을 너무 의식하지 마십시오. 레이서가 할 일은 환호에 답하는 것이 아니라 그저 뛰는 것입니다.

5. 가장 소중한 것을 위해 뛰어라

인생 레이스를 뛰다 보면 어느 순간 "지금 왜 이렇게 힘들여서 뛰고 있는 거지?" 하는 회의가 갑자기 봇물 터지듯 몰려올 때가 있습니다. 그러면서 모든 것을 내려놓고 싶은 마음이 생깁니다. 이때를 이겨내기 위해서는 자신이 가장 소중한 것을 위해 뛰고 있다는 것을 스스로에게 확인시켜야 합니다.

아무리 힘든 레이스에서도 가장 소중한 것을 위해 뛰고 있다는 것을 재확인하면 결코 포기할 수 없게 됩니다. 가장 소중한 것이 무엇인지는 인생 레이스를 뛰는 각자가 제일 잘 압니다. 아니 안다고 하기에 앞서 느낍니다. 저에게 가장 소중한 것은 거창한 그 무엇이 아닙니다. 다름 아닌 가족입니다. 소중한 것을 위해 열심히 뛰는 사람들이 회사에서도 열심히 일할 수 있고, 나라를 위해서도 사회를 위해서도 건강하게 열심히 해나갈 수 있습니다. 그러니 뛰다가 힘들거든 가족을 떠올리십시오. 그러면 다시 뛸 힘이 어디선가 솟구칠 것입니다.

6. 상대를 보지 말고 목표를 보고 뛰어라

토끼와 거북의 레이스를 모를 사람은 없습니다. 그런데 왜 빠른 토끼가 느린 거북에게 졌을까요? 진 이유는 간단합니다. 거북은 산등성이의 깃발 곧 '목표'만을 보고 나아갔지만 토끼는 거북, 즉 '상대'만 보고 뛰었기 때문입니다. 거북은 느리지만 목표를 보고 한 걸음 한 걸음 우직하게 나아갔습니다. 반면에 토끼는 빨랐지만 상대인 거북이 느릿느릿 뒤처져오는 것을 보고 방심한 나머지 하던 레이스를 멈추고 길가 수풀에서 잠이 들었던 것이죠. 그 사이에 쉬지 않고 목표를 향한 나아간 거북이 먼저 골인 지점에 들어간 것입니다. 인생 레이스도 마찬가지입니다. '상대'만 보는 사람은 '목표'를 보는 사람을 결코 이길 수 없습니다. 결국 이기는 사람은 목표를 보고 뛰는 사람이지 상대를 보고 뛰는 사람이 아닙니다. 그러니 인생 레이스에서도 목표를 보십시오. 막연한 목표가 아닌 선명하고 구체적인 목표 말입니다.

7. 포기하지 말고 끝까지 달려라

아무리 훌륭한 주법을 구사하고, 구간 기록이 좋을지라도 결승점에 골인하지 않으면 모든 게 허사입니다. 그래서 최고의 인생 레이스는 '완주(完走)'하는 겁니다. 까짓것 기록이 좀 나빠도 괜찮습니다. 어차피 그것은 기록일 뿐입니다. 기록상 1등이든 꼴등이든 인생의 마지막 종착점에서는 또다시 하나로 모입니다. 적어도 인생 레이스를 완주한 사람들은 그런 의미에서 모두 뭔가를 이뤄낸 것입니다. 그러니 포기하지 마십시오. 절대로 절대로 절대로 포기하지 마십시오. 끝까지 가야 합니다. 그게 인생 레이스에서 가장 중요합니다.

미리 쓰는 유서 遺書

  언젠가 소노 아야코(曾野綾子)라는 일본의 여류 문필가가 마흔 나이에 쓴 『계로록(戒老錄)』을 읽은 적이 있습니다. 사실 그 책을 처음 읽으면서 '노년에 스스로 경계해야 할 일들을 적은 기록'이란 의미의 '계로록'을 마흔 살이라는 아직 젊은(?) 나이에 쓴다는 것이 과연 적절한 것인가 하는 생각이 들었습니다. 하지만 그 책을 다 읽고 나서는 오히려 "아름답게 늙기 위한 노력을 나이가 들어 시작한다면 이미 때늦은 것"이라는 저자의 말에 공감하게 되었습니다.

  마찬가지로 이제 겨우 마흔 중반의 문턱에 선 제가 과연 '유서'를 쓰는 것이 적절한 것인지, 또 정작 제게 있어 과연 지금이 그것을 쓸 만한 시기인가 하는 생각을 안 한 것은 아닙니다. 하지만 언젠가 법정스님이 이야기한 것처럼 "죽음이 언제 어디서 내 이름을 부를지라도 '네' 하고 선뜻 털고 일어설 준비만은 되어 있어야 할 것" 같기에 이 외람된 '유서'를 기꺼이 쓰기로 마음먹었습니다.

먼저 제가 물려받은 것에 관해 써야겠습니다. 저의 아버지와 어머니는 모두 평안도 출신의 월남민이셨습니다. 아버지는 제가 초등학교 3학년 때 암 판정을 받으셨고 놀랍게도 8여 년을 투병하신 끝에 제가 열여섯 살 되던 고등학교 1학년 때 돌아가셨습니다. 저는 아버지와 단지 16년 남짓한 세월만을 살았을 뿐이지만 정작 60년 넘게 아버지와 함께 산 사람 못지않게 아니 그 이상으로 아버지를 많이 마주하고 또 느끼며 살았습니다. 그것은 제가 아버지와 함께했던 16년의 세월 중 절반가량인 8여 년 동안 말 그대로 '아버지 학교'를 다녔기 때문이었습니다.

'아버지 학교'라고 하지만 교실은 안방이었고 학생은 저뿐이었습니다. 아버지는 어린 제가 알아듣든 못 알아듣든 괘념치 않으시고 아버지가 살아오셨던 삶의 내력, 집안 내력, 전쟁 이야기, 피난온 이야기, 사업해온 이야기 등 온갖 이야기를 하셨습니다. 아버지는 막내였던 저와 함께 할 수 있는 시간이 점점 줄어들고 있음을 느끼셨는지 날이 갈수록 더 많은 이야기를 하려고 하셨습니다. 하지만 아버지의 건강은 날이 지날수록 힘겨워져 갔습니다.

그럼에도 불구하고 아버지는 제가 학교를 다녀오면 으레 저를 불렀고 그 시간부터 저는 '아버지 학교'에 다시 등교해 거의 유일한 학생 역할을 해야 했던 것입니다. 그 덕분에 저는 오남매 중 막내였지만 정작 아버지와 함께한 시간은 저의 형님이나 누님들보다 더 하면 더 했지 결코 모자라지 않았습니다.

318

'아버지 학교'는 제게 지식을 가르치기보다는 삶의 자세와 태도 그리고 살아가는 지혜를 가르쳐주었습니다. 오늘날 제가 이만큼 사는 것도 실은 '아버지 학교'를 다닌 덕분이라고 저는 굳게 믿고 있습니다. 그래서 '아버지 학교'에서 배운 것 중 가장 소중한 것을 저는 제 아들과 딸에게 대물려주고자 합니다. 저의 아버지와 어머니의 이름이 등장하는 삶의 예화를 덧붙여서 말입니다.

　어느날 오후였습니다. 그날도 저는 어김없이 방과 후에 '아버지 학교'로 다시 등교했습니다. 아버지는 이야기를 시작했고 저는 들었습니다. 그때 전화벨이 울렸습니다. 아버지가 전화를 받으셨습니다. 전화 속의 다급한 목소리를 가만히 듣고만 있으시던 아버지의 얼굴이 순간 굳어졌습니다. 하지만 전화를 끊고 나서 아버지는 굳어진 얼굴을 애써 푸시면서 진한 평안도 사투리로 이렇게 말씀하셨습니다. "괜찮(관찬)아, 괜찮(관찬)아. 정~말 괜찮(관찬)아. 내 이름이 정·괜(관)·찬이잖네." 나중에서야 알았지만 아버지가 운영하시던 화공약품회사에 딸린 공장에서 불이 난 것이었습니다. 그래서 아버지 역시 놀란 가슴을 쓸어내리며 전화를 끊으신 후 연방 '괜찮아, 괜찮아' 하며 혼잣말을 그치지 않으셨던 것입니다. 그런데 "괜찮(관찬)아, 괜찮(관찬)아. 정~말 괜찮(관찬)아. 내 이름이 정·괜(관)·찬이잖네" 하신 것은 아버지의 휘자가 정(鄭) 관(觀)자 찬(燦)자이셨기 때문에 당신의 이름을 빗대어 저와 어머니를 안심시키려고 하신 말씀이셨던 것입니다.

　하지만 이야기가 거기서 그치지 않았습니다. 다시 아버지가 옆에 계신 어머니를 쳐다보며 이렇게 말을 이어가셨습니다. "까짓것 불이

나도 괜찮(관찬)아. 여기 방화선이 있잖네. 불 막는 방화선 말이야"

공교롭게도 제 어머니의 휘자가 방(方) 화(嬅)자 선(善)자이셨습니다. 지나치듯 이야기하신 것이었지만 지금도 저는 그렇게 말씀하시던 아버지의 모습을 잊을 수 없습니다. 아버지의 그 이야기는 외람되게도 당신들의 이름을 빗대어 내게 그 어떤 상황에서도 좌절하거나 낙망하지 말라는 아니 오히려 힘들수록 긍정하고 자신의 미래를 애써 낙관하라는 평생의 가르침이 되었습니다.

물론 아버지는 그 이야기를 하시면서 단 한 번도 긍정이니 낙관이니 하는 말을 입에 올리시지 않았습니다. 하지만 세월이 지나도 또렷하게 기억나는 그 이야기가 결국은 '긍정과 낙관'의 핵심을 담고 있는 것임을 깨닫는 것은 그리 어렵지 않았습니다. 바로 그 턱없어 보이는 '긍정과 낙관'이 저를 키웠고 저를 이끌었습니다. 물론 앞으로도 그럴 것입니다. 그래서 저 역시 제 아들과 딸에게 저의 아버지가 온 삶으로 가르쳐준 '긍정과 낙관'을 최고의 유산으로 물려주고 싶습니다.

자식에게 돈만 물려주면 그 자식은 평생 나태하기 쉽습니다. 또 자식에게 부모의 명예만을 물려주면 그 자식은 평생 그것에 가위눌려 지내기 십상입니다. 하지만 '긍정과 낙관'을 물려주면 없는 가운데서도 부자가 될 수 있고, 비루(鄙陋)한 가운데서도 입신양명할 수 있습니다. 그 어떤 상황에서도 긍정하고 낙관하면 바로 그 '긍정과 낙관'의 놀라운 힘이 막힌 삶에 돌파구를 낼 것이기 때문입니다.

아이가 힘겹게 어미의 산도를 타고 나와 세상 밖으로 나왔을 때, 이미 그 아이는 삶의 승리자입니다. 물론 그 아이는 어미와 이어졌던 탯줄을 끊고 나서야 비로소 생물학적인 개체가 됩니다. 그런데 어미와의 탯줄을 끊는 바로 그 순간, 그 아이는 아비와의 보이지 않는 탯줄로 이어진다고 저는 믿습니다. 어미와의 생물학적 탯줄이 끊어지는 바로 그 순간, 아비와는 사회학적 의미의 탯줄이 이어지는 셈입니다. 그리고 언젠가 그 아이는 어미의 산도 못지않은 삶의 산고를 스스로의 힘으로 견뎌낸 후 비로소 아비와 연결된 탯줄마저 끊어내고 마침내 진정한 자아로 꿋꿋하게 홀로 설 날이 있을 것입니다. 그리고 더 당당하게 세상을 향해 나아갈 것입니다.

제가 그랬듯이 제 아들과 딸도 그렇게 할 것입니다. 그 모습을 제가 살아서 볼 수 있을지, 아니면 죽어서나 볼 수 있을지는 저도 모릅니다. 하지만 어디서든 저는 그것을 지켜볼 것입니다. 제 아버지와 어머니가 그러했듯이 말입니다. 그렇게 홀로 당당히 선 아이들의 모습이야말로 제가 이 땅에 살았던 존재의 증거이기 때문입니다. 제가 저의 아버지와 어머니의 삶의 증거였듯이 말입니다.

끝으로 누군가 제게 만약 다시 태어난다면 무엇을 하고 싶은가 하고 묻는다면 솔직히 이렇게 말하고 싶습니다. "굳이 다시 태어나고 싶은 생각 자체가 없다"고 말입니다. '다시 태어날 수 있다는 기대' 자체가 자칫 지금 이 순간의 삶에서 끝까지 하는 것을 방해할 수 있을 것 같기 때문입니다. 우리가 사는 삶의 매 순간 순간이 삶의 꽃봉오리입니다. 그것을 잊지 않으면 매 순간 충실할 수 있을 것입니다. 저는 최선을 다했다는 말도 싫어합니다. 거기엔 왠지 핑계의 그늘 같은 것이 있기 때문이죠. 오직 제가 추구하는 것은 끝까지 해보는 것입니다. 후회 없이 남김없이 그렇게 말입니다.

그래서 제가 죽거든 땅에 묻지 말고, 화장해서 그 유분일랑 제 아버지와 어머니가 함께 묻혀 있는 그곳에 뿌려주길 바랍니다. 그렇게 마지막 끝까지 남김없이 아낌없이 부서지듯 살고 싶은 것입니다. 그리고 그때까지 함께한 제 아내에게 남길 말은 오직 하나! 많이 부족했지만 그래도 사랑했노라고. 정말로 사랑했노라고 전하고 싶습니다.

KI신서 779

완벽에의 충동

1판 1쇄 발행 2006년 4월 20일
1판 20쇄 발행 2016년 3월 30일

지은이 정진홍
펴낸이 김영곤 **펴낸곳** (주)북이십일 21세기북스
편집 서영준
출판영업마케팅팀 안형태 이경희 정병철 김홍선 이은혜 백세희 최성환
출판등록 2000년 5월 6일 제406-2003-061호
주소 (우10881) 경기도 파주시 회동길 201(문발동)
대표전화 031-955-2100 **팩스** 031-955-2151 **이메일** book21@book21.co.kr
홈페이지 www.book21.com **트위터** @21cbook **블로그** b.book21.com

값 12,000원
ISBN 978-89-509-0847-8 13320